PRÁTICA CONSTITUCIONAL

MARCELO HUGO DA ROCHA
Coordenação

ANA FLÁVIA MESSA
KARINA JAQUES

PRÁTICA CONSTITUCIONAL

9ª edição
2025

- As autoras deste livro e a editora empenharam seus melhores esforços para assegurar que as informações e os procedimentos apresentados no texto estejam em acordo com os padrões aceitos à época da publicação, *e todos os dados foram atualizados pelas autoras até a data de fechamento do livro*. Entretanto, tendo em conta a evolução das ciências, as atualizações legislativas, as mudanças regulamentares governamentais e o constante fluxo de novas informações sobre os temas que constam do livro, recomendamos enfaticamente que os leitores consultem sempre outras fontes fidedignas, de modo a se certificarem de que as informações contidas no texto estão corretas e de que não houve alterações nas recomendações ou na legislação regulamentadora.

- Data do fechamento do livro: 06/12/2024

- As autoras e a editora se empenharam para citar adequadamente e dar o devido crédito a todos os detentores de direitos autorais de qualquer material utilizado neste livro, dispondo-se a possíveis acertos posteriores caso, inadvertida e involuntariamente, a identificação de algum deles tenha sido omitida.

- Direitos exclusivos para a língua portuguesa
Copyright © 2025 by
Saraiva Jur, um selo da SRV Editora Ltda.
Uma editora integrante do GEN | Grupo Editorial Nacional
Travessa do Ouvidor, 11
Rio de Janeiro – RJ – 20040-040

- **Atendimento ao cliente: https://www.editoradodireito.com.br/contato**

- Reservados todos os direitos. É proibida a duplicação ou reprodução deste volume, no todo ou em parte, em quaisquer formas ou por quaisquer meios (eletrônico, mecânico, gravação, fotocópia, distribuição pela Internet ou outros), sem permissão, por escrito, da **SRV Editora Ltda.**

- Capa: Tiago Dela Rosa

DADOS INTERNACIONAIS DE CATALOGAÇÃO NA PUBLICAÇÃO (CIP) DE ACORDO COM ISBD
ELABORADO POR ODILIO HILARIO MOREIRA JUNIOR - CRB-8/9949

J583p   Jaques, Karina
       Passe na OAB 2ª Fase – completaço®: prática constitucional / Karina Jaques, Ana Flávia
       Messa ; coordenado por Marcelo Hugo da Rocha. – 9. ed. – São Paulo : Saraiva
       Jur, 2025.
       280 p. – (Passe na OAB 2ª fase - Completaço®)

       ISBN: 978-85-5362-730-1 (Impresso)

       1. Direito. 2. OAB. 3. Exame de ordem. 4. Prática constitucional. I. Messa, Ana Flávia.
       II. Rocha, Marcelo Hugo da. III. Título. IV. Série.

                                  CDD 340
2024-4055   CDU 34

Índices para catálogo sistemático:
1.   Direito 340
2.   Direito 34

À minha vovó Leonor, *in memoriam*, exemplo de vida.
Aos meus pais, pelo auxílio na minha formação.
Aos meus irmãos e sobrinhos, por todo o carinho.
Ao R. T., *in memoriam*, pelo legado de honra, honestidade e trabalho.

Ana Flávia Messa

Primeiro agradeço a Deus, dono de toda honra, poder e glória!
Aos familiares, pelo exemplo, amor, torcida e dedicação;
aos amigos, pela paciência.
Aos coordenadores, pelo reconhecimento do trabalho;
ao Marcelo Hugo da Rocha, pela confiança depositada;
à equipe Saraiva, pela presteza e excelência.
E a você, leitor, por permitir que façamos parte do seu sonho,
que agora também é nosso!

Karina Jaques

"Se, porém, algum de vós necessita de sabedoria,
peça-a a Deus, que a todos dá liberalmente
e nada lhes impropera; e ser-lhe-á concedida."

Tiago 1.5

Sobre os autores

Coordenação
MARCELO HUGO DA ROCHA

Autoras
ANA FLÁVIA MESSA

Advogada. Árbitra. Bacharel em Direito pela Pontifícia Universidade Católica de São Paulo. Mestre em Direito Político e Econômico pela Universidade Presbiteriana Mackenzie. Doutora em Direito do Estado pela USP/SP. Doutora em Direito Público pela Universidade de Coimbra/Portugal. Professora da Faculdade de Direito da Universidade Presbiteriana Mackenzie. Membro do Conselho Científico da Academia Brasileira de Direito Tributário (ABDT). Membro da Academia Paulista de Letras Jurídicas (APLJ). Investigadora integrada na equipe do JusGov (no âmbito das atividades do JusLab e do E.Tec) da Universidade do Minho/Portugal. Investigadora do Centro de Políticas Públicas e Integridade da Universidade Presbiteriana Mackenzie. Colíder do Grupo de Pesquisa sobre Riscos e Desafios no Combate da Corrupção e do Crime Organizado da Universidade Presbiteriana Mackenzie. Presidente do Instituto Internacional de Pesquisa Jurídica (IIPJ).

KARINA JAQUES

Advogada. Bacharel em Direito pela Universidade Federal do Pará – UFPA. Especialista em Direito do Estado pela Universidade Federal do Pará, com formação em Docência do Ensino Superior pela Universidade Candido Mendes. Formação em Coaching Jurídico pela Faculdade Unyleya. Colaboradora da TV Justiça e Rádio Justiça – STF. Colaboradora de vários periódicos na área de concursos públicos: *Folha Dirigida, JC Concursos, Gazeta do Espírito Santo, O Globo, O Dia, Revista Exame, G1, Jornal de Brasília* e *Questões de Concursos*. Colunista na Coluna O Liberal Concursos, do jornal *O Liberal*. Apresentou o *Programa Saber Direito*, exibido pela TV Justiça (Supremo Tribunal Federal), em 2011 e 2023, no qual abordou os temas "Direitos Fundamentais da Pessoa com Deficiência" e "Direitos dos Povos Indígenas", respectivamente. Professora de Direito Constitucional na Rede Gran Cursos (OAB, Concursos e Faculdade).

Nota da coordenação

A coleção **Passe na OAB 2ª Fase** com sete volumes, um para cada disciplina optativa, nasceu na primeira série "**Questões & Peças Comentadas**", lançada em 2011. Nesse período, foi lançada outra série para completar a preparação: "**Teoria & Modelos**". Então, em 2017, lançamos a primeira edição do **Passe na OAB 2ª Fase – Completaço®**, que reunia a experiência de ambas as abordagens das séries anteriores num único livro para cada disciplina.

Com o tempo, reunimos novas ferramentas para seguir pelo caminho mais rápido para aprovação na OAB. Incluímos roteiros passo a passo, súmulas selecionadas, cronograma de estudos, quadro de incidência de peças e vídeos, além de melhorias na apresentação do conteúdo com quadros, esquemas e uma diagramação mais amigável e didática. A experiência dos autores, todos professores reconhecidos, também está presente no livro que você tem em mãos e no conteúdo *online* disponível por meio do acesso ao *QR Code* ao longo da obra. Você encontrará mais questões dissertativas comentadas, peças processuais exemplificadas e vídeo. O cronograma de estudos para 40 dias de preparação e as súmulas selecionadas também estão disponíveis para acessar de forma *online*, incluindo novas atualizações dos autores. É por isso que escolhemos "Completaço" como título para esta coleção: o conteúdo é mais que completo, é Completaço!

Bons estudos e ótima aprovação!

Marcelo Hugo da Rocha
@profmarcelohugo

 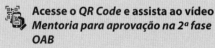

Acesse o QR Code e assista ao vídeo Mentoria para aprovação na 2ª fase OAB

> http://uqr.to/1wklt

Sumário

Nota da coordenação XI
Quadro de incidência de peças XXI
Cronograma de estudos XXIII

1. Ação direta de inconstitucionalidade 1
   1.1. Definição e natureza jurídica 1
   1.2. ADI e súmulas 2
   1.3. ADI e decretos do Executivo 3
   1.4. ADI e normas constitucionais originárias 3
   1.5. ADI e emendas constitucionais 3
   1.6. Legitimados para a propositura da ação direta de inconstitucionalidade.... 5
   1.7. Requisitos da petição inicial e características da ação 6
   1.8. Efeitos da decisão do STF 7
   1.9. Competência para julgamento 7
   1.10. Coletânea de súmulas do STF 7
   1.11. Roteiro para elaboração da peça processual 8
   1.12. ADI no ranking dos Exames de Ordem 8
   1.13. Caso aplicado no Exame de Ordem 8
   1.14. Elaboração da peça processual 10
   1.15. ADI interventiva 12
2. Ação direta de inconstitucionalidade por omissão 15
   2.1. Definição e natureza jurídica 15
   2.2. Origem 15
   2.3. Espécies de omissão 15
   2.4. Legitimados para a propositura da ação direta de inconstitucionalidade por omissão 16
   2.5. Requisitos da petição inicial e características da ação 16
   2.6. Efeitos da decisão do STF 17
   2.7. Competência para julgamento 18
   2.8. Roteiro para elaboração da peça processual 18
   2.9. ADI por omissão no ranking dos Exames de Ordem 18
   2.10. Caso aplicado no Exame de Ordem 18

2.11.	Elaboração da peça processual	19
3.	Ação declaratória de constitucionalidade	23
3.1.	Definição e natureza jurídica	23
3.2.	Origem	23
3.3.	Legitimados para a propositura da ação declaratória de constitucionalidade...	23
3.4.	Requisitos da petição inicial e características da ação	24
3.5.	Efeitos da decisão do STF	25
3.6.	Competência para julgamento	25
3.7.	Roteiro para elaboração da peça processual	25
3.8.	ADC no ranking dos Exames de Ordem	26
3.9.	Caso aplicado no Exame de Ordem	26
3.10.	Elaboração da peça processual	28
4.	Arguição de descumprimento de preceito fundamental	31
4.1.	Definição e natureza jurídica	31
4.2.	Origem	31
4.3.	Definição de preceito fundamental	31
4.4.	Hipóteses de cabimento da ADPF	32
4.5.	Legitimados para a propositura da arguição de descumprimento de preceito fundamental	32
4.6.	Requisitos da petição inicial e características da ação	33
4.7.	Efeitos da decisão do STF	33
4.8.	Competência para julgamento	34
4.9.	Roteiro para elaboração da peça processual	34
4.10.	ADPF no ranking dos Exames de Ordem	35
4.11.	Caso aplicado no Exame de Ordem	35
4.12.	Elaboração da peça processual	36
5.	Reclamação constitucional	41
5.1.	Definição e natureza jurídica	41
5.2.	Origem	41
5.3.	Previsão normativa	42
5.4.	Legitimados para a propositura da reclamação constitucional	43
5.5.	Requisitos da petição inicial e características da ação	44
5.6.	Efeitos da decisão do STF	44
5.7.	Competência para julgamento	45
5.8.	Coletânea de súmulas do STF	46
5.9.	Roteiro para elaboração da peça processual	46
5.10.	Reclamação no ranking dos Exames de Ordem	46
5.11.	Caso aplicado no Exame de Ordem	46
5.12.	Elaboração da peça processual	48

PRÁTICA CONSTITUCIONAL

6. Recursos 51
7. Apelação 53
    7.1. Definição, natureza jurídica, competência e características 53
    7.2. Roteiro para elaboração da peça processual 53
    7.3. Apelação no ranking dos Exames de Ordem 54
    7.4. Caso aplicado no Exame de Ordem 54
    7.5. Elaboração da peça processual 55
8. Agravo de instrumento 59
    8.1. Definição, natureza jurídica, competência e características 59
    8.2. Roteiro para elaboração da peça processual 60
    8.3. Agravo de instrumento no ranking dos Exames de Ordem 60
    8.4. Elaboração da peça processual 60
9. Agravo interno 63
    9.1. Definição, natureza jurídica, competência e características 63
    9.2. Roteiro para elaboração da peça processual 63
    9.3. Agravo interno no ranking dos Exames de Ordem 64
    9.4. Elaboração da peça processual 64
10. Embargos de declaração 67
    10.1. Definição, natureza jurídica, competência e características dos embargos de declaração 67
    10.2. Roteiro para elaboração da peça processual 67
    10.3. Embargos de declaração no ranking dos Exames de Ordem 68
    10.4. Elaboração da peça processual 68
11. Recurso ordinário constitucional 69
    11.1. Definição, natureza jurídica, competência e características do recurso ordinário constitucional (apelação constitucional) 69
    11.2. Competência do Supremo Tribunal Federal para julgar recurso ordinário ... 69
    11.3. Competência do Superior Tribunal de Justiça para julgar recurso ordinário 69
    11.4. Roteiro para elaboração da peça processual 70
    11.5. Recurso ordinário no ranking dos Exames de Ordem 71
    11.6. Caso aplicado no Exame de Ordem 71
    11.7. Elaboração da peça processual 72
12. Recurso especial 77
    12.1. Definição, natureza jurídica, competência e características 77
    12.2. Coletânea de súmulas do STJ 78
    12.3. Roteiro para elaboração da peça processual 79
    12.4. Recurso especial no ranking dos Exames de Ordem 79
    12.5. Elaboração da peça processual 79
13. Recurso extraordinário 81

13.1.	Definição, natureza jurídica, competência e características	81
13.2.	Coletânea de súmulas do STF	82
13.3.	Roteiro para elaboração da peça processual	83
13.4.	Recurso extraordinário no ranking dos Exames de Ordem	83
13.5.	Caso aplicado no Exame de Ordem	83
13.6.	Elaboração da peça processual	85
14. Embargos de divergência		89
14.1.	Definição, natureza jurídica, competência e características dos embargos de divergência	89
14.2.	Roteiro para elaboração da peça processual	90
14.3.	Embargos de divergência no ranking dos Exames de Ordem	90
14.4.	Elaboração da peça processual	90
15. *Habeas corpus*		93
15.1.	Apresentação	93
15.2.	Características e requisitos	93
15.3.	Objeto e espécies	94
15.4.	Competência	94
15.5.	Legitimidade das partes	94
15.6.	Cabimento	95
15.7.	Processamento do *habeas corpus* em primeira instância	98
15.8.	Processamento do *habeas corpus* em segunda instância	98
15.9.	Dicas da peça prática	98
	15.9.1. Casos de competência originária	99
	15.9.2. Casos de competência não originária	99
15.10.	Caso prático	102
15.11.	Elaboração da peça processual	103
16. *Habeas data*		105
16.1.	Apresentação	105
16.2.	Características e requisitos	105
16.3.	Objeto e finalidade	105
16.4.	Competência	106
16.5.	Legitimidade das partes	107
16.6.	Cabimento	108
16.7.	Decisão	108
16.8.	Recurso	109
16.9.	Procedimento	109
	16.9.1. Administrativo	109
	16.9.2. Judicial em primeira instância	110
	16.9.3. Processo judicial em segunda instância	110

16.10.	Dicas da peça prática	110
16.11.	Caso aplicado no Exame de Ordem	115
16.12.	Elaboração da peça processual	115
17. Mandado de injunção		119
17.1.	Apresentação	119
17.2.	Características e requisitos	119
17.3.	Objeto e finalidade	119
17.4.	Mandado de injunção coletivo	119
17.5.	Competência originária	121
17.6.	Legitimidade das partes	121
17.7.	Mandado de injunção estadual	122
17.8.	Cabimento	122
17.9.	Procedimento judicial	123
17.10.	Eficácia subjetiva da sentença	123
17.11.	Efeitos da decisão (STF)	123
17.12.	Renovação	124
17.13.	Eficácia da norma regulamentadora superveniente	124
17.14.	Norma regulamentadora antes da sentença	124
17.15.	Dicas da peça prática	124
17.16.	Caso aplicado no Exame de Ordem	128
17.17.	Elaboração da peça processual	129
18. Ação popular		133
18.1.	Apresentação	133
18.2.	Finalidade	133
18.3.	Características e requisitos	133
18.4.	Objeto e espécies	134
18.5.	Competência	134
18.6.	Legitimidade das partes	135
18.7.	Ministério Público	135
18.8.	Cabimento	135
18.9.	Rito	136
18.10.	Dicas da peça prática	137
18.11.	Caso aplicado no Exame de Ordem	141
18.12.	Elaboração da peça processual	142
19. Mandado de segurança		147
19.1.	Apresentação	147
19.2.	Características e requisitos	147
19.3.	Objeto e espécies	148
19.4.	Legitimidade de partes	148

19.5.	Cabimento no mandado de segurança	149
19.6.	Competência	150
19.7.	Processamento	150
19.8.	Dicas da peça prática	151
19.9.	Caso aplicado no Exame de Ordem	155
19.10.	Elaboração da peça processual	157
19.11.	Mandado de segurança coletivo	160
19.12.	Dicas da peça prática	160
19.13.	Caso aplicado no Exame de Ordem	164
19.14.	Elaboração da peça processual	166
20. Ação de impugnação de mandato eletivo		171
20.1.	Características e objeto	171
20.2.	Legitimidade das partes	171
20.3.	Competência	171
20.4.	Prazo	172
20.5.	Cabimento	172
20.6.	Procedimento	173
20.7.	Dicas da peça prática	173
20.8.	Caso prático	176
20.9.	Elaboração da peça processual	177
21. Ação civil pública		179
21.1.	Apresentação	179
21.2.	Legitimidade das partes	179
21.3.	Objeto e finalidade	179
21.4.	Não cabimento	180
21.5.	Competência	180
21.6.	Ministério Público	180
21.7.	Litisconsórcio	180
21.8.	Prazo	180
21.9.	Concessão de liminar	180
21.10.	Ação cautelar	180
21.11.	Termo de ajustamento de conduta	181
21.12.	Inquérito civil	181
21.13.	Decisão	181
21.14.	Efeito suspensivo	181
21.15.	Coisa julgada	181
21.16.	Controle de constitucionalidade	182
21.17.	Execução	182
21.18.	Dicas da peça prática	182
21.19.	Caso aplicado no Exame de Ordem	184

PRÁTICA CONSTITUCIONAL

21.20. Elaboração da peça processual 186

22. Ação ordinária 189

22.1. Linha básica da jurisdição 189

22.2. Processo e procedimento 190

22.3. Ação 191

22.4. Ação de conhecimento 191

22.5. Procedimentos no processo de conhecimento 192

22.6. Dicas da peça prática 193

22.7. Caso aplicado no Exame de Ordem 195

22.8. Elaboração da peça 197

23. Contestação 199

23.1. Fundamento constitucional 199

23.2. Natureza jurídica 199

23.3. Não apresentação da contestação 199

23.4. Conceito 199

23.5. Natureza da pretensão na contestação 199

23.6. Princípio da eventualidade 200

23.7. Defesas processuais 200

23.8. Conteúdo da defesa processual 200

23.9. Defesa preliminar de mérito 201

23.10. Defesa de mérito 201

23.11. Ônus da impugnação específica 201

23.12. Alegação de ilegitimidade de parte 202

23.13. Alegação de incompetência 202

23.14. Incorreção do valor da causa 203

23.15. Indevida concessão do benefício de gratuidade de justiça 203

23.16. Prazo 204

23.17. Concentração da resposta 205

23.18. Compensação de dívida 205

23.19. Dicas da peça prática 205

23.20. Caso aplicado no Exame de Ordem 207

23.21. Elaboração da peça processual 207

24. Questões discursivas 211

24.1. Princípios constitucionais 211

24.2. Classificação das Constituições 211

24.3. O impacto da nova Constituição e a ordem jurídica anterior 212

24.4. Controle de constitucionalidade 213

24.5. Direitos e garantias fundamentais 219

24.5.1. Direitos e deveres individuais e coletivos 219

	24.5.2. Remédios constitucionais	223
	24.5.3. Direitos políticos	226
	24.5.4. Direitos sociais	230
	24.5.5. Nacionalidade	231
24.6.	Organização do Estado	232
24.7.	Processo legislativo	240
24.8.	Poder Judiciário	242
24.9.	Poder Legislativo	245
24.10.	Poder Executivo	246
24.11.	Tributação e orçamento	247
24.12.	Ordem econômica e financeira	247
24.13.	Ordem social	248
24.14.	Aplicabilidade e eficácia das normas constitucionais	251
24.15.	Tratados internacionais	252

Súmulas selecionadas 253

Referências 255

Quadro de incidência de peças

PEÇAS	EXAMES								
ACP	XXI								
Ação Direta de Inconstitucionalidade	VII	XIII	XVI	XVII	XXVI	XXVII	35°	36°	40°
Ação Direta de Inconstitucionalidade por Omissão	XIX								
Arguição de Descumprimento de Preceito Fundamental	XX	XXV[1]							
Ação Declaratória de Constitucionalidade	XXXIII	41°							
Habeas Corpus	2007.1[2]								
Habeas Data	III								
Mandado de Segurança	XV	XX	XXIII	XXIV	XXIX	XXXIV	39°		
Mandado de Injunção	XXII	38°							
Ação Popular	VII	XVIII	XXV	XXVIII	XXXI	37°			
Ação Civil Pública	2009.2[3]	XXI							
Recurso Ordinário	IV	XIV	XXX						
Recurso Extraordinário	VIII	X	XII						
Reclamação	XXXII								
Apelação	XI								
Ação Ordinária	V	IX							

---

[1] Reaplicação Porto Alegre/RS.
[2] Banca CESPE/UnB.
[3] Banca CESPE/UnB.

Cronograma de estudos

 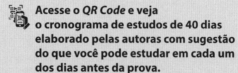

Acesse o *QR Code* e veja o cronograma de estudos de 40 dias elaborado pelas autoras com sugestão do que você pode estudar em cada um dos dias antes da prova.

> *http://uqr.to/1wklu*

1. AÇÃO DIRETA
DE INCONSTITUCIONALIDADE

1.1. Definição e natureza jurídica

É **ação constitucional específica** para fazer o **controle concentrado de constitucionalidade sobre leis ou atos normativos federais ou estaduais**, cuja previsão normativa está no art. 102, I, *a,* da CRFB/88 e na Lei n. 9.868/99. No controle concentrado realizado por meio da Ação Direta de Inconstitucionalidade busca-se a análise da norma em abstrato para confrontá-la com a autoridade da Constituição Federal, e, caso seja verificada sua inconformidade, ocorrerá seu expurgo do ordenamento jurídico-constitucional.

Também **estão ao alcance da ADI** todas as espécies normativas listadas no art. 59 da CRFB/88: **emendas constitucionais, leis complementares, leis ordinárias, leis delegadas, medidas provisórias, decretos legislativos e resoluções**.

> "O STF já assentou o entendimento de que é admissível a ação direta de inconstitucionalidade de emenda constitucional, quando se alega, na inicial, que esta contraria princípios imutáveis ou as chamadas cláusulas pétreas da Constituição originária (art. 60, § 4º, da CRFB). Precedente: ADI 939 (*RTJ* 151/755)" (ADI 1.946-MC, rel. Min. Sydney Sanches, j. 29-4-1999). No mesmo sentido: ADI 4.307, rel. Min. Cármen Lúcia, j. 11-4-2013.

Incluem-se no rol das normas sujeitas ao controle concentrado por meio da ADI as **leis distritais** que disponham de matéria de competência estadual, os **tratados internacionais** integrados ao ordenamento jurídico pátrio, a exemplo da ADI 1.480-MC, rel. Min. Celso de Mello, e, segundo Alexandre de Moraes, **resoluções de tribunais**, inclusive e principalmente seus regimentos internos, e **resoluções administrativas de caráter normativo**. Além das resoluções administrativas, quaisquer deliberações administrativas dos órgãos judiciários ou atos de caráter normativo estão sujeitos ao controle de constitucionalidade.

Sobre leis distritais, vale destacar a Súmula 642 do STF que estabelece que **não** cabe ação direta de inconstitucionalidade de lei do Distrito Federal derivada da sua competência legislativa municipal, mas quando é impossível distinguir a natureza da lei distrital, se municipal ou estadual o entendimento é pela competência do STF, vejamos:

> "A natureza híbrida do Distrito Federal não afasta a competência desta Corte para exercer o controle concentrado de normas que tratam sobre a organização de pessoal, pois nesta seara é impossível distinguir se sua natureza é municipal ou estadual" (**ADI 3.341**, rel. Min. Ricardo Lewandowski, j. 29-5-2014, *DJe* de 1º-7-2014).

Quanto às **medidas provisórias** é importante ressaltar que, se ajuizada a ADI contra a MP, e ela for rejeitada pelo Congresso Nacional ou tenha perdido a eficácia por decurso do prazo, **considerar-se-á prejudicada a ADI**. Caso a MP, objeto de ADI, seja convertida em lei, também ocorrerá a prejudicialidade da ADI, devendo o seu autor **aditar o seu pedido** em relação à **nova lei de conversão**. Também merece destaque a possibilidade de controle concentrado de constitucionalidade em relação aos conceitos jurídicos indeterminados de **RELEVÂNCIA e URGÊNCIA,** inerentes à edição de Medida Provisória. **O STF entende que só poderá haver exame constitucional sobre tais conceitos em casos excepcionais**, e de forma ponderada, sob pena de violar o princípio da separação dos Poderes.

Em particular, sobre as leis orçamentárias, o STF tradicionalmente entendia pelo não cabimento de controle concentrado já que tais leis teriam efeitos concretos e objeto e destinatário certos, desprovidas, então, de abstração e generalidade. Contudo a jurisprudência do órgão sofreu mudanças, passando a admitir o controle concentrado das leis orçamentárias, alegando que, independentemente do caráter geral ou específico, cabe ao STF apreciar o questionamento de constitucionalidade sempre que houver controvérsia constitucional suscitada.

> "(...) 1. Leis orçamentárias que materializem atos de aplicação primária da Constituição Federal podem ser submetidas a controle de constitucionalidade em processos objetivos. Precedentes. 2. A incompatibilidade entre os termos do dispositivo impugnado e os padrões da lei de responsabilidade fiscal (Lei Federal Complementar n. 101/2000) não se resume a uma crise de legalidade. Traduz, em verdade, um problema de envergadura maior, a envolver a indevida apropriação de competências da União, em especial a de conceber limites de despesas com pessoal ativo e inativo (art. 169, *caput*, da CF), controvérsia que comporta solução na via da ação direta de inconstitucionalidade..." (ADI 5.449, rel. Min. Teori Zavascki, 2016).

1.2. ADI e súmulas

Súmulas persuasivas de Tribunais Superiores não têm caráter normativo, portanto, **não podem ser atacadas por ADI**.

> "A súmula, porque não apresenta as características de ato normativo, não está sujeita a jurisdição constitucional concentrada" (ADI 594, rel. Min. Carlos Velloso, j. 19-2-1992, Plenário, *DJ* de 15-4-1994. No mesmo sentido: RE 584.188-AgR, rel. Min. Ayres Britto, j. 28-9-2010, 2ª T., *DJe* de 3-12-2010).

As **súmulas vinculantes** do STF, que não apresentam a característica de generalidade e abstração comum às leis, **também não podem ser objeto de ADI (e de nenhuma outra modalidade de ação do controle concentrado de constitucionalidade)**, tendo a EC n. 45/2004 estabelecido um mecanismo próprio de revisão e cancelamento de súmula vinculante pelo próprio STF.

> "A arguição de descumprimento de preceito fundamental não é a via adequada para se obter a interpretação, a revisão ou o cancelamento de súmula vinculante" (ADPF 147 AgR, rel. Min. Cármen Lúcia, 2011).

1.3. ADI e decretos do Executivo

Entende-se que os decretos regulamentares do Poder Executivo e demais atos normativos secundários não estão sujeitos ao controle concentrado de constitucionalidade, por não estarem ligados diretamente à Constituição Federal, e sim às leis as quais regulamentam. Portanto, se desobedientes, tais decretos e regulamentos seriam ilegais e não inconstitucionais.

Todavia, excepcionalmente, **o STF aceita a ADI contra os chamados decretos autônomos**, pois estes não servem para regulamentar as leis, e estão ligados diretamente à Constituição Federal, podendo ser feita a análise comparativa, observando se há a violação ao princípio da reserva legal, ou outra inconstitucionalidade.

1.4. ADI e normas constitucionais originárias

Por uma conclusão lógica, não há ADI ou qualquer controle de constitucionalidade concentrado ou difuso sobre as normas constitucionais originárias, simplesmente porque elas serão sempre constitucionais e, mesmo divergentes entre si, serão solucionadas por meio das técnicas hermenêuticas e nunca utilizando os instrumentos do controle de constitucionalidade, por ser totalmente descabido.

As **normas constitucionais originárias são a referência** para dizer o que é ou não é inconstitucional. Somente as outras normas resultantes da produção legislativa infraconstitucional, ou até mesmo do poder constituinte derivado, estão sujeitas aos comandos das normas constitucionais originárias, e, portanto, também sujeitas ao controle de constitucionalidade.

> "Ação direta de inconstitucionalidade. Inadmissibilidade. Art. 14, § 4º, da CRFB. Norma constitucional originária. Objeto nomológico insuscetível de controle de constitucionalidade. Princípio da unidade hierárquico-normativa e caráter rígido da Constituição brasileira. Doutrina. Precedentes. Carência da ação. Inépcia reconhecida. Indeferimento da petição inicial. Agravo improvido. Não se admite controle concentrado ou difuso de constitucionalidade de normas produzidas pelo poder constituinte originário" (ADI 4.097-AgR, rel. Min. Cezar Peluso, j. 8-10-2008).

1.5. ADI e emendas constitucionais

As emendas constitucionais são fruto do Poder Constituinte Derivado Reformador que apresenta as características de subordinação às normas constitucionais originárias. Portanto é perfeitamente cabível ADI contra uma emenda constitucional, ou por vício material ou por vício formal. Tal entendimento estende-se também às emendas de revisão.

Sobre o tema é interessante citar que algumas emendas constitucionais já foram impugnadas perante o STF, como é o caso da EC n. 52/2006 que alterou o art. 17, § 1º, da CRFB/88 quando disciplinou mudanças nas regras sobre verticalização das coligações partidárias, e foi questionada pela ADI 3.685-8 por desrespeitar o princípio da anterioridade eleitoral, expresso no art. 16 da CRFB/88. O princípio constitucional determina que alterações no processo eleitoral devem aguardar um ano de vigência para gerar efeitos, e a EC n. 52/2006 estabeleceu que a nova regra sobre a verticalização das coligações partidárias geraria efeitos imediatos. Na verdade, o § 2º da EC n. 52/2006 determinava que os efeitos seriam aplicados na eleição de 2002 (retroativos), o que, além de demonstrar um equívoco do legislador, ainda viola o supracitado princípio, pois aquilo que gera efeitos em 2002 (retroativos), gera efeitos no mesmo ano (2006), o que diverge totalmente do art. 16 da CRFB/88 que é um princípio-norma. O STF julgou procedente a ação para fixar que o § 1º do art. 17 da Constituição, com redação dada pela EC n. 52/2006, não se aplica às eleições de 2006.

Outro exemplo de ação direta de inconstitucionalidade impugnando Emenda Constitucional é a ADI 2.135, que questionou parcialmente a EC n. 19/98, especificamente na alteração trazida ao *caput* do art. 39 da CRFB/88. Sobre o caso, o Plenário do STF deferiu a Medida Cautelar na ADI 2.135 para suspender, com efeito *ex nunc*, a eficácia do *caput* do art. 39 da CF, na redação dada pela EC n. 19/98: **Art. 39. A União, os Estados, o Distrito Federal e os Municípios instituirão conselho de política de administração e remuneração de pessoal, integrado por servidores designados pelos respectivos Poderes.**

> "A matéria votada em destaque na Câmara dos Deputados no DVS 9 não foi aprovada em primeiro turno, pois obteve apenas 298 votos e não os 308 necessários. Manteve-se, assim, o então vigente *caput* do art. 39, que tratava do regime jurídico único, incompatível com a figura do emprego público. O deslocamento do texto do § 2º do art. 39, nos termos do substitutivo aprovado, para o *caput* desse mesmo dispositivo representou, assim, uma tentativa de superar a não aprovação do DVS [Destaque para Votação em Separado] 9 e evitar a permanência do regime jurídico único previsto na redação original suprimida, circunstância que permitiu a implementação do contrato de emprego público ainda que à revelia da regra constitucional que exige o *quorum* de três quintos para aprovação de qualquer mudança constitucional. Pedido de medida cautelar deferido, dessa forma, quanto ao *caput* do art. 39 da CF, ressalvando-se, em decorrência dos efeitos *ex nunc* da decisão, a subsistência, até o julgamento definitivo da ação, da validade dos atos anteriormente praticados com base em legislações eventualmente editadas durante a vigência do dispositivo ora suspenso. (...) Vícios formais e materiais dos demais dispositivos constitucionais impugnados, todos oriundos da EC n. 19/98, aparentemente inexistentes ante a constatação de que as mudanças de redação promovidas no curso do processo legislativo não alteraram substancialmente o sentido das proposições ao final aprovadas e de que não há direito adquirido à manutenção de regime jurídico anterior" (ADI 2.135 MC, rel. p/ o ac. Min. Ellen Gracie, j. 2-8-2007).

Em sessão do dia 3-9-2020, a Ministra Cármen Lúcia (relatora, após aposentadoria da Ministra Ellen Gracie) votou pela declaração de inconstitucionalidade de dispositivo da EC n. 19/98, que suprimia da Constituição Federal a obrigação de que os entes federados instituíssem o Regime Jurídico Único (RJU) e planos de carreira para servidores da administração pública direta, das autarquias e das fundações públicas, considerando que houve violação da regra constitucional que exige aprovação em dois turnos por 3/5 dos votos dos parlamentares na Câmara e no Senado Federal para alterar a Constituição. Também votou pela improcedência o Ministro Gilmar Mendes. O julgamento ainda está pendente, com vistas dos autos para o Ministro Nunes Marques desde 8-8-2021, e o dispositivo constitucional continua suspenso por liminar deferida pelo STF desde agosto de 2007.

1.6. Legitimados para a propositura da ação direta de inconstitucionalidade

Os legitimados ativos têm a legitimação extraordinária que é a capacidade de, em seus próprios nomes, provocar a jurisdição constitucional, em defesa da supremacia da Constituição em relação a todo o ordenamento jurídico.

O rol dos legitimados à propositura da ADI genérica em face da CRFB/88 é taxativo no texto constitucional. Vejamos:

> "Art. 103. Podem propor a ação direta de inconstitucionalidade e a ação declaratória de constitucionalidade:
>
> I – o Presidente da República;
>
> II – a Mesa do Senado Federal;
>
> III – a Mesa da Câmara dos Deputados;
>
> IV – a Mesa de Assembleia Legislativa ou da Câmara Legislativa do Distrito Federal;
>
> V – o Governador de Estado ou do Distrito Federal;
>
> VI – o Procurador-Geral da República;
>
> VII – o Conselho Federal da Ordem dos Advogados do Brasil;
>
> VIII – partido político com representação no Congresso Nacional;
>
> IX – confederação sindical ou entidade de classe de âmbito nacional."

O STF prescreve que, dentre os legitimados à propositura da ADI genérica, alguns têm legitimidade universal, outros têm legitimidade especial, estabelecendo assim uma classificação entre eles.

Os primeiros – **legitimados universais** – não carecem de demonstrar interesse de agir ou pertinência temática, pois do exercício das suas atribuições decorre o dever de defender a supremacia da Constituição Federal, podendo ajuizar ADI contra qualquer lei ou ato normativo federal ou estadual. São eles: presidente da República, Mesa do Senado Federal, Mesa da Câmara dos Deputados, procurador-geral da República, Conselho Federal da Ordem dos Advogados do Brasil, partido político com representação no Congresso Nacional.

Os segundos – **legitimados especiais** – precisam demonstrar interesse de agir e pertinência temática, ou seja, precisam comprovar que a norma impugnada interfere de alguma forma nas suas atividades, afetam os seus interesses. São eles: Mesa de Assembleia Legislativa ou da Câmara Legislativa do Distrito Federal, governador de estado ou do Distrito Federal e confederação sindical ou entidade de classe de âmbito nacional. Vejamos o que diz o STF sobre o tema:

> "Lei editada pelo governo do Estado de São Paulo. Ação direta de inconstitucionalidade proposta pelo governador do Estado de Goiás. Amianto crisotila. Restrições à sua comercialização imposta pela legislação paulista, com evidentes reflexos na economia de Goiás, Estado onde está localizada a maior reserva natural do minério. Legitimidade ativa do governador de Goiás para iniciar o processo de controle concentrado de constitucionalidade e pertinência temática" (ADI 2.656, rel. Min. Maurício Corrêa, j. 8-5-2003, Plenário, *DJ* de 1º-8-2003).

Ainda sobre a legitimidade ativa, sob o princípio da simetria constitucional, vejamos o seguinte julgado:

> "A legitimidade ativa para a propositura da ação direta de inconstitucionalidade, bem como dos recursos dela decorrentes, nos termos da CRFB (art. 103, III, da CRFB) e, por simetria, pela Constituição estadual (art. 90, II, da Constituição do Estado de São Paulo), pertence à Mesa da Câmara Municipal" (RE 950.570 AgR, rel. Min. Edson Fachin, j. 1º-9-2017, 2ª T., *DJe* de 29-7-2017).

1.7. Requisitos da petição inicial e características da ação

A ADI genérica tem seu trâmite processual regido pelos §§ 1º e 3º do art. 103 da CRFB/88, pela Lei n. 9.868/99, além dos arts. 169 a 178 do RISTF.

A petição inicial será apresentada em duas vias e indicará o dispositivo da lei ou do ato normativo impugnado e os fundamentos jurídicos do pedido em relação a cada uma das impugnações, além do pedido, com suas especificações, devendo conter cópias da lei ou do ato normativo impugnado e dos documentos necessários para comprovar a impugnação. Caso seja exigida a capacidade postulatória, o que ocorre para os partidos políticos, confederações sindicais e entidades de classe, a petição inicial deverá ser acompanhada de instrumento de procuração (art. 3º da Lei n. 9.868/99).

Distribuída ao relator, ele pedirá informações aos órgãos ou às autoridades das quais emanou a lei ou o ato normativo impugnado, que serão prestadas no prazo de 30 dias contado do recebimento do pedido (art. 6º da Lei n. 9.868/99).

Decorrido o prazo das informações, serão ouvidos, sucessivamente, o advogado-geral da União e o procurador-geral da República, que deverão manifestar-se, cada qual, no prazo de 15 dias (art. 8º da Lei n. 9.868/99).

Passados os prazos de manifestação do AGU e do PGR, o relator lançará o relatório, com cópia a todos os ministros do STF, e pedirá dia para julgamento (art. 9º da Lei n. 9.868/99).

Após a propositura, não se admitirá desistência da ADI (art. 5º da Lei n. 9.868/99); não será admitida intervenção de terceiros na ADI, mas o relator, considerando a relevância da matéria e a representatividade dos postulantes, poderá por despacho irrecorrível admitir a manifestação de outros órgãos ou entidades (art. 7º da Lei n. 9.868/99); outras informações poderão ser requisitadas para esclarecimento da matéria (art. 9º, §§ 1º, 2º e 3º, da Lei n. 9.868/99); há a possibilidade de concessão de medidas cautelares (arts. 10, 11 e 12 da Lei n. 9.868/99).

Não existe prazo decadencial ou prescricional para o ajuizamento de ação direta de inconstitucionalidade, pelo simples fato de que as normas inconstitucionais jamais se convalidam com o decurso do tempo, entendimento já manifestado na súmula persuasiva 360 do STF e em diversos julgados.

> "O ajuizamento da ação direta de inconstitucionalidade não está sujeito à observância de qualquer prazo de natureza prescricional ou de caráter decadencial, eis que atos inconstitucionais jamais se convalidam pelo mero decurso do tempo" Súmula 360 (ADI 1.247-MC, rel. Min. Celso de Mello, j. 17-8-1995, Plenário, *DJ* de 8-9-1995).

PRÁTICA CONSTITUCIONAL

No mesmo sentido:

"A instauração do controle concentrado de constitucionalidade não está sujeita à observância de qualquer prazo decadencial, porquanto a norma inconstitucional jamais fica convalidada pelo decurso do tempo. Assim está revelado o Verbete 360 da Súmula do Supremo, segundo o qual (...). Sobre o tema, cito também a Medida Cautelar na Ação Direta de Inconstitucionalidade 1.247, da relatoria do ministro Celso de Mello, acórdão publicado no *Diário da Justiça* de 8 de setembro de 1995" (ADI 3.920, rel. Min. Marco Aurélio, P, j. 5-2-2015, *DJe* 50 de 16-3-2015).

1.8. Efeitos da decisão do STF

Julgada a ADI pelo Pleno do STF, com a presença de pelo menos oito membros, e sendo declarada a inconstitucionalidade pela maioria absoluta dos seus membros, os efeitos da decisão serão, regra geral, *erga omnes*, vinculante em relação aos órgãos do Poder Judiciário e da Administração Pública federal, estadual, distrital e municipal (direta e indireta) e *ex tunc*.

Diferentemente, como exceção à regra do princípio da nulidade, e tendo em vista a segurança jurídica e o excepcional interesse social, poderá o STF, pelo voto de 2/3 dos seus membros, restringir os efeitos da declaração de inconstitucionalidade ou decidir que ela só tenha eficácia a partir de seu trânsito em julgado ou de outro momento que venha a ser fixado, ou seja, pode o STF, pelo voto de 2/3, decidir que seja dado o efeito *ex nunc* (art. 27 da Lei n. 9.868/99).

1.9. Competência para julgamento

Legitimados ativos	Objeto	Juízo competente	Previsão normativa
Presidente da República; Mesa do Senado Federal; Mesa da Câmara dos Deputados; Mesa de Assembleia Legislativa ou da Câmara Legislativa do Distrito Federal; governador de estado ou do Distrito Federal; procurador-geral da República; Conselho Federal da Ordem dos Advogados do Brasil; partido político com representação no Congresso Nacional; confederação sindical ou entidade de classe de âmbito nacional	Lei ou ato normativo federal ou estadual em face da CRFB/88	STF (originária)	Art. 102, I, *a*, da CRFB/88
Legitimados previstos na Constituição Estadual ou Lei Orgânica do Distrito Federal, aplicando-se o princípio da simetria constitucional	Lei ou ato normativo estadual (distrital) ou municipal em face da CE ou LODF	TJ (originária)	Art. 125, § 2º, da CRFB/88

1.10. Coletânea de súmulas do STF

Súmula 360. "Não há prazo de decadência para a representação de inconstitucionalidade prevista no art. 8º, parágrafo único, da CRFB."

Súmula 642. "Não cabe ação direta de inconstitucionalidade de lei do Distrito Federal derivada da sua competência legislativa municipal."

1.11. Roteiro para elaboração da peça processual

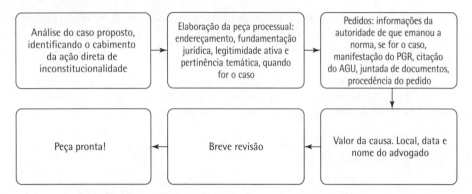

1.12. ADI no ranking dos Exames de Ordem

A ação direta de inconstitucionalidade é frequentemente cobrada nos Exames de Ordem, por exemplo, nos Exames XVI, XVII, XXVI, XXVII, 35º, 36º e 40º. Portanto, o treino das peças anteriores é importantíssimo. Deixaremos registrada aqui mais uma aplicação do 40º Exame – para tecermos comentários ao final.

1.13. Caso aplicado no Exame de Ordem

(40º Exame) Em razão de notícias de irregularidades difundidas por diversos meios de comunicação social, que teriam sido praticadas nas Assembleias Legislativas de alguns estados da Federação, um grupo de deputados federais apresentou projeto de lei cujo fim precípuo era o de veicular o "Estatuto Básico do Deputado Estadual". De acordo com os autores da proposta, a medida era essencial para a preservação da moralidade administrativa e para a sedimentação do princípio republicano.

O projeto teve grande receptividade da opinião pública, dando origem, ao fim do processo legislativo regular, à Lei Federal n. XX. De acordo com o seu art. 1º, os deputados estaduais poderiam ser responsabilizados civil e criminalmente sempre que votassem favoravelmente a aprovação de leis cuja inconstitucionalidade viesse a ser declarada em decisão definitiva do Supremo Tribunal Federal. O art. 2º dispôs que, nas situações a que se refere o art. 1º, a competência para o processo e o julgamento da ação penal a ser ajuizada em face do deputado estadual é do Supremo Tribunal Federal. Por fim, o art. 3º veiculou um conjunto de regras que deveria ser inserido no Regimento Interno de cada Assembleia Legislativa, cujo objetivo era o de disciplinar o fluxo de informações entre os distintos órgãos da Casa Legislativa.

Tão logo foi publicada, a Lei Federal n. XX encontrou forte resistência das Assembleias Legislativas Estaduais. Afinal, para elas, os preceitos que a lei veiculava eram francamente contrários à ordem constitucional, além de comprometer, de modo imediato e irreversível, o exercício funcional dos deputados estaduais e a própria organização interna das Casas Legislativas, considerando a "ameaça" que representava para os primeiros e os embaraços administrativos que acarretaria para as últimas.

PRÁTICA CONSTITUCIONAL

9

Em razão desse quadro, a Mesa da Assembleia Legislativa do Estado Alfa, dias após a publicação, decidiu ajuizar a ação judicial cabível, de modo que a Lei Federal n. XX fosse submetida ao controle concentrado de constitucionalidade, permitindo o seu cotejo com a Constituição da República de 1988.

Considerando a narrativa acima, elabore a petição inicial da medida judicial cabível.

GABARITO

A peça adequada é a petição inicial de Ação Direta de Inconstitucionalidade (ADI).

A petição deve ser endereçada ao Ministro Presidente do Supremo Tribunal Federal, órgão jurisdicional competente para processar e julgar a referida ação, conforme o art. 102, I, *a*, da CRFB/88 c/c o art. 1º da Lei n. 9.868/99.

A ação deve ser proposta pela Mesa da Assembleia Legislativa do Estado Alfa. A legitimidade da Mesa da Assembleia decorre do disposto no art. 103, IV, da CRFB/88 ou do art. 2º, IV, da Lei n. 9.868/99. O requisito da pertinência temática decorre da constatação de que a Lei Federal n. XX produzirá efeitos diretos na Assembleia Legislativa do Estado Alfa e nas ações dos deputados estaduais que a integram.

Deve ser indicado que a Lei Federal n. XX foi editada com o concurso da Câmara dos Deputados, do Senado Federal e do Presidente da República.

Deve ser informado o teor da lei federal impugnada, especificamente o dos arts. 1º a 3º da Lei Federal n. XX.

Deve ser justificado o cabimento da ADI, pois se está perante uma lei federal dissonante da Constituição da República, conforme previsto no art. 102, I, *a*, da CRFB/88.

O examinando deve informar e demonstrar, justificadamente, as normas da CRFB/88 violadas, quais sejam:

(i) O art. 1º da Lei Federal n. XX afronta a inviolabilidade civil e penal dos deputados estaduais, pelos seus votos, consagrada no art. 53, *caput*, c/c o art. 27, § 1º, ambos da CRFB/88.

(ii) O art. 2º da Lei Federal n. XX amplia indevidamente o rol exaustivo de competências do Supremo Tribunal Federal, previsto no art. 102 da CRFB/88 ou no art. 53, § 1º, da CRFB/88.

(iii) O art. 3º da Lei Federal n. XX afronta a competência das Assembleias Legislativas para dispor sobre o seu regimento interno, conforme prevê o art. 27, § 3º, da CRFB/88.

Além dos fundamentos de mérito, deve ser indicado o embasamento da medida cautelar a ser pleiteada, já que, além da patente inconstitucionalidade, há risco na demora, pois os deputados estaduais poderão ser responsabilizados por seus votos e a organização interna das Assembleias Legislativa será afetada.

Deve ser formulado pedido de medida cautelar, com fundamento no art. 10 da Lei n. 9.868/99, com o objetivo específico de sustar a eficácia da Lei Federal n. XX.

O pedido principal deve ser a declaração de inconstitucionalidade da Lei Federal n. XX.

Por fim, deve haver o fechamento da petição.

1.14. Elaboração da peça processual

EXCELENTÍSSIMO SENHOR MINISTRO PRESIDENTE DO COLENDO SUPREMO TRIBUNAL FEDERAL

Mesa da Assembleia Legislativa do Estado Alfa, com sede na capital do Estado Alfa e no exercício da legitimidade ativa que lhe atribui o art. 103, IV, da CRFB/88 c/c o art. 2º, IV, da Lei n. 9.868/99, vem respeitosamente, por seu advogado infra-assinado, conforme procuração anexa, com escritório situado à rua (endereço), que indica para os fins dos arts. 319 e 320 do CPC, propor a presente AÇÃO DIRETA DE INCONSTITUCIONALIDADE, com fundamento no art. 102, I, "a", da CRFB/88 e na Lei n. 9.868/99, em face da Lei Federal n. XX, especialmente seus arts. 1º, 2º e 3º, espécie normativa de autoria do Congresso Nacional em concurso com o Presidente da República, que deverão prestar informações, pelos motivos e fundamentos a seguir expostos:

I – DO OBJETO DA AÇÃO – LEI FEDERAL N. XX

O objeto da referida ADI é impugnar a Lei Federal n. XX, de autoria do Congresso Nacional e do Presidente da República, que, com o pretexto de estabelecer um "Estatuto Básico do Deputado Estadual" e preservar a moralidade administrativa no âmbito das Assembleias Legislativas e sedimentar o princípio republicano, violou as garantias dos membros dos legislativos estaduais, assim como a autonomia dos estados-membros. A lei federal impugnada visa combater irregularidades praticadas no âmbito das Assembleias Legislativas e moralizar suas atuações; contudo, viola a competência de cada estado-membro em legislar sobre a prerrogativa de foro de seus deputados estaduais, viola as imunidades materiais asseguradas aos deputados estaduais pela própria Constituição Federal, no art. 53, "caput", c/c o art. 27, § 1º, e também a autonomia de cada Assembleia Legislativa de elaborar seus próprios regimentos internos, conforme o comando do art. 27, § 3º, da CRFB/88, além de afrontar princípios constitucionais.

Por violar diversos dispositivos constitucionais, a Lei Federal n. XX deve ser submetida ao controle concentrado de constitucionalidade, por meio da presente ADI.

II – DA LEGITIMIDADE ATIVA

A Mesa da Assembleia Legislativa do Estado Alfa, autora da presente ADI, é legitimado especial, figurando no art. 103, IV, da CRFB/88, e sua legitimidade encontra-se apurada também no art. 2º, IV, da Lei n. 9.868/99. A legitimidade especial exige que o legitimado demonstre o interesse e a pertinência temática. Neste caso, fica evidente que a Lei Federal n. XX afeta diretamente os trabalhos e a autonomia das Assembleias Legislativas, incluindo a do Estado Alfa, afetando também a autonomia e as ações dos deputados estaduais.

III – DA MEDIDA CAUTELAR

A medida cautelar está prevista nos arts. 10 a 12 da Lei n. 9.868/99 e deve ser tomada por este Supremo Tribunal Federal pelos fatos e argumentos jurídicos expostos.

PRÁTICA CONSTITUCIONAL

O "fumus boni iuris" justifica-se com a total inconstitucionalidade da Lei Federal n. XX, usurpando a autonomia dos estados-membros e das suas Assembleias Legislativas e as imunidades dos deputados estaduais, conforme dispõem, respectivamente, os arts. 25, "caput", 27, § 3º, e 53, "caput", c/c o art. 27, § 1º, todos da CRFB/88.

O "periculum in mora" é verificado na real possibilidade de a aplicação da Lei Federal n. XX inviabilizar os trabalhos das Assembleias Legislativas, prejudicar a autonomia dos estados-membros para elaboração e alteração de suas Constituições Estaduais e das Assembleias Legislativas na aprovação de seus próprios regimentos internos, assim como atrapalhar a atuação dos deputados federais, que perderão suas imunidades materiais.

IV – DO DIREITO

O ajuizamento da presente ADI está fundado no art. 102, I, "a", da CRFB/88 c/c o art. 1º da Lei n. 9.868/99.

O art. 53, "caput", c/c o art. 27, § 1º, ambos da CRFB/88, dispõe sobre as imunidades materiais dos deputados estaduais, não cabendo à lei federal dispor sobre a suspensão delas. Assim, o art. 1º da Lei Federal n. XX não pode disciplinar sobre a responsabilidade civil e criminal de deputados estaduais que aprovem leis que posteriormente tenham sido declaradas inconstitucionais; afinal, o processo legislativo é função típica e independente dos parlamentares, não podendo nenhuma lei federal cercear as funções dos parlamentares.

Cabe ao próprio estado-membro, por meio de seu poder constituinte derivado decorrente, estabelecer a prerrogativa de foro do deputado estadual na Constituição Estadual, com base na autonomia federativa assegurada no art. 25, "caput". Ademais, a Lei Federal n. XX não pode ampliar as competências do STF; portanto, seu art. 2º usurpa o rol taxativo do art. 102, I, da CRFB/88.

Por fim, o art. 3º da Lei Federal n. XX afronta o art. 27, § 3º, da CRFB/88, que disciplina sobre a autonomia das Assembleias Legislativas em elaborar seus próprios regimentos internos.

Por todos os fatos, argumentos e provas, a Lei Federal n. XX deverá ser declarada inconstitucional por este Supremo Tribunal Federal, garantindo a obediência à repartição de competência federativa e, principalmente, respeitando a autonomia dos estados-membros e das suas Assembleias Legislativas e as imunidades dos parlamentares estaduais, asseguradas pela CRFB/88.

V – DOS PEDIDOS

Em face do exposto, a Mesa da Assembleia Legislativa do Estado Alfa requer:

a) a concessão da medida cautelar, suspendendo os efeitos da Lei Federal n. XX até decisão final, que julgará procedente o pedido e declarará a inconstitucionalidade da norma impugnada;

b) a juntada dos documentos anexos;

c) que sejam solicitadas informações ao Congresso Nacional e ao Presidente da República;

d) a citação do advogado-geral da União;

e) a oitiva do procurador-geral da República;

f) declaração definitiva de inconstitucionalidade da Lei Federal n. XX.

Dá-se à causa o valor de R$ 1.000,00, para meros efeitos fiscais e procedimentais.

Nesses termos, pede deferimento.

Local.., Data...

Advogado... OAB/UF

Considerações finais

O caso aplicado no 40º Exame apresenta a Mesa de Assembleia Legislativa, legitimado ativo especial que precisa demonstrar interesse de agir e pertinência temática, comprovando que a norma impugnada interfere de alguma forma nas suas atividades, atingindo seus interesses. Sugerimos que você verifique, no conteúdo *online*, os outros Exames que cobraram ADI não só para treinar, mas também para identificar os pontos mais destacados e cobrados, pois eles costumam se repetir.

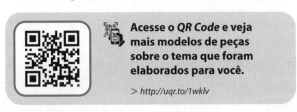

Acesse o *QR Code* e veja mais modelos de peças sobre o tema que foram elaborados para você.
> http://uqr.to/1wklv

1.15. ADI interventiva

A ADI interventiva é ação prevista no art. 36, III, primeira parte, da CRFB/88, regulamentada atualmente pela Lei n. 12.562/2011, que estabelece que a decretação de intervenção dependerá de provimento, pelo STF, de **representação do PGR** na hipótese do art. 34, VII, ou seja, para assegurar a observância dos **princípios constitucionais sensíveis** da forma republicana, do sistema representativo, do regime democrático, dos direitos da pessoa humana, da autonomia municipal, além da prestação de contas da administração pública, direta e indireta e aplicação do mínimo exigido da receita resultante de impostos estaduais, compreendida a proveniente de transferências, na manutenção e desenvolvimento do ensino e nas ações e serviços públicos de saúde.

Só haverá um legitimado à propositura da ADI interventiva: o procurador-geral da República, e, recebida a inicial, o relator tentará dirimir administrativamente o conflito. Não sendo possível, solicitará informações no prazo de 10 dias. Haverá a defesa do advogado-geral da União, no prazo de 10 dias e manifestação do procurador-geral da República também no prazo de 10 dias. A decisão será por voto de maioria absoluta do STF, **sendo irrecorrível e insuscetível de ação rescisória**.

Julgado procedente o pedido, as autoridades interessadas serão comunicadas, sendo o acórdão levado ao conhecimento do presidente da República no prazo de 15 dias para dar cumprimento aos dispositivos do art. 36, §§ 1º e 3º, não sendo cabível recusa do presidente da República, por se tratar de requisição.

Como destacamos, **o único legitimado ativo da ADI interventiva é o procurador-geral da República**, não cabendo, portanto, a representação por advogado. Por esse motivo, defendemos que a banca não deverá cobrar esta peça processual em nenhum exame. Deixamos aqui o registro para esclarecer a dúvida sobre a aplicação da peça processual.

No próprio edital, a banca explicita as demais ações do controle concentrado de constitucionalidade, exigindo o conhecimento dos seus aspectos processuais, mas não inclui a ADI interventiva.

Há de se estudar o tema Intervenção Federal, conteúdo integrante da Organização do Estado, inclusive cobrado desde a 1ª Fase do Exame de Ordem, mas os aspectos processuais e a peça prático-profissional de uma ADI interventiva são matérias dedicadas privativamente ao procurador-geral da República.

2. AÇÃO DIRETA DE INCONSTITUCIONALIDADE POR OMISSÃO

2.1. Definição e natureza jurídica

É **ação constitucional específica** para fazer o **controle concentrado de constitucionalidade sobre as omissões inconstitucionais,** com o fim de sanar a **síndrome da inefetividade das normas constitucionais,** realizando a vontade do legislador constituinte originário, impedindo que o legislador pós-constituinte (federal, estadual, distrital ou municipal) frustre o alcance efetivo das normas constitucionais.

O objetivo do art. 103, § 2º, da CRFB/88, que prevê a ADI por omissão, é tornar efetiva a norma constitucional, porque não basta a declaração formal e constitucional de tal direito, é indispensável a garantia e o exercício dele.

Segundo Pedro Lenza (*Direito constitucional esquematizado*, 2020, pág. 439), o objetivo é tornar efetiva a norma constitucional destituída de efetividade, alcançando aquelas normas constitucionais de eficácia limitada.

2.2. Origem

Foi introduzida na Constituição Federal de 1988, com o objetivo de combater a "crônica doença jurídica" conhecida como síndrome da inefetividade das normas constitucionais.

Inspirada na Carta Portuguesa de 1976, inovou no ordenamento jurídico brasileiro ao permitir que se pudesse declarar, que não somente as normas poderiam desobedecer a CRFB/88, mas também a ausência delas, quando impedisse a efetividade das normas constitucionais.

2.3. Espécies de omissão

Segundo Pedro Lenza (*Direito constitucional esquematizado*, 2020, pág. 440), a **omissão** pode ser **total ou absoluta**, quando inexistir a norma pós-constitucional sobre o tema, ou **omissão parcial**, quando existir a norma integrativa infraconstitucional, mas ela se mostrar insuficiente para dar efetividade à norma constitucional de eficácia limitada.

Quanto à **omissão parcial**, poderá ser **omissão parcial propriamente dita**, quando existe a lei, mas ela regula o direito de forma deficitária; ou **omissão parcial relativa**, quando a lei existe, mas outorga direitos apenas a uma categoria, não contemplando outras categorias que deveriam ser amparadas, conforme comando constitucional.

Tal classificação é importantíssima, pois permite o reconhecimento de omissões que, por serem parciais, por exemplo, podem, por equívoco, não serem identificadas como tal. Uma norma integrativa infraconstitucional insuficiente não torna efetiva a norma constitucional.

2.4. Legitimados para a propositura da ação direta de inconstitucionalidade por omissão

Assim como na ADI genérica, os legitimados ativos na ADI por omissão têm a legitimação extraordinária que é a capacidade de, em seus próprios nomes, provocar a jurisdição constitucional, em defesa da supremacia da Constituição em relação a todo o ordenamento jurídico.

O rol dos legitimados a propositura da ADI por omissão em face de comando normativo da CRFB/88 é taxativo no art. 103 do texto constitucional, reforçado pelo dispositivo do art. 12-A da Lei n. 9.868/99, atualizada pela Lei n. 12.063/2009. Vejamos:

> Art. 12-A. Podem propor a ação direta de inconstitucionalidade por omissão os legitimados à propositura da ação direta de inconstitucionalidade e da ação declaratória de constitucionalidade.

O STF prescreve que, dentre os legitimados a propositura da ADI por omissão, assim como na ADI genérica, **alguns têm legitimidade universal**, **outros têm legitimidade especial**, estabelecendo uma classificação entre eles.

Os primeiros – **legitimados universais** – não precisam demonstrar interesse de agir ou pertinência temática, pois do exercício das suas atribuições decorre o dever de defender a supremacia da Constituição Federal, podendo ajuizar ADI por omissão sempre que a norma constitucional de eficácia limitada estiver padecendo da síndrome de inefetividade. São eles: presidente da República, Mesa do Senado Federal, Mesa da Câmara dos Deputados, procurador-geral da República, Conselho Federal da Ordem dos Advogados do Brasil, partido político com representação no Congresso Nacional.

Os segundos – **legitimados especiais** – precisam demonstrar interesse de agir e pertinência temática, ou seja, precisam comprovar que a ausência de norma integrativa (omissão total), ou norma integrativa insuficiente (omissão parcial) interfere de alguma forma nas suas atividades, afetam os seus interesses. São eles: Mesa de Assembleia Legislativa ou da Câmara Legislativa do Distrito Federal, governador de estado ou do Distrito Federal e confederação sindical ou entidade de classe de âmbito nacional.

2.5. Requisitos da petição inicial e características da ação

A ADI por omissão tem seu trâmite processual regido pelos §§ 1º e 2º do art. 103 da CRFB/88 e pelos arts. 12-A a 12-H da Lei n. 9.868/99, atualizada pela Lei n. 12.063/2009.

A petição inicial será apresentada em duas vias, devendo conter cópias dos documentos necessários para comprovar a alegação de omissão. Em suas argumentações indicará a omissão inconstitucional total ou parcial quanto ao cumprimento de dever constitucional de legislar ou quanto à adoção de providência de índole administrativa, além do pedido, com suas especificações. Caso seja exigida a capacidade postulatória, o que ocorre para os partidos políticos, confederações sindicais e entidades de classe, a petição inicial deverá ser acompanhada de instrumento de procuração (art. 12-B da Lei n. 9.868/99).

O art. 12-E determina que se aplicam ao procedimento da ação direta de inconstitucionalidade por omissão, no que couber, as disposições constantes da Seção I do Capítulo II da Lei n. 9.868/99. Portanto, o trâmite da ADI por omissão deverá seguir rito semelhante ao da ADI genérica. Vejamos:

Distribuída ao relator, ele pedirá informações aos órgãos ou às autoridades que deveriam ter editado a norma faltante, que serão prestadas no prazo de 30 dias contado do recebimento do pedido (art. 6º da Lei n. 9.868/99). Decorrido o prazo das informações, será ouvido o procurador-geral da República, e passado o prazo de manifestação do PGR, o relator lançará o relatório, com cópia a todos os Ministros do STF, e pedirá dia para julgamento (arts. 8º e 9º da Lei n. 9.868/99).

Apesar de acaloradas discussões sobre o tema, a jurisprudência do STF está inclinada a entender dispensada a manifestação do AGU nas ações diretas de inconstitucionalidade por omissão, sendo entendimento já manifestado em sede de julgado.

> "A audiência do advogado-geral da União, prevista no art. 103, § 3º, da CF de 1988, é necessária na ação direta de inconstitucionalidade, em tese, de norma legal, ou ato normativo (já existentes), para se manifestar sobre o ato ou texto impugnado. Não, porém, na ação direta de inconstitucionalidade por omissão, prevista no § 2º do mesmo dispositivo, pois nesta se pressupõe, exatamente, a inexistência de norma ou ato normativo" (ADI 23 QO, rel. Min. Sydney Sanches, j. 4-8-1989, P, *DJ* de 1º-9-1989).

Após a propositura, não se admitirá desistência da ADI (art. 12-D da Lei n. 9.868/99); os demais legitimados à propositura da ADI por omissão poderão manifestar-se, por escrito, sobre o objeto da ação e pedir juntada de documentos reputados úteis para o exame da matéria, no prazo das informações, bem como apresentar memoriais (art. 12-E, § 1º, da CRFB/88); há a possibilidade de concessão de medidas cautelares (arts. 12-F e 12-G da Lei n. 9.868/99).

Por fim, a doutrina é pacífica ao afirmar que não existe prazo decadencial ou prescricional para o ajuizamento de ação direta de inconstitucionalidade por omissão.

2.6. Efeitos da decisão do STF

Julgada a ADI por omissão pelo STF, com a presença de pelo menos oito membros, e sendo declarada a inconstitucionalidade por omissão pela maioria absoluta dos seus membros, os efeitos da decisão serão os seguintes, conforme o art. 103, § 2º, da CRFB/88:

- **para o Poder competente omisso**: será dada ciência, não tendo a Constituição Federal de 1988 fixado prazo para a adoção das providências necessárias. O que não impede que o STF o faça, conforme ampla construção doutrinária e jurisprudencial;
- **para o órgão administrativo omisso**: deverá adotar as medidas necessárias para suprir a omissão inconstitucional no prazo de 30 dias (art. 103, § 2º, da CRFB/88), ou em prazo razoável a ser estipulado excepcionalmente pelo Tribunal, tendo em vista as circunstâncias específicas do caso e o interesse público envolvido.

2.7. Competência para julgamento

Legitimados ativos	Objeto	Juízo competente	Previsão normativa
Presidente da República; Mesa do Senado Federal; Mesa da Câmara dos Deputados; Mesa de Assembleia Legislativa ou da Câmara Legislativa do Distrito Federal; governador de estado ou do Distrito Federal; procurador-geral da República; Conselho Federal da Ordem dos Advogados do Brasil; partido político com representação no Congresso Nacional; confederação sindical ou entidade de classe de âmbito nacional	Omissão inconstitucional – Síndrome da Inefetividade das Normas Constitucionais de Eficácia Limitada	STF (originária)	art. 102, I, *a*, c/c o art. 103, §§ 1º e 2º, da CRFB/88
Legitimados previstos na Constituição Estadual ou Lei Orgânica do Distrito Federal, aplicando-se o princípio da Simetria Constitucional	Omissão inconstitucional – Síndrome da Inefetividade das Normas Constitucionais de Eficácia Limitada	TJ (originária)	

2.8. Roteiro para elaboração da peça processual

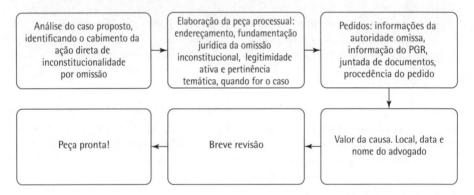

2.9. ADI por omissão no ranking dos Exames de Ordem

A ADI por omissão é uma peça processual pouquíssimo explorada nos Exames de Ordem, tendo sido aplicada, desde o IV Exame, apenas no XIX Exame, tanto que, nas primeiras edições desta obra, utilizávamos um caso hipotético elaborado pela autora Karina Jaques. Preferimos manter esse caso hipotético no conteúdo *online*, apesar da inclusão do caso aplicado no XIX Exame de Ordem.

2.10. Caso aplicado no Exame de Ordem

(XIX Exame) Determinado partido político, que possui dois deputados federais e dois senadores em seus quadros, preocupado com a efetiva regulamentação das normas constitucionais, com a morosidade do Congresso Nacional e com a adequada proteção à saúde do trabalhador, pretende ajuizar, em nome do partido, a medida judicial objetiva apropriada, visando à regulamentação do art. 7º, XXIII, da Constituição da República Federativa do Brasil de 1988.

O partido informa, por fim, que não se pode compactuar com desrespeito à Constituição da República por mais de 28 anos.

Considerando a narrativa acima descrita, elabore a peça processual judicial objetiva adequada.

PRÁTICA CONSTITUCIONAL

19

GABARITO

Peça processual: Ação Direta de Inconstitucionalidade por Omissão (ADO), a qual terá por objeto declarar a omissão na regulamentação do art. 7º, XXIII, da CRFB/88. O candidato deverá elaborar uma petição dessa natureza, visto o comando da questão solicitar a peça processual objetiva adequada.

Competência: Supremo Tribunal Federal, segundo o art. 102, I, *a*, da CRFB/88.

Legitimidade ativa: Partido político. Os legitimados à propositura da ADO estão arrolados no art. 103, I a IX, da Constituição Federal, conforme dispõem os arts. 2º e 12-A, ambos da Lei n. 9.868/99, acrescidos pela Lei n. 12.063/2009.

Legitimidade passiva: Congresso Nacional.

Fundamentação: Antes de adentrar o mérito, devem ser abertos os seguintes tópicos:

– da Legitimidade Ativa – a legitimidade ativa do partido político para a propositura da presente encontra assento no art. 103, VIII, da CRFB/88;

– da Competência Originária – na forma do art. 102, I, *a*, da CRFB/88, é de competência originária do STF o processamento e julgamento da Ação Direta de Inconstitucionalidade por Omissão;

– do Cabimento da Ação – eficácia limitada do art. 7º, XXIII, da CRFB/88 e sua necessária regulamentação.

Pedido: diante do exposto e com fulcro na Lei n. 9.868/99, requer:

1. seja julgado procedente o pedido, para que seja declarada a mora legislativa do Congresso Nacional na elaboração da Lei específica do art. 7º, XXIII, da CRFB/88;

2. seja dada ciência ao Poder competente para a adoção das providências necessárias;

3. seja promovida a oitiva do Exmo. Sr. procurador-geral da República para que emita o seu parecer, nos termos do art. 12-E, § 3º, da Lei n. 9.868/99.

Provas: Requer a produção de todas as provas admitidas em direito, na forma do art. 14, parágrafo único, da Lei n. 9.868/99.

Local e data

Advogado/OAB

2.11. **Elaboração da peça processual**

EXCELENTÍSSIMO SENHOR MINISTRO PRESIDENTE DO COLENDO SUPREMO TRIBUNAL FEDERAL

Partido Político Tal, pessoa jurídica de direito privado com representação no Congresso Nacional, inscrito no CNPJ sob o n. ..., com sede à rua..., por seu advogado infra-assinado, conforme procuração anexa, com escritório situado à rua..., que indica para os fins dos arts. 319 e 320 do CPC, vem, amparado pelo art. 103, VIII, da CRFB/88, propor a presente AÇÃO DIRETA DE INCONSTITUCIONALIDADE POR OMISSÃO, com base no art. 103, § 2º, da CRFB/88 e na Lei n. 9.868/99, em face do Congresso Nacional, que deverá prestar informações, tendo em vista a falta de norma regulamentadora do direito previsto no art. 7º, XXIII, da CRFB/88, pelos motivos e fundamentos a seguir expostos.

I – DO OBJETO DA AÇÃO – INCONSTITUCIONALIDADE POR OMISSÃO

O objeto da presente ADI por omissão é justamente a omissão inconstitucional, que frustra a intenção do legislador constituinte determinada no art. 7º, XXIII, da CRFB/88 e viola o direito fundamental de adicional de remuneração para as atividades penosas, insalubres ou perigosas.

O constituinte determinou em seu art. 5º, § 1º, da CRFB/88 que as normas definidoras dos direitos e garantias fundamentais têm aplicação imediata, portanto devem ser aplicadas desde o primeiro dia de vigência da Constituição Federal de 1988. Todavia algumas normas constitucionais têm eficácia limitada, não gerando efeitos concretos e imediatos, dependendo de norma regulamentadora para que os sujeitos amparados pela norma constitucional possam exercê-los.

A norma constitucional de eficácia limitada, quando não regulamentada e quando a ausência da regulamentação inviabiliza o exercício do direito, padece do que a doutrina chama de síndrome de inefetividade das normas constitucionais, mal que vem sofrendo o dispositivo constitucional que determina o direito ao adicional de remuneração para as atividades penosas, insalubres ou perigosas, na forma da lei – art. 7º, XXIII, da CRFB/88.

II – DA LEGITIMIDADE ATIVA UNIVERSAL

O Partido Político Tal, legitimado ativo na presente ADI por omissão, atende ao comando constitucional do art. 103, VIII, da CRFB/88, constituindo representantes eleitos no Congresso Nacional, tanto no Senado Federal quanto na Câmara de Deputados Federais.

O Partido Político Tal tem legitimidade ativa universal, pois decorre do exercício de suas atribuições políticas e legislativas (por meio de seus representantes eleitos) a função de defender a supremacia e efetividade da Constituição Federal.

III – DO DIREITO

O ajuizamento da presente ADI por omissão está fundado no art. 103, § 2º, da CRFB/88 c/c os arts. 12-A a 12-H da Lei n. 9.868/99, juntamente com o art. 7º, XXIII, da CRFB/88.

O referido art. 7º, XXIII – norma de eficácia limitada – prescreve que os trabalhadores urbanos e rurais têm direito ao adicional de remuneração para as atividades penosas, insalubres ou perigosas, na forma da lei.

A CRFB/88 reconheceu como direito fundamental o pagamento de remuneração adicional aos trabalhadores submetidos a condições penosas, insalubres ou perigosas. Contudo, por ser o art. 7º, XXIII, uma norma constitucional de eficácia limitada, depende de norma infraconstitucional integrativa para regulamentar o tema e tornar-se efetiva como norma constitucional.

Tal norma integrativa é a Consolidação das Leis do Trabalho – Decreto-Lei n. 5.452/43 e suas atualizações – que disciplina expressamente sobre o trabalho insalubre e perigoso em seus arts. 189 a 197.

PRÁTICA CONSTITUCIONAL

Segundo o referido Decreto-Lei, art. 189, é considerada insalubre a atividade ou operação que, por sua natureza, condições ou métodos de trabalho, exponha os empregados a agentes nocivos à saúde, acima dos limites de tolerância fixados em razão da natureza e da intensidade do agente e do tempo de exposição aos seus efeitos. Os artigos seguintes disciplinam regras quanto à insalubridade no trabalho, inclusive e principalmente os percentuais a serem calculados e pagos aos trabalhadores submetidos a ela.

Sobre a periculosidade no ambiente de trabalho, o art. 193 da CLT disciplina que são consideradas atividades ou operações perigosas, na forma da regulamentação do MTE, aquelas que, por sua natureza ou métodos de trabalho, impliquem risco acentuado em virtude de exposição permanente do trabalhador a inflamáveis, explosivos ou energia elétrica ou roubos ou outras espécies de violência física nas atividades profissionais de segurança pessoal ou patrimonial, acrescentando-se também as atividades de trabalhador em motocicleta. A CLT regulamenta o cálculo e pagamento do adicional de periculosidade, conforme determina a norma constitucional.

Contudo o art. 7º, XXIII, da CRFB/88 também prescreve o direito ao adicional para as atividades consideradas penosas, o que não foi atendido pela CLT e por nenhuma outra norma infraconstitucional, consistindo em uma omissão parcial, em relação ao art. 7º, XXIII, da CRFB/88, que deverá ser efetivamente sanada.

Não podem a jurisprudência e a doutrina fazer o papel do legislador, tentando de maneira incompleta e incompetente (porque foi dada à lei esta função) conceituar o trabalho penoso e aplicar direitos por analogia. Não foi esta a ordem da Constituição Federal. Apesar de doutrina, jurisprudência, analogia serem recursos utilizados como fontes do Direito pelo intérprete da norma, o comando constitucional do art. 7º, XXIII condicionou "na forma da lei".

Portanto, a não existência da norma regulamentadora representa verdadeira desobediência do Congresso Nacional em face do comando constitucional, gerando a necessidade de o Supremo Tribunal Federal suprir a omissão por meio da decisão na presente ADI por omissão.

IV – DOS PEDIDOS

Em face do exposto, o Partido Político Tal requer:

a) a juntada dos documentos anexos;

b) produção de provas admitidas em direito;

c) que sejam solicitadas informações ao Congresso Nacional;

d) a oitiva do procurador-geral da República;

e) que seja julgado procedente o pedido com a declaração definitiva de inconstitucionalidade da omissão do Congresso Nacional em relação ao art. 7º, XXIII, da CRFB/88, declarada a mora legislativa diante do comando constitucional;

f) que seja dada ciência ao Poder competente para a adoção das providências necessárias.

Dá-se à causa o valor de R$ 1.000,00 para meros efeitos fiscais e procedimentais.

Nesses termos, pede deferimento.

Local., Data...

Advogado... OAB/UF

Considerações finais

Apesar de pouco explorada, é possível construir situações hipotéticas e peças processuais a partir dos modelos apresentados neste capítulo. Há, inclusive, parágrafos, nas peças apresentadas acima, com argumentações generalistas que podem ser reescritos na sua prova. Sugerimos que você pratique e trace uma ordem lógica com base nas orientações que anotamos aqui. Se a ADI por omissão for cobrada no seu exame e você tiver seguido e treinado os passos para elaboração da peça, terá facilidade de construir seu raciocínio.

 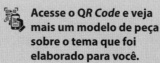

Acesse o Q*R Code* e veja mais um modelo de peça sobre o tema que foi elaborado para você.

> http://uqr.to/1wklw

3. AÇÃO DECLARATÓRIA DE CONSTITUCIONALIDADE

3.1. Definição e natureza jurídica

É **ação constitucional específica** para fazer o controle concentrado de constitucionalidade sobre **leis ou atos normativos federais**, somente federais, com o objetivo de declarar sua constitucionalidade e uniformizar a interpretação da norma federal, e não mais com o objetivo de apontar inconstitucionalidades como é o caso das demais ações do controle concentrado de constitucionalidade. Aqui objetiva-se declarar a constitucionalidade de forma absoluta, superando a mera presunção.

3.2. Origem

A ação declaratória de constitucionalidade foi introduzida na Constituição Federal de 1988 e no ordenamento jurídico brasileiro, por meio da Emenda Constitucional n. 3/93, com o objetivo de declarar formalmente a constitucionalidade de lei ou ato normativo federal.

Já existia no ordenamento jurídico brasileiro, como existe até os dias de hoje, a presunção relativa de constitucionalidade das normas vigentes. Entretanto, havia a necessidade de um mecanismo que pudesse modificar o *status* de constitucionalidade presumida, ou seja, relativa, para um *status* de constitucionalidade absoluta, que pudesse vincular toda a Administração Pública federal, estadual, distrital e municipal (direta e indireta) e também os órgãos do Poder Judiciário. Lembrando que o STF não está vinculado às suas próprias decisões, podendo ocorrer mudança de posicionamento da Corte Suprema.

Quando do seu surgimento, a ADC trouxe a promessa de ser mecanismo capaz de encerrar o quadro de insegurança jurídica e de divergência de interpretação jurisprudencial sobre um mesmo dispositivo legal, que acarretava grave ofensa à validade, eficácia e interpretação das normas constitucionais. Lembre-se de que a ADC só pode alcançar leis ou atos normativos federais.

3.3. Legitimados para a propositura da ação declaratória de constitucionalidade

A EC n. 45/2004 revogou o antigo § 4º do art. 103, igualando os legitimados da ADC àqueles da ADI genérica, com as mesmas definições de legitimados universais e legitimados especiais. Vejamos, novamente.

Os primeiros – **legitimados universais** – não precisam demonstrar interesse de agir ou pertinência temática, pois do exercício das suas atribuições decorre o dever de defender a supremacia da Constituição Federal, podendo ajuizar ADC sempre que a lei ou ato normativo federal carecer de presunção absoluta e interpretação uniforme conforme a CRFB/88. São eles: presidente da República, Mesa do Senado Federal, Mesa da Câmara dos Deputados, procurador-geral da República, Conselho Federal da Ordem dos Advogados do Brasil, partido político com representação no Congresso Nacional.

Os segundos – **legitimados especiais** – precisam demonstrar interesse de agir e pertinência temática, ou seja, precisam comprovar que a divergência de interpretação de lei ou ato normativo federal interfere de alguma forma nas suas atividades, afetam os seus interesses. São eles: Mesa de Assembleia Legislativa ou da Câmara Legislativa do Distrito Federal, governador de estado ou do Distrito Federal e confederação sindical ou entidade de classe de âmbito nacional.

3.4. Requisitos da petição inicial e características da ação

A ADC é prevista no art. 102. I, *a*, da CRFB/88, e tem seu trâmite processual regido pela Lei n. 9.868/99. O procedimento é praticamente o mesmo da ADI genérica.

A petição inicial será apresentada em duas vias, devendo conter cópias do ato normativo questionado e dos documentos necessários para comprovar a procedência do pedido de declaração de constitucionalidade. Em suas argumentações, a petição inicial indicará o dispositivo da lei ou do ato normativo federal a ser aplicada a presunção absoluta de constitucionalidade, a existência de controvérsia judicial relevante sobre a aplicação da disposição objeto da ação declaratória, e o pedido com suas especificações e fundamentos jurídicos. Caso seja exigida a capacidade postulatória, o que ocorre para os partidos políticos, confederações sindicais e entidades de classe, a petição inicial deverá ser acompanhada de instrumento de procuração (art. 14 da Lei n. 9.868/99).

O procurador-geral da República deverá se manifestar, no prazo de 15 dias (art. 19 da Lei n. 9.868/99).

Não há previsão legal expressa acerca do pronunciamento do AGU. Entretanto, parte da doutrina defende, pela natureza dúplice da ADC, que também o AGU deverá se pronunciar no mesmo prazo concedido ao PGR.

Passados os prazos de manifestação, o relator lançará o relatório, com cópia a todos os Ministros do STF, e pedirá dia para julgamento (art. 20 da Lei n. 9.868/99).

Após a propositura, não se admitirá desistência da ADC (art. 16 da Lei n. 9.868/99); em caso de necessidade de esclarecimento de matéria ou circunstância de fato ou de notória insuficiência das informações existentes nos autos, poderá o relator requisitar informações adicionais, designar perito ou comissão de peritos para que emita parecer sobre a questão ou fixar data para, em audiência pública, ouvir depoimentos de pessoas com experiência e autoridade na matéria, poderá solicitar, ainda, informações aos Tribunais Superiores, aos Tribunais federais e aos Tribunais estaduais acerca da aplicação da norma questionada no âmbito de sua jurisdição, e tais informações, perícias e audiências serão realizadas todas no prazo de 30 dias, contado da solicitação do relator (art. 20, §§ 1º, 2º e 3º, da Lei n. 9.868/99); há a possibilidade de concessão de medidas cautelares (art. 21 da Lei n. 9.868/99).

3.5. Efeitos da decisão do STF

Julgada a ADC pelo STF, com a presença de pelo menos oito membros, e sendo declarada a constitucionalidade pela maioria absoluta dos seus membros, os efeitos da decisão serão *erga omnes*, vinculante em relação aos órgãos do Poder Judiciário e da Administração Pública federal, estadual, distrital e municipal (direta e indireta) e *ex tunc*. Aconselhamos a leitura atenta dos artigos da Lei n. 9.868/99, neste item, especialmente dos arts. 22 a 28.

Destacamos mais uma vez a natureza dúplice ou ambivalente da ADC, que poderá ser julgada improcedente pelo STF, ou seja, a lei ou ato normativo federal objeto da ação poderá ser declarada inconstitucional, gerando os efeitos de uma ADI genérica com pedido julgado procedente.

3.6. Competência para julgamento

Legitimados ativos	Objeto	Juízo competente	Previsão normativa
Presidente da República; Mesa do Senado Federal; Mesa da Câmara dos Deputados; Mesa de Assembleia Legislativa ou da Câmara Legislativa do Distrito Federal; governador de estado ou do Distrito Federal; procurador-geral da República; Conselho Federal da Ordem dos Advogados do Brasil; partido político com representação no Congresso Nacional; confederação sindical ou entidade de classe de âmbito nacional	Lei ou ato normativo federal em face da Constituição Federal de 1988	STF (originária)	Art. 102, I, *a*, c/c o art. 103, § 1º, da CRFB/88
Legitimados previstos na Constituição Estadual ou Lei Orgânica do Distrito Federal, aplicando-se o princípio da Simetria Constitucional	Lei ou ato normativo estadual ou distrital em face da Constituição Estadual ou Lei Orgânica do Distrito Federal, respectivamente	TJ (originária)	

3.7. Roteiro para elaboração da peça processual

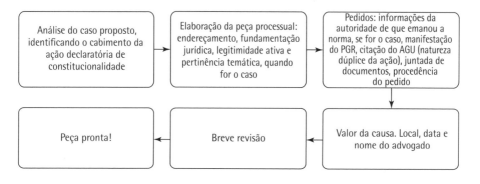

3.8. ADC no ranking dos Exames de Ordem

Não há tradição da banca na cobrança da ação declaratória de constitucionalidade, havendo dois episódios de aplicação da peça, que ocorreram nos Exames XXXIII e 41º. Utilizaremos abaixo o caso mais recente, mas você encontra o primeiro caso no conteúdo *online*.

3.9. Caso aplicado no Exame de Ordem

(41º Exame) Diversas instituições de ensino brasileiras uniram esforços para o desenvolvimento científico do País, o que acarretaria benefícios não só no plano econômico como também no ambiente social. Como fruto desse movimento, foi submetido à apreciação do Presidente da República um anteprojeto de lei, que veio a ser apresentado ao Poder Legislativo e deu origem à Lei n. XX.

Nos termos do art. 1º da Lei n. XX, a União deveria alocar mais recursos, observadas as políticas públicas adotadas por esse ente federativo, nos projetos direcionados ao aperfeiçoamento das teorias científicas, o que consubstancia a pesquisa científica básica, e nos projetos que buscam estabelecer padrões de inovação em atividade de interesse da coletividade, o que aponta para a pesquisa científica tecnológica. O art. 2º, por sua vez, autorizou que a União celebrasse ajustes com os órgãos e as entidades públicas, bem como com entidades privadas, visando, entre outros objetivos, ao compartilhamento de recursos humanos especializados para a execução de projetos de pesquisa, o que ocorreria mediante contrapartida do beneficiário, não necessariamente financeira. Por fim, o art. 3º estatuiu que a União poderia oferecer estímulos creditícios para a atuação de inventores independentes, de modo a aprimorar o processo criativo e a favorecer o aproveitamento econômico das invenções.

A publicação da Lei n. XX acarretou uma grande repulsa de setores econômicos, que passaram a defender a sua inconstitucionalidade. Eram basicamente três os argumentos que invocavam para sustentar a sua conclusão: (I) normas dessa natureza deveriam ter sido veiculadas em lei complementar, não em lei ordinária; (II) a isonomia foi flagrantemente afrontada ao se permitir tratamento diferenciado em relação a certos aspectos do saber; e, (III) especificamente em relação ao denominado "compartilhamento de recursos humanos especializados", alegava-se a ausência de previsão constitucional e a consequente afronta à exigência de prévia aprovação em concurso público para o provimento de cargos públicos, sempre que esse compartilhamento ocorresse entre órgãos públicos.

Esses argumentos encontraram ressonância em diversos pontos do País, com o correlato ajuizamento de inúmeras ações individuais e coletivas, nas quais a inconstitucionalidade dos arts. 1º a 3º da Lei n. XX era incidentalmente reconhecida, em primeiro e em segundo graus de jurisdição, o que vinha inviabilizando a sua efetiva projeção na realidade.

Sensível aos prejuízos para o interesse social que a não aplicação da Lei n. XX vinha acarretando, o Partido Político Alfa, que contava com representantes no Senado Federal, contratou os seus serviços como advogado(a) e solicitou o ajuizamento da ação constitucional cabível, com

PRÁTICA CONSTITUCIONAL

o objetivo de que fosse requerido o reconhecimento da plena compatibilidade da Lei n. XX com a CRFB/88.

Redija a peça processual adequada aos objetivos almejados pelo Partido Político Alfa.

GABARITO

A peça adequada é a petição inicial de Ação Declaratória de Constitucionalidade (ADC). A petição deve ser endereçada ao Ministro Presidente do Supremo Tribunal Federal, órgão jurisdicional competente para processar e julgar a referida ação, conforme o art. 102, I, *a*, da CRFB/88.

A ação deve ser proposta pelo Partido Político Alfa. A legitimidade do Partido decorre do disposto no art. 103, VIII, da CRFB/88.

Devem ser indicados, na petição inicial, os arts. 1º, 2º e 3º da Lei n. XX, dispositivos cuja constitucionalidade tem sido questionada.

Deve ser justificado o cabimento da ADC, por se tratar de lei federal, nos termos do art. 102, I, *a*, da CRFB/88 em razão da controvérsia judicial relevante, presente nas diversas decisões que negaram aplicação aos arts. 1º a 3º da Lei n. XX, conforme é exigido pelo art. 14, III, da Lei n. 9.868/99.

O examinando deve informar e demonstrar, justificadamente, as normas da CRFB/88 que embasam a constitucionalidade dos arts. 1º a 3º da Lei n. XX, quais sejam:

(i) A Lei n. XX é constitucional porque:

(i.i) a matéria inserida na Lei n. XX foi corretamente veiculada em lei ordinária, considerando a não exigência de lei complementar pelo art. 219-B, § 1º, da CRFB/88; a Lei Ordinária n. XX é igualmente constitucional porque:

(ii.i) em relação ao art. 1º, o tratamento prioritário da pesquisa científica básica e tecnológica é expressamente determinado pela ordem constitucional, nos termos do art. 218, § 1º, da CRFB/88;

(ii.ii) quanto ao art. 2º, a União pode firmar instrumentos de cooperação com órgãos e entidades públicos e com entidades privadas, para o compartilhamento de recursos humanos especializados, visando à execução de projetos de pesquisa, conforme dispõe o art. 219-A da CRFB/88;

(ii.iii) no que diz respeito ao art. 3º, o Estado deve estimular a atuação dos inventores independentes, de acordo com o art. 219, parágrafo único, da CRFB/88;

(ii.iv) o tratamento diferenciado preconizado pela ordem constitucional não acarreta qualquer mácula à isonomia.

Deve ser formulado pedido de medida cautelar, com fundamento no art. 21 da Lei n. 9.868/99, com o objetivo de suspender os processos judiciais em curso até o julgamento do mérito.

O pedido principal deve ser a declaração de constitucionalidade dos arts. 1º a 3º da Lei n. XX.

A petição inicial deve ser instruída com cópias do ato normativo impugnado e dos documentos que comprovem a prolação de decisões judiciais contrárias à constitucionalidade dos arts. 1º a 3º da Lei n. XX, nos termos do art. 14, parágrafo único, da Lei n. 9.868/99.

Por fim, deve haver o fechamento da petição pelo advogado.

3.10. Elaboração da peça processual

EXCELENTÍSSIMO SENHOR MINISTRO PRESIDENTE DO COLENDO SUPREMO TRIBUNAL FEDERAL

Partido Político Alfa, pessoa jurídica de direito privado com representação no Congresso Nacional, inscrito sob o CNPJ n. ..., com sede à rua..., e no exercício da legitimidade ativa que lhe atribui o art. 103, VIII, da CRFB/88, vem respeitosamente, por seu advogado infra-assinado, conforme procuração anexa, com escritório situado à rua..., que indica para os fins dos arts. 319 e 320 do CPC, propor a presente AÇÃO DECLARATÓRIA DE CONSTITUCIONALIDADE, com base no art. 102, I, "a", da CRFB/88 e, especialmente, no art. 14, III, da Lei n. 9.868/99, em razão da controvérsia judicial relevante, presente nas diversas decisões judiciais que negaram a aplicação da Lei Federal n. XX, especificamente em seus arts. 1º, 2º e 3º, pelos motivos e fundamentos a seguir expostos:

I – DO OBJETO DA AÇÃO – LEI FEDERAL n. XX/2018

O objeto da presente ação declaratória de constitucionalidade consiste em uma lei federal – Lei Federal n. XX – conforme determina o art. 102, I, "a" (segunda parte), da CRFB/88, assim como o art. 14, III, da lei 9.868/99.

A referida lei ordinária federal tem como objetivo estimular o desenvolvimento científico do País, o que acarretaria benefícios não só no plano econômico como também no ambiente social, especialmente em seus arts. 1º, 2º e 3º.

Nos termos do art. 1º da Lei n. XX, a União deveria alocar mais recursos, observadas as políticas públicas adotadas por esse ente federativo, nos projetos direcionados ao aperfeiçoamento das teorias científicas, o que consubstancia a pesquisa científica básica, e nos projetos que buscam estabelecer padrões de inovação em atividade de interesse da coletividade, o que aponta para a pesquisa científica tecnológica. O art. 2º da Lei n. XX, por sua vez, autorizou que a União celebrasse ajustes com órgãos e entidades públicos, bem como com entidades privadas, visando, entre outros objetivos, ao compartilhamento de recursos humanos especializados para a execução de projetos de pesquisa, o que ocorreria mediante contrapartida do beneficiário, não necessariamente financeira. Já o art. 3º estatuiu que a União poderia oferecer estímulos creditícios para a atuação de inventores independentes, a fim de aprimorar o processo criativo e favorecer o aproveitamento econômico das invenções.

A Lei Federal n. XX tem sofrido diversos ataques devido à existência de controvérsia judicial relevante sobre a aplicação de seus dispositivos. O cenário em que há inúmeras ações individuais e coletivas, nas quais a inconstitucionalidade dos arts. 1º a 3º da Lei n. XX tem sido reconhecida incidentalmente, em juízos de primeira e segunda instâncias de jurisdição, e que tem acarretado a inviabilidade da efetiva projeção da lei na realidade, é causa de pedir da presente AÇÃO DECLARATÓRIA DE CONSTITUCIONALIDADE para que o STF estabeleça a presunção absoluta de constitucionalidade.

II – DA LEGITIMIDADE ATIVA

O Partido Político Alfa legitimado ativo na presente ação declaratória de constitucionalidade atende ao comando constitucional do art. 102, I, a (segunda parte), c/c o art. 103, VIII, da CRFB/88, constituindo representante eleito no Congresso Nacional.

PRÁTICA CONSTITUCIONAL

O Partido Político Alfa pertence à categoria de legitimado universal, que não precisa demonstrar interesse de agir ou pertinência temática, pois do exercício das suas atribuições decorre o dever de defender a supremacia da Constituição Federal, podendo ajuizar ADC sempre que a lei ou ato normativo federal carecer de presunção absoluta e interpretação uniforme conforme a CRFB/88, como é o caso em questão.

III – DO DIREITO

A presente ação declaratória de constitucionalidade encontra respaldo jurídico no art. 102, I, "a" (segunda parte), da CRFB/88 e, especialmente, no art. 14, III, da Lei n. 9.868/99.

O caso em questão figura na controvérsia judicial relevante, presente nas diversas decisões judiciais que negaram a aplicação da Lei Federal n. XX, especificamente dos seus arts. 1º, 2º e 3º.

As decisões judiciais que declararam incidentalmente a inconstitucionalidade da Lei Federal n. XX foram baseadas nas seguintes alegações: que as normas disciplinadas pela Lei Federal n. XX deveriam ter sido veiculadas em lei complementar, não em lei ordinária; que a isonomia foi flagrantemente afrontada ao se permitir tratamento diferenciado em relação a certos aspectos do saber; e, especificamente em relação ao denominado "compartilhamento de recursos humanos especializados", alega-se a ausência de previsão constitucional e a consequente afronta à exigência de prévia aprovação em concurso público para o provimento de cargos públicos, sempre que esse compartilhamento ocorresse entre órgãos públicos.

Tais argumentos não se sustentam e se mostram sem fundamentação constitucional, sendo todos refutados com fundamento em artigos da CRFB/88. Vejamos:

Primeiramente, a Lei n. XX é constitucional porque a matéria inserida na Lei n. XX foi corretamente aprovada por lei ordinária, considerando a não exigência de lei complementar pelo art. 219-B, § 1º, da CRFB/88.

Quanto aos artigos da Lei Federal n. XX, são igualmente constitucionais porque, em relação ao art. 1º, o tratamento prioritário da pesquisa científica básica e tecnológica é expressamente determinado pela ordem constitucional, nos termos do art. 218, § 1º, da CRFB/88; quanto ao art. 2º, a União pode firmar instrumentos de cooperação com órgãos e entidades públicos e com entidades privadas, para o compartilhamento de recursos humanos especializados, visando à execução de projetos de pesquisa, conforme dispõe o art. 219-A da CRFB/88; e, no que diz respeito ao art. 3º, o Estado deve estimular a atuação dos inventores independentes, de acordo com o art. 219, parágrafo único, da CRFB/88. Por fim, o tratamento diferenciado preconizado pela ordem constitucional não acarreta qualquer mácula à isonomia.

Por fim, diante das discussões acerca da constitucionalidade da Lei n. XX e da relevante controvérsia judicial acerca da aplicação dela, faz-se necessária a manifestação do Supremo Tribunal Federal acerca do tema, declarando a constitucionalidade e determinando a aplicação da Lei Federal n. XX, conforme a Constituição Federal de 1988.

IV – MEDIDA CAUTELAR

A medida cautelar está prevista no art. 21 da Lei 9.868/99 e deve ser tomada por este Tribunal pelos fatos e argumentos jurídicos expostos.

O "fumus boni iuris" justifica-se com a evidente constitucionalidade dos arts. 1º, 2º e 3º da Lei n. XX, que corroboram todos os dispositivos constitucionais com os quais se relacionam.

O "periculum in mora" está assentado na inviabilidade da aplicação da Lei Federal n. XX devido às diversas decisões judiciais que declaram incidentalmente sua inconstitucionalidade e proporcionar verdadeiro entrave ao desenvolvimento científico do País, atingindo setores econômicos e sociais que seriam beneficiados pela Lei Federal n. XX.

V – DOS PEDIDOS

Em face do exposto, a Mesa do Senado Federal requer:
a) a concessão de medida cautelar, determinando a observância dos arts. 1º, 2º e 3º da Lei n. XX pelas instâncias administrativas e judiciais e suspendendo-se os processos judiciais em curso até o julgamento do mérito;
b) a juntada dos documentos anexos (Lei n. XX, decisões judiciais contrárias à Lei n. XX e outros documentos);
c) que sejam solicitadas informações às autoridades competentes;
d) citação do advogado-geral da União, em razão da natureza dúplice da ação;
e) a oitiva do procurador-geral da República;
f) declaração definitiva de constitucionalidade dos arts. 1º, 2º e 3º da Lei n. XX, que deverão ser interpretados conforme a Constituição Federal de 1988.

Dá-se à causa o valor de R$ 1.000,00 para meros efeitos fiscais e procedimentais.

Nesses termos, pede deferimento.
Local..., Data...

Partido Político Alfa

Advogado... OAB/UF

Considerações finais

Mesmo com apenas dois casos de aplicação da ação declaratória de constitucionalidade é possível traçar um esqueleto de peça. Treine, atente aos pedidos, leia os artigos da CRFB/88 e da lei referentes à ação e faça uma boa argumentação no mérito da peça processual, caso ela venha a ser cobrada no seu exame. Lembre-se de que, no modelo apresentado, há argumentações generalistas que podem ser utilizadas na sua peça processual.

Acesse o QR Code e veja mais um modelo de peça sobre o tema que foi elaborado para você.
> http://uqr.to/1wklx

4. ARGUIÇÃO DE DESCUMPRIMENTO DE PRECEITO FUNDAMENTAL

4.1. Definição e natureza jurídica

É **ação constitucional específica**, de **caráter residual**, para fazer o controle concentrado de constitucionalidade sobre **normas pré-constitucionais, leis federais, estaduais, municipais e distritais, tanto de natureza estadual como municipal**, que estiverem lesando preceito fundamental, só podendo ser admitida pelo STF se não houver outro meio eficaz de sanar a lesão a preceito fundamental, em razão de seu caráter subsidiário.

Está prevista no art. 102, § 1º, da CRFB/88 e regulamentada pela Lei n. 9.882/99 que prevê a arguição de descumprimento de preceito fundamental na modalidade arguição autônoma e preventiva (art. 1º, *caput*, da Lei n. 9.882/99) e arguição incidental e repressiva (art. 1º, parágrafo único, da Lei n. 9.882/99).

4.2. Origem

A arguição de descumprimento de preceito fundamental originou-se da necessidade de suprir as lacunas existentes no controle de constitucionalidade brasileiro, especialmente em relação a leis municipais, leis distritais de natureza municipal e normas pré-constitucionais.

A ADPF foi introduzida no ordenamento constitucional brasileiro por meio da EC n. 3/93, que acrescentou ao corpo constitucional o texto do atual § 1º do art. 102 da CRFB/88, afirmando que a arguição de descumprimento de preceito fundamental, decorrente da Constituição, será apreciada pelo Supremo Tribunal Federal, na forma da lei.

Alerta-se que o próprio STF considerou tal dispositivo constitucional como norma constitucional de eficácia limitada, só podendo gerar efeitos concretos depois de editada a referida norma regulamentadora, o que apenas ocorreu em 1999, por meio da Lei n. 9.882.

4.3. Definição de preceito fundamental

Nem a Constituição Federal de 1988 nem a Lei n. 9.882/99 definiram o que é preceito fundamental, deixando a missão para os doutrinadores e para o STF.

Preceitos fundamentais seriam **normas que veiculam princípios e orientam a interpretação das demais normas constitucionais**, como os princípios fundamentais (arts. 1º a 4º); os princípios constitucionais sensíveis (art. 34, VII); princípios da Administração Pública (art. 37) as cláusulas pétreas (art. 60, § 4º); princípios gerais da atividade econômica (art. 170).

Uadi Lammêgo Bulos (*Curso de direito constitucional*, 2018) diz que os preceitos fundamentais são os grandes preceitos que informam o sistema constitucional, que estabelecem comandos basilares e imprescindíveis à defesa dos pilares manifestados pelo constituinte originário.

4.4. Hipóteses de cabimento da ADPF

A ADPF será cabível, como modalidade autônoma, nos termos do *caput* do art. 1º da Lei n. 9.882/99, para evitar ou reparar lesão a preceito fundamental, resultante de ato do Poder Público.

Paralelamente, existe a modalidade incidental, quando há real e concreta divergência jurisprudencial e a ADPF é ajuizada supervenientemente. Tal modalidade é prevista no parágrafo único do art. 1º da Lei n. 9.882/99, sendo cabível a ADPF quando for relevante o fundamento da controvérsia constitucional sobre lei ou ato normativo federal, estadual, distrital ou municipal, incluídos os anteriores à Constituição.

4.5. Legitimados para a propositura da arguição de descumprimento de preceito fundamental

Os legitimados para a propositura da ADPF são os mesmos da ADI, previstos no rol taxativo do art. 103, I a IX, da CRFB/88 e indicados no art. 2º, I, da Lei n. 9.882/99, vejamos:

> "Art. 2º Podem propor arguição de descumprimento de preceito fundamental:
>
> I – os legitimados para a ação direta de inconstitucionalidade."

Da mesma forma que é aplicada a ADI, o STF prescreve que dentre os legitimados a propositura da ADPF alguns têm legitimidade universal, outros têm legitimidade especial.

Os primeiros – **legitimados universais** – não carecem de demonstrar interesse de agir ou pertinência temática, pois do exercício das suas atribuições decorre o dever de defender a supremacia da Constituição Federal, podendo ajuizar ADPF contra qualquer lei municipal, ou distrital de natureza municipal ou até mesmo norma pré-constitucional desde que estejam lesando preceito fundamental, e que não haja outro meio jurídico eficaz para sanar tal lesão. São eles: presidente da República, Mesa do Senado Federal, Mesa da Câmara dos Deputados, procurador-geral da República, Conselho Federal da Ordem dos Advogados do Brasil, partido político com representação no Congresso Nacional.

Os segundos – **legitimados especiais** – precisam demonstrar interesse de agir e pertinência temática, ou seja, precisam comprovar que a norma impugnada interfere de alguma forma nas suas atividades, afetando os seus interesses. São eles: Mesa de Assembleia Legislativa ou da Câmara Legislativa do Distrito Federal, governador de

PRÁTICA CONSTITUCIONAL

estado ou do Distrito Federal e confederação sindical ou entidade de classe de âmbito nacional.

A legitimidade para propositura da ADPF, assim como das demais ações do controle concentrado de constitucionalidade, é exclusiva daqueles previstos no rol constitucional, não cabendo ação de propositura particular. Vejamos o que diz o STF confirmando tal entendimento:

> "Ação proposta por particular. Ausência de legitimidade. Somente podem propor arguição de descumprimento de preceito fundamental os legitimados para a ação direta de inconstitucionalidade" (art. 2º, I, da Lei n. 9.882/99) (ADPF 11-AgR, rel. p/ o ac. Min. Gilmar Mendes, j. 18-11-2004, Plenário, *DJ* de 5-8-2005).

4.6. Requisitos da petição inicial e características da ação

A ADPF tem seu trâmite processual regido pelo art. 102, § 1º, c/c o art. 103 da CRFB/88 e pela Lei n. 9.882/99.

A petição inicial será apresentada em duas vias e deverá conter a indicação do preceito fundamental que se considera violado, a indicação do ato questionado, a prova da violação do preceito fundamental, se for o caso, a comprovação da existência de controvérsia judicial relevante sobre a aplicação do preceito fundamental que se considera violado, e o pedido, com suas especificações, devendo conter cópias do ato questionado e dos documentos necessários para comprovar a impugnação.

Caso seja exigida a capacidade postulatória, o que ocorre para os partidos políticos, confederações sindicais e entidades de classe, a petição inicial deverá ser acompanhada de instrumento de procuração (art. 3º da Lei n. 9.882/99).

Distribuída ao relator, e apreciado o pedido liminar, se for o caso, ele pedirá informações às autoridades responsáveis pela prática do ato impugnado, no prazo de dez dias contado do recebimento do pedido (art. 6º da Lei n. 9.882/99).

No caso de pedido liminar, o relator poderá ouvir os órgãos e autoridades responsáveis pelo ato impugnado, bem como o advogado-geral da União e o procurador-geral da República, no prazo comum de cinco dias (art. 5º, § 2º, da Lei n. 9.882/99).

Decorrido o prazo das informações, se não foi o PGR o autor da ADPF terá vista do processo, no prazo de cinco dias (art. 7º, parágrafo único, da Lei n. 9.882/99).

Passados os prazos de informações e manifestações, o relator lançará o relatório, com cópia a todos os Ministros do STF, e pedirá dia para julgamento (art. 7º, *caput*, da Lei n. 9.882/99).

Caberá reclamação contra descumprimento da decisão proferida pelo STF, na forma de seu regimento interno (art. 13 da Lei n. 9.882/99).

4.7. Efeitos da decisão do STF

Julgada a ADPF pelo STF, com a presença de pelo menos oito membros, e sendo declarada a inconstitucionalidade pela maioria absoluta dos seus membros, os efeitos da decisão serão, regra geral, *erga omnes*, vinculantes em relação aos órgãos do Poder

Judiciário e da Administração Pública federal, estadual, distrital e municipal (direta e indireta) e *ex tunc* (art. 10, § 3º, da Lei n. 9.882/99).

Diferentemente, como exceção à regra do princípio da nulidade, e tendo em vista a segurança jurídica e o excepcional interesse social, poderá o STF, pelo voto de 2/3 dos seus membros, restringir os efeitos da declaração de inconstitucionalidade ou decidir que ela só tenha eficácia a partir de seu trânsito em julgado ou de outro momento que venha a ser fixado, ou seja, pode o STF, pelo voto de 2/3 decidir que seja dado o efeito *ex nunc* (art. 11 da Lei n. 9.882/99).

A decisão na ADPF é imediatamente autoaplicável, devendo o presidente do STF determinar seu cumprimento imediato, lavrando-se o acórdão posterior. A decisão é irrecorrível e não sujeita a ação rescisória (art. 12 da Lei n. 9.882/99).

4.8. Competência para julgamento

Legitimados ativos	Objeto	Juízo competente	Previsão normativa
Presidente da República; Mesa do Senado Federal; Mesa da Câmara dos Deputados; Mesa de Assembleia Legislativa ou da Câmara Legislativa do Distrito Federal; governador de estado ou do Distrito Federal; procurador-geral da República; Conselho Federal da Ordem dos Advogados do Brasil; partido político com representação no Congresso Nacional; confederação sindical ou entidade de classe de âmbito nacional	Normas pré-constitucionais, leis federais, estaduais, municipais e distritais, tanto de natureza estadual como municipal, que estiverem lesando preceito fundamental	STF (originária)	art. 102, § 1º, *a*, da CRFB/88
Legitimados previstos na Constituição Estadual ou Lei Orgânica do Distrito Federal, aplicando-se o princípio da Simetria Constitucional	Normas pré-constitucionais, leis estaduais e municipais e leis distritais de natureza estadual e municipal, que estiverem lesando preceito fundamental, das respectivas Constituição Estadual ou Lei Orgânica do Distrito Federal	TJ (originária)	Art. 125, § 2º, da CRFB/88

4.9. Roteiro para elaboração da peça processual

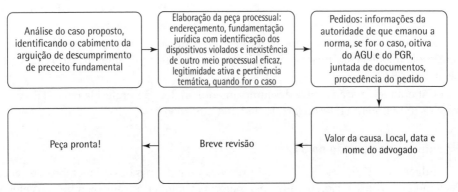

PRÁTICA CONSTITUCIONAL

4.10. ADPF no ranking dos Exames de Ordem

ADPF é uma das peças pouco cobradas, mas os casos aplicados são suficientes para traçarmos uma linha de estudo. Desde o IV Exame (exame mais antigo que utilizamos como referência), a ADPF só foi aplicada nos exames XX e na reaplicação do XXV, que ocorreu em Porto Alegre.

4.11. Caso aplicado no Exame de Ordem

(XXV Exame – Reaplicação em Porto Alegre – RS) O Município Alfa, situado na área de fronteira do território brasileiro, passou a receber intenso fluxo de imigrantes, fruto de graves complicações políticas e humanitárias ocorridas em país vizinho. Em razão desse fluxo, ocorreu um aumento exponencial da população em situação de rua, os serviços públicos básicos tiveram a sua capacidade operacional saturada e verificou-se um grande aumento nos índices de criminalidade.

Para evitar o agravamento desse quadro, a Câmara Municipal aprovou e o Prefeito Municipal sancionou a Lei n. 123/2018, que vedou o ingresso de novos imigrantes, no território do Município, pelo período de 12 (doze) meses, e fixou o limite máximo para a população flutuante, de modo que o referido ingresso seria obstado sempre que alcançado esse limite. Além disso, foi previsto que a contratação de imigrantes estaria condicionada à prévia aprovação da Secretaria Municipal do Trabalho, que avaliaria a proporção entre o quantitativo de trabalhadores nacionais e estrangeiros, podendo autorizá-la, ou não.

Ao tomar conhecimento da entrada em vigor da Lei n. 123/2018, o Partido Político Beta, que somente conta com representantes na Câmara dos Deputados, entendeu que ela seria dissonante de comandos estruturais da Constituição da República Federativa do Brasil, submetendo os imigrantes a uma situação vexatória. Não bastasse isso, a aplicação da Lei n. 123/2018, ao conferir prioridade para os nacionais nas relações de trabalho, acirrara os ânimos no Município Alfa, que passou a ser palco de conflitos diários.

À luz desse quadro, o Partido Político Beta contratou os seus serviços como advogado, para que ingressasse com a medida judicial cabível, perante o Tribunal Superior competente, de modo a obstar a aplicação da Lei n. 123/2018 do Município Alfa.

GABARITO

A peça adequada é a petição inicial da Arguição de Descumprimento de Preceito Fundamental (ADPF). A petição deve ser endereçada ao Ministro Presidente do Supremo Tribunal Federal, órgão jurisdicional competente para processar e julgar a referida ação, conforme o art. 102, § 1º, da CRFB/88 c/c o art. 1º da Lei n. 9.882/99.

A ação deve ser proposta pelo Partido Político Beta. A legitimidade do partido decorre do fato de possuir representantes no Congresso Nacional, conforme o disposto no art. 103, VIII, da CRFB/88 c/c o art. 2º, I, da Lei n. 9.882/99.

Devem ser indicados a Câmara Municipal e o Prefeito do Município Alfa como os autores da Lei n. 123/2018.

Deve ser informado o teor da Lei n. 123/2018, nos termos do art. 3º, II, da Lei n. 9.882/99.

Deve ser demonstrado o cumprimento do requisito da subsidiariedade, previsto no art. 4º, § 1º, da Lei n. 9.882/99, já que não há outro meio adequado de tutela da ordem constitucional pelo Supremo Tribunal Federal.

Deve ser justificado o cabimento da ADPF, pois a Lei n. 123/2018 descumpriu preceitos fundamentais da Constituição da República, conforme previsto no art. 102, § 1º, da CRFB/88 c/c o art. 3º, I, da Lei n. 9.882/99.

4.12. Elaboração da peça processual

EXCELENTÍSSIMO SENHOR MINISTRO PRESIDENTE DO COLENDO SUPREMO TRIBUNAL FEDERAL

PARTIDO POLÍTICO BETA – PPB, pessoa jurídica de direito privado, com representantes no Congresso Nacional, inscrito no CNPJ sob o n. ..., com sede à rua..., por seu advogado infra-assinado, conforme procuração anexa, com escritório situado à rua..., que indica para os fins dos arts. 319 e 320 do CPC, vem, propor a presente ARGUIÇÃO DE DESCUMPRIMENTO DE PRECEITO FUNDAMENTAL, com base no art. 102, § 1º, da CRFB/88 e, especialmente, nos artigos da Lei n. 9.882/99, em face da Lei Municipal n. 123/2018, originária do Poder Legislativo do município de Alfa e sancionada pelo Chefe do Poder Executivo desse mesmo município, situado na área de fronteira do território brasileiro, lei essa que dispõe sobre diversas vedações aos estrangeiros imigrantes dos países fronteiriços, entre elas a vedação ao ingresso de novos imigrantes no território do Município pelo período de 12 (doze) meses e a fixação de limite máximo para a população flutuante, de modo que o referido ingresso seria obstado sempre que alcançado esse limite. Além disso, há previsão de que a contratação de imigrantes estaria condicionada à prévia aprovação da Secretaria Municipal do Trabalho, que avaliaria a proporção entre o quantitativo de trabalhadores nacionais e estrangeiros, podendo autorizar a contratação de estrangeiros ou não, pelos fatos e fundamentos a seguir expostos:

I – DO OBJETO DA AÇÃO – LEI MUNICIPAL n. 123/2018
VIOLADORA DE PRECEITO FUNDAMENTAL

Atendendo ao que dispõe o art. 3º, II, da Lei n. 9.882/99, o objeto da presente arguição de descumprimento de preceito fundamental é a Lei Municipal n. 123/2018 do Município Alfa, de autoria da Câmara Municipal e do prefeito do Município Alfa, especialmente os artigos que disciplinam diversas vedações aos estrangeiros imigrantes dos países fronteiriços com o Município, entre elas a vedação ao ingresso de novos imigrantes no território do Município pelo período de 12 (doze) meses e a fixação de limite máximo para a população flutuante, de modo que o referido ingresso seria obstado sempre que alcançado esse limite. Além disso, há previsão de que a contratação de imigrantes estaria condicionada à prévia aprovação da Secretaria Municipal do Trabalho, que avaliaria a proporção entre o quantitativo de trabalhadores nacionais e estrangeiros, podendo autorizar a contratação de estrangeiros ou não.

Ficando claramente demonstrada na referida lei municipal a afronta à competência da União para legislar sobre emigração e imigração, entrada, extradição e expulsão de estrangeiros, nos termos do art. 22, XV, e direito do trabalho, nos termos do art. 22, I, ambos da CRFB/88. Além da afronta à repartição de competência legislativa, especialmente a competência legislativa privativa da União, disciplinada pela própria CRFB/88, a Lei Municipal n. 123/2018 restringiu os direitos fundamentais sociais dos estrangeiros, direitos esses amparado pelo art. 6º e demais artigos da Constituição da República Federativa do Brasil que disciplinam os Direitos Sociais. Todos esses dispositivos da Lei Municipal impugnada afrontam também – principalmente – o Princípio Fundamental da Dignidade da Pessoa Humana, previsto expressamente no art. 1º, III, da CRFB/88, já que os estrangeiros impedidos de ingressar e trabalhar no território brasileiro estariam impossibilitados de garantir sua própria subsistência, demonstrando a necessidade de este Supremo Tribunal Federal expurgar a referida lei municipal do ordenamento jurídico.

II – DA LEGITIMIDADE ATIVA

O PARTIDO POLÍTICO BETA – PPB, autor da presente ADPF, é legitimado universal, figurando no art. 103, VIII, da CRFB/88. Foi criado com base na Lei n. 9.690/95 e possui atualmente representantes no Congresso Nacional, especificamente na Câmara de Deputados Federais, estando plenamente habilitado para ajuizar a presente ADPF.

Quanto à pertinência temática, não carece de comprová-la, pois do exercício das suas atribuições decorre o dever de defender a supremacia da Constituição Federal.

III – DO CABIMENTO DA ADPF – INEXISTÊNCIA DE OUTRO
MEIO EFICAZ DE SANAR A LESIVIDADE

A arguição de descumprimento de preceito fundamental é o instrumento jurídico adequado para sanar lesão ou ameaça de lesão a preceitos e princípios fundamentais provocados por ato comissivo ou omissivo do Poder Público, quando não haja nenhum outro meio apto a saná-la, conforme o art. 4º, § 1º, da Lei n. 9.882/99.

No caso em questão, trata-se de controle abstrato de constitucionalidade de direito municipal pelo Supremo Tribunal Federal, cujo instrumento expressamente previsto é a ADPF, conforme o art. 1º, parágrafo único, I, da Lei n. 9.882/99.

IV – DO DIREITO – PRECEITOS FUNDAMENTAIS VIOLADOS

Primeiro, percebe-se a gritante violação ao princípio federativo, já que a competência para legislar sobre emigração e imigração, entrada, extradição e expulsão de estrangeiros e sobre direito do trabalho é privativa da União, conforme disciplina o art. 22, XV (estrangeiros) e I (trabalho), respectivamente, da CRFB/88,

Não há nenhuma norma constitucional que preveja competência de municípios para legislar sobre emigração e imigração, entrada, extradição e expulsão de estrangeiros e sobre direito do trabalho, não cabendo sequer a eles regulamentar a matéria em caráter supletivo à legislação federal.

Outro preceito violado, e já citado anteriormente, consiste no supraprincípio constitucional da Dignidade da Pessoa Humana – previsto expressamente no art. 1º, III, da CRFB/88 –, no qual se baseiam todos os direitos e garantias fundamentais, inclusive os direitos de emigração e imigração e o direito ao trabalho e à subsistência, incluindo não só alimentação e moradia, mas também direito ao lazer, ao esporte, à cultura, à saúde e demais direitos assegurados tanto aos brasileiros quanto aos estrangeiros.

Portanto, tais dispositivos legais municipais atacam frontalmente diversos dispositivos constitucionais, que se sustentam e são sustentados por preceitos fundamentais, como o princípio federativo, da repartição de competências entre os entes federados, e o supraprincípio da Dignidade da Pessoa Humana, devendo com urgência o STF sanar tal violação.

V – DA MEDIDA CAUTELAR

A medida cautelar na ADPF é assegurada no art. 5º da Lei n. 9.882/99, sendo facilmente demonstrada no caso em questão.

O "fumus boni iuris" é verificado pela exposição dos fatos e fundamentos jurídicos que acabam por demonstrar a inconstitucionalidade dos artigos da Lei Municipal n. 123/2018, violando diversos preceitos fundamentais.

O "periculum in mora" fica evidente na argumentação de que há um intenso fluxo de imigrantes estrangeiros no Município Alfa – fruto de graves complicações políticas e humanitárias ocorridas em país vizinho – e, consequentemente, aumento exponencial da população em situação de rua, crescimento da demanda por serviços públicos básicos e altas taxas de criminalidade. É flagrante que agravamentos sociais dessa natureza não podem ser resolvidos por Lei Municipal inconstitucional que usurpa a competência da União para legislar sobre as matérias – movimentação, ingresso, saída de estrangeiros no território nacional e direito do trabalho – e viola os direitos fundamentais dos estrangeiros. Pelo contrário, a referida Lei Municipal usurpadora de direitos fundamentais tende a agravar a convivência entre munícipes e imigrantes, acirrando disputas e xenofobia e promovendo conflitos mais frequentes. A Lei Municipal n. 123/2018 deve ser urgentemente sustada sob pena de sua aplicação acirrar o agravamento das mazelas sociais que vem sofrendo o Município Alfa.

VI – DOS PEDIDOS

Em face do exposto, o PARTIDO POLÍTICO BETA – PPB requer:

a) que seja concedida a medida cautelar para suspender imediatamente os efeitos da Lei Municipal n. 123/2018, do Município Alfa, até decisão final, que julgará procedente o pedido e declarará a inconstitucionalidade da norma impugnada;

b) a juntada dos documentos anexos;

c) que sejam ouvidas as autoridades competentes;

d) a oitiva do procurador-geral da República e do advogado-geral da União;

e) declaração definitiva de inconstitucionalidade da Lei Municipal n. 123/2018.

Dá-se à causa o valor de R$ 1.000,00 (mil reais) para meros efeitos fiscais e procedimentais.

Nesses termos, pede deferimento.

Local..., Data...

Advogado... OAB/UF

Considerações finais

Os dois casos aplicados assemelham-se bastante, e os gabaritos comentados pela banca exigem requisitos comuns. A subsidiariedade da ADPF é requisito essencial e não deve ser esquecida; assim como o endereçamento; a legitimidade ativa com todos os seus requisitos; os pedidos; entre outros. Nos dois casos a norma impugnada é municipal, o legitimado ativo é partido político e exige-se o requerimento de medida cautelar. A peça processual apresentada acima atende aos traços orientados pela banca, e algumas argumentações generalistas podem ser utilizadas na elaboração da sua peça, caso seja cobrada a ADPF no seu exame.

 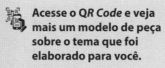

Acesse o QR *Code* e veja mais um modelo de peça sobre o tema que foi elaborado para você.

> http://uqr.to/1wkly

5. RECLAMAÇÃO CONSTITUCIONAL

5.1. Definição e natureza jurídica

A reclamação constitucional é um **instrumento jurídico de caráter mandamental** e natureza constitucional que visa preservar a competência do STF e do STJ e garantir a autoridade de suas decisões.

Há ainda muita divergência em relação à definição e natureza jurídica da reclamação constitucional. Contudo, ela é definida por renomada parte da doutrina como ação autônoma cujo objetivo é **impugnar decisão judicial ou administrativa que esteja usurpando a competência do STF ou STJ**, ou, ao menos desobedecendo as suas decisões, não cabendo quando a decisão impugnada já tenha transitado em julgado. Contrariamente, há autores que defendem ser a reclamação constitucional exercício do direito de petição, com fulcro no art. 5º, XXXIV, *a*, da CRFB/88.

5.2. Origem

A reclamação constitucional originou-se, segundo a melhor doutrina, na construção jurisprudencial da Justiça do Distrito Federal, e posteriormente foi adotada pela jurisprudência do próprio STF.

Originalmente, tinha nítida finalidade correicional frente à inexistência de instrumentos jurídicos próprios para impugnar decisões judiciais que desacatavam a competência do tribunal. Havia, na época, uma necessidade de criação, mesmo que jurisprudencial, de um mecanismo jurídico hábil para coibir decisões judiciais que usurpassem a competência e as decisões do STF. O Supremo, embora sem previsão constitucional, passou a admitir a reclamação constitucional para garantir a manutenção da autoridade de suas decisões e a integridade de suas competências.

Só depois de longa construção jurisprudencial, foi incorporada ao texto constitucional, por meio dos arts. 102, I, *l*, e 105, I, *f*, da CRFB/88, passando a ter regulamentação infraconstitucional por meio da Lei n. 8.038/90. Alerta-se que esta lei foi atingida pelo CPC de 2015, com início de vigência em março de 2016, tendo sido parcialmente revogada, não mais prevalecendo os arts. 13 a 18 da Lei n. 8.038/90. A reclamação constitucional é atualmente disciplinada pelos arts. 988 a 993 do CPC, com as alterações trazidas pela Lei n. 13.256/2016.

Na evolução de sua previsão constitucional, a EC n. 45/2004 acrescentou a possibilidade de ajuizamento de reclamação constitucional quando decisão judicial ou ato administrativo contrariassem enunciado de súmula vinculante ou indevidamente a aplicassem, tudo previsto no art. 103-A, § 3º, da CRFB/88. A Lei n. 11.417/2006 também trouxe dispositivos legais acerca da reclamação constitucional em relação à desobediência à súmula vinculante.

5.3. Previsão normativa

A reclamação constitucional está prevista no art. 102, I, *l*, e no art. 105, I, *f*, da CRFB/88, que inclusive apresentam o mesmo texto. Vejamos o art. 102, I, *l*:

> "Art. 102. Compete ao Supremo Tribunal Federal, precipuamente, a guarda da Constituição, cabendo-lhe:
>
> I – processar e julgar, originariamente:
>
> (...)
>
> l) a reclamação para a preservação de sua competência e garantia da autoridade de suas decisões;
>
> (...)."

O dispositivo constitucional acima, referente à reclamação constitucional, foi inicialmente regulamentado pelos arts. 13 a 18 da Lei n. 8.038/90. Todavia, é importante ressaltar que os referidos artigos da Lei n. 8.038/90 foram revogados expressamente pelo CPC – Lei n. 13.105/2015. Com o início da vigência do novo CPC, o instituto da reclamação passa a ser regido pelos arts. 988 a 993, destacando que o art. 988 sofreu alterações por meio da Lei n. 13.256/2016.

Alerta-se que a doutrina, com destaque para Pedro Lenza (*Direito constitucional esquematizado*), já vem se posicionando criticamente em relação a algumas inovações trazidas pelo CPC em vigor acerca da reclamação constitucional, pois sua previsão normativa deverá ser explícita na Constituição Federal, só cabendo à norma infraconstitucional o dever de regulamentação, sob pena de implicar em inconstitucionalidades. Portanto, aguardaremos os novos posicionamentos jurídicos, principalmente os do STF.

A reclamação constitucional também tem previsão expressa na Constituição Federal, incluída pela EC n. 45/2004, como instrumento para garantir a obediência à súmula vinculante: art. 103-A, § 3º, da CRFB/88. Vejamos:

> "Art. 103-A. (...)
>
> (...)
>
> § 3º Do ato administrativo ou decisão judicial que contrariar a súmula aplicável ou que indevidamente a aplicar, caberá reclamação ao Supremo Tribunal Federal que, julgando-a procedente, anulará o ato administrativo ou cassará a decisão judicial reclamada, e determinará que outra seja proferida com ou sem a aplicação da súmula, conforme o caso."

Neste instituto, a regulamentação da reclamação constitucional é dada pela Lei n. 11.417/2006, que em seu art. 7º disciplina da seguinte forma:

> "Art. 7º Da decisão judicial ou do ato administrativo que contrariar enunciado de súmula vinculante, negar-lhe vigência ou aplicá-lo indevidamente caberá reclama-

ção ao Supremo Tribunal Federal, sem prejuízo dos recursos ou outros meios admissíveis de impugnação.

§ 1º Contra omissão ou ato da administração pública, o uso da reclamação só será admitido após esgotamento das vias administrativas.

§ 2º Ao julgar procedente a reclamação, o Supremo Tribunal Federal anulará o ato administrativo ou cassará a decisão judicial impugnada, determinando que outra seja proferida com ou sem aplicação da súmula, conforme o caso."

Quando apontamos a reclamação constitucional impugnando ato administrativo ou decisão judicial que atente contra a competência e decisões judiciais do STJ, a previsão constitucional, como citamos, está no art. 105, I, *f*, da CRFB/88.

Além dos dispositivos constitucionais e infraconstitucionais citados acima, ainda temos os Regimentos Internos do STF e do STJ disciplinando a matéria, quando a reclamação tramita no âmbito de cada Tribunal.

5.4. Legitimados para a propositura da reclamação constitucional

Inicialmente, o STF só reconhecia como legitimados para a propositura da reclamação constitucional aquelas autoridades previstas no art. 103 da CRFB/88.

Todavia, o STF, em 2002, na questão de ordem proferida na Reclamação 1.880, declarou novo posicionamento, passando a reconhecer como parte legítima para a propositura de reclamação constitucional todos aqueles que forem atingidos por decisões contrárias ao entendimento firmado pelo STF, no julgamento de mérito das ações do controle concentrado de constitucionalidade.

Em 2004, a EC n. 45 incluiu a seguinte redação ao texto constitucional, reforçando o entendimento de que todos podem ser legitimados a propositura da reclamação constitucional, desde que atingidos pelas decisões de mérito do STF.

"Art. 102.

(...)

§ 2º As decisões definitivas de mérito, proferidas pelo Supremo Tribunal Federal, nas ações diretas de inconstitucionalidade e nas ações declaratórias de constitucionalidade produzirão eficácia contra todos e efeito vinculante, relativamente aos demais órgãos do Poder Judiciário e à administração pública direta e indireta, nas esferas federal, estadual e municipal."

Confirmando o posicionamento jurídico, o art. 988, *caput*, do CPC (Lei n. 13.105/2015) expressamente determina que "caberá reclamação da parte interessada ou do Ministério Público (...)".

Em resumo, qualquer pessoa que esteja sendo lesada em seu direito por decisão judicial ou administrativa que usurpe a competência do STF ou STJ, desobedeça ou não observe suas decisões definitivas de mérito, ou contrarie súmula vinculante, poderá provocar o STF ou o STJ, conforme o caso, por meio de reclamação constitucional. Incluem-se entre os legitimados, pessoas físicas ou jurídicas e até mesmo o Ministério Público, ou MPU ou MPEs, desde que representados pelos seus chefes.

5.5. Requisitos da petição inicial e características da ação

O procedimento processual da reclamação constitucional era disciplinado pelos arts. 13 a 18 da Lei n. 8.038/90 que foram substituídos pelos arts. 988 a 993 da Lei n. 13.105/2015, o novo CPC. Quanto aos procedimentos formais, além das inovações trazidas pelo novo CPC, há alterações introduzidas pela Lei n. 13.256/2016. Portanto, sugerimos atenta leitura dos artigos citados.

A petição inicial da reclamação deve ser instruída com prova documental da controvérsia e dirigida ao Presidente do Tribunal, será autuada e distribuída ao relator da causa principal, sempre que possível, conforme o art. 988, §§ 2º e 3º, do CPC.

Ao despachar a reclamação, o relator poderá requisitar informações da autoridade responsável pelo ato impugnado, no prazo de dez dias, como dispõe o art. 989, I, do CPC.

Se verificar risco de dano irreparável, poderá o relator, em seu primeiro despacho, determinar a suspensão do processo ou ato impugnado, conforme o art. 989, II, do CPC.

Qualquer interessado poderá impugnar o pedido do reclamante, como disciplina o art. 990 do CPC.

Caso não seja o reclamante o Ministério Público, ele terá vista do processo, por cinco dias, após decorrido o prazo para as informações, tudo previsto no art. 991, primeira parte, do CPC.

Julgando procedente a reclamação, o Tribunal cassará a decisão que exorbitou de seu entendimento ou determinará medida que garanta a preservação de sua competência, cabendo ao Presidente do Tribunal determinar o imediato cumprimento da decisão, lavrando-a em acórdão posterior, em conformidade com os arts. 992 e 993 do CPC.

Destaca-se que o CPC, atualizado pela Lei n. 13.256/2016, trouxe algumas novidades em seu texto legal sobre a reclamação constitucional e que, entrando em vigor, suas disposições se aplicam desde logo aos processos pendentes.

5.6. Efeitos da decisão do STF

Em qualquer dos casos em que é aplicável a reclamação constitucional, a decisão, ao julgar procedente a reclamação, anulará o ato administrativo ou cassará a decisão judicial impugnada, determinando que outra seja proferida, com ou sem a aplicação da súmula, conforme o caso.

Todavia, nem sempre o STF (ou o STJ) julga procedente a reclamação, podendo haver mudança de posicionamento, em verdadeira evolução interpretativa, e aquilo que serviu de base para o ajuizamento de reclamação constitucional, pode incidentalmente ser declarado inconstitucional.

O próprio STF já admitiu em julgamento de reclamação constitucional, a mudança de interpretação em relação a ato normativo, declarando no caso a inconstitucionalidade incidental. Vejamos:

"O STF, no exercício da competência geral de fiscalizar a compatibilidade formal e material de qualquer ato normativo com a Constituição, pode declarar a inconstitucionalidade, incidentalmente, de normas tidas como fundamento da decisão ou do ato que é impugnado na reclamação. Isso decorre da própria competência atribuída ao STF para exercer o denominado controle difuso da constitucionalidade das leis e dos atos normativos. A oportunidade de reapreciação das decisões tomadas em sede de controle abstrato de normas tende a surgir com mais naturalidade e de forma mais recorrente no âmbito das reclamações. É no juízo hermenêutico típico da reclamação – no 'balançar de olhos' entre objeto e parâmetro da reclamação – que surgirá com maior nitidez a oportunidade para evolução interpretativa no controle de constitucionalidade. Com base na alegação de afronta a determinada decisão do STF, o Tribunal poderá reapreciar e redefinir o conteúdo e o alcance de sua própria decisão. E, inclusive, poderá ir além, superando total ou parcialmente a decisão-parâmetro da reclamação, se entender que, em virtude de evolução hermenêutica, tal decisão não se coaduna mais com a interpretação atual da Constituição" (Rcl 4.374, rel. Min. Gilmar Mendes, j. 18-4-2013, Plenário, *DJe* de 4-9-2013).

5.7. Competência para julgamento

A CRFB/88 disciplina expressamente a competência do STF para julgar reclamação constitucional quando sua competência ou decisões são usurpadas e quando súmula vinculante é desobedecida. Todavia também há expressamente na CRFB/88 a competência do STJ para julgar reclamações constitucionais quando sua competência carece de ser preservada e a autoridade de suas decisões precisa ser garantida.

Ou seja, a reclamação mostra-se como instrumento constitucional mandamental para postular, perante o próprio órgão que proferiu uma decisão, o seu exato e integral cumprimento, em face da tentativa ou efetiva desobediência à decisão proferida por esse órgão ou até mesmo violação à competência taxativamente prevista na Constituição Federal de 1988.

Nesse diapasão, o STF já se manifestou favorável a disciplina e julgamento de reclamação para preservação da competência e da autoridade dos julgados do Tribunal de Justiça, desde que expressamente prevista na Constituição do Estado. Vejamos:

> "O STF, ao julgar a ADI 2.212 (...), alterou o entendimento – firmado em período anterior à ordem constitucional vigente (*v.g.*, Rp 1.092, Pleno, Djaci Falcão, *RTJ* 112/504) – do monopólio da reclamação pelo STF e assentou a adequação do instituto com os preceitos da Constituição de 1988: de acordo com a sua natureza jurídica (situada no âmbito do direito de petição previsto no art. 5º, XXIV, da CRFB) e com os princípios da simetria (art. 125, *caput* e § 1º) e da efetividade das decisões judiciais, é permitida a previsão da reclamação na Constituição estadual" (ADI 2.480, rel. Min. Sepúlveda Pertence, j. 2-4-2007, Plenário, *DJ* de 15-6-2007).

Reclamante	Matéria	Juízo competente	Previsão normativa
Qualquer pessoa que esteja sendo lesada em seu direito por decisão judicial ou administrativa que usurpe a competência do STF, desobedeça ou não observe suas decisões definitivas de mérito	Preservação de sua competência e garantia da autoridade de suas decisões	STF (originária)	Art. 102, I, *l*, da CRFB/88

Reclamante	Matéria	Juízo competente	Previsão normativa
Qualquer pessoa que esteja sendo lesada em seu direito por decisão judicial ou administrativa que contrarie súmula vinculante	Ato administrativo ou decisão judicial que contrariar a súmula vinculante	STF (originária)	Art. 103-A, § 3º, da CRFB/88
Qualquer pessoa que esteja sendo lesada em seu direito por decisão judicial ou administrativa que usurpe a competência do STJ, desobedeça ou não observe suas decisões definitivas de mérito	A preservação de sua competência e garantia da autoridade de suas decisões	STJ (originária)	art. 105, I, f, da CRFB/88
Qualquer pessoa que esteja sendo lesada em seu direito por decisão judicial ou administrativa que usurpe a competência do TJ, desobedeça ou não observe suas decisões definitivas de mérito	Preservação de sua competência e garantia da autoridade de suas decisões	Tribunal de Justiça (originária)	Conforme previsão na Constituição Estadual, seguindo o Princípio da Simetria Constitucional e reconhecida jurisprudência do STF

5.8. Coletânea de súmulas do STF

Súmula 368. "Não há embargos infringentes no processo de reclamação."

Súmula 734. "Não cabe reclamação quando já houver transitado em julgado o ato judicial que se alega tenha desrespeitado decisão do STF."

5.9. Roteiro para elaboração da peça processual

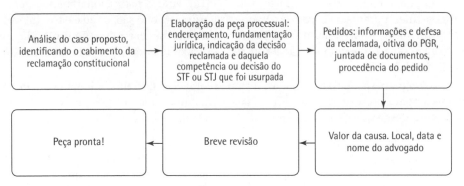

5.10. Reclamação no ranking dos Exames de Ordem

O Exame XXXII cobrou um caso de reclamação, antes a peça só havia sido cobrada em 2007, portanto temos pouca incidência da reclamação nos Exames de Ordem.

5.11. Caso aplicado no Exame de Ordem

(XXXII Exame) Após regular aprovação em concurso público de provas e títulos, João da Silva foi nomeado e empossado no cargo de técnico administrativo de nível médio, vinculado ao Poder Executivo do Município Alfa. Exerceu suas funções com grande dedicação por mais de uma década.

PRÁTICA CONSTITUCIONAL

Durante esse período, também teve oportunidade de concluir o curso de Administração de Empresas.

Assim que João concluiu a faculdade, foi editada a Lei Municipal n. 123/2018, que permitia aos ocupantes do cargo de provimento efetivo de técnico administrativo de nível médio, desde que preenchessem os requisitos exigidos, optarem pela transposição para o cargo de auditor administrativo de nível superior, passando a integrar a respectiva carreira.

Poucos dias após a promulgação da Lei Municipal n. 123/2018, um ocupante do cargo de auditor administrativo de nível superior faleceu e, com a vacância, João formulou o requerimento de transposição, o qual foi imediatamente deferido pela Administração Pública. Com isso, Mário, único candidato aprovado no concurso público destinado ao provimento do cargo de auditor administrativo de nível superior, que ainda não fora nomeado, foi preterido.

Mário, irresignado com a situação, interpôs recurso, que foi apreciado por todas as instâncias administrativas, não tendo sido acolhida a tese de que a Lei Municipal n. 123/2018 afrontava o teor de Súmula Vinculante. Acresça-se que a validade do concurso iria exaurir-se no fim do mês seguinte, e Mário estava desempregado.

À luz desse quadro, como advogado(a), redija a peça processual mais adequada, perante o Supremo Tribunal Federal, para combater a nomeação de João para o cargo de auditor administrativo de nível superior.

GABARITO

A peça processual a ser apresentada é a reclamação (art. 103-A, § 3º, da CRFB/88, ou art. 988, III e § 4º, do CPC, ou art. 7º da Lei n. 11.417/2006).

O processamento e o julgamento da reclamação são de competência do Supremo Tribunal Federal, na forma do art. 103-A, § 3º, da CRFB/88. A reclamação é dirigida ao Ministro Presidente do Supremo Tribunal Federal (art. 988, § 2º, do CPC).

A reclamação será proposta por Mário (dispõe o art. 988, *caput*, do CPC, que "caberá reclamação da parte interessada ou do Ministério Público"). O polo passivo será composto pelo Prefeito do Município Alfa, autor do ato e por João, beneficiado pela aplicação da Lei Municipal n. 123/2018 em sede administrativa. De acordo com o art. 989 do CPC, "ao despachar a reclamação, o relator: I – requisitará informações da autoridade a quem for imputada a prática do ato impugnado, que as prestará no prazo de 10 (dez) dias; (...) III – determinará a citação do beneficiário da decisão impugnada, que terá prazo de 15 (quinze) dias para apresentar a sua contestação". Embora existam decisões do STF anteriores ao CPC no sentido de que seria facultativa a intervenção do interessado no processo de reclamação (Agravo Regimental na Reclamação 8.478/RS e Agravo Regimental na Reclamação 3.375/PI), a previsão de citação trazida no CPC atrai a legitimidade do beneficiário.

Ressaltar que a reclamação é cabível em razão do esgotamento das vias administrativas, nos termos do art. 7º, § 1º, da Lei n. 11.417/2006.

Quanto ao mérito, deve ser afirmado que, ao deferir o requerimento administrativo, o Prefeito Municipal aplicou a Lei Municipal n. 123/2018 em detrimento da Constituição da República. Com isso, ofendeu a Súmula Vinculante 43 do STF, segundo a qual "é inconstitucional toda modalidade de provimento que propicie ao servidor investir-se, sem prévia aprovação em concurso público destinado ao seu provimento, em cargo que não integra a carreira na qual anteriormente investido". Prevalece, nesse caso, o entendimento de que a transposição ofende a exigência de prévia aprovação em concurso público para a investidura em cargo público, nos termos do art. 37, II, da CRFB/88.

Como João já foi nomeado para ocupar o cargo vago, o que acarreta a correlata lesão ao direito de Mário à nomeação, deve ser formulado pedido de tutela de urgência para suspender os efeitos do ato de nomeação, para evitar dano irreparável, consistente no desempenho de uma função pública por quem não preencheu o principal requisito constitucional exigido, a aprovação em concurso público, conforme dispõe o art. 989, II, do CPC, sendo demonstrada a presença dos requisitos da probabilidade do direito e do perigo de dano (art. 300 do CPC).

Deverá ser formulado pedido de anulação do ato administrativo que deferiu a transposição do cargo de técnico administrativo de nível médio para o de auditor administrativo de nível superior.

Deve ser formulado requerimento de juntada dos documentos anexos, já que a reclamação formará autos autônomos, devendo ser instruída, de modo a subsidiar a decisão do Tribunal, e indicado o valor da causa.

5.12. **Elaboração da peça processual**

EXCELENTÍSSIMO SENHOR MINISTRO PRESIDENTE DO COLENDO SUPREMO TRIBUNAL FEDERAL

Mário sobrenome, nacionalidade, estado civil, profissão, desempregado, inscrito no CPF sob o n. ..., portador da cédula de identidade n. ..., residente e domiciliado na rua..., representado por seu advogado infra-assinado, conforme procuração anexa, com escritório situado à rua..., que indica para os fins dos arts. 319 e 320 do CPC, com base no art. 103-A, § 3º, da CRFB/88 e, especialmente, no art. 988, III e § 4º, do CPC, vem apresentar RECLAMAÇÃO em face do ato administrativo do Prefeito do Município Alfa que contrariou a Súmula Vinculante 43, figurando como reclamados o Prefeito do Município Alfa, autor do ato impugnado e João da Silva, beneficiário do ato administrativo que aplicou a Lei Municipal n. 123/2018 e contrariou a Súmula Vinculante 43, pelos motivos e fundamentos a seguir expostos:

I – DO ATO ADMINISTRATIVO OBJETO DA RECLAMAÇÃO

O ato administrativo questionado padece de vício pois ao deferir o requerimento administrativo de João da Silva, o Prefeito Municipal aplicou a Lei Municipal n. 123/2018 em detrimento do comando da Súmula Vinculante 43 do STF, segundo a qual "é inconstitucional toda modalidade de provimento que propicie ao servidor investir-se, sem prévia aprovação em concurso público destinado ao seu provimento, em cargo que não integra a carreira na qual anteriormente investido". Prevalece, nesse caso, o entendimento de que a transposição ofende a exigência de prévia aprovação em concurso público para a investidura em cargo público, nos termos do art. 37, II, da CRFB/88.

II – TUTELA DE URGÊNCIA

O CPC ampara o presente pedido de tutela de urgência, nos arts. 300 a 302, desde que estando provados os requisitos essenciais.

PRÁTICA CONSTITUCIONAL

49

A probabilidade do direito é verificada nos fatos e fundamentos apresentados, no qual o ato administrativo do Chefe do Poder Executivo Municipal ao deferir o requerimento de João da Silva e aplicar a Lei Municipal n. 123/2018 contraria frontalmente a Súmula Vinculante 43.

O perigo de dano ou o risco ao resultado útil do processo encontra respaldo na lesão que a nomeação indevida de João da Silva para o cargo de auditor administrativo de nível superior, cujo único aprovado é o reclamante Mário, que se encontra desempregado e à espera da sua legítima nomeação, justamente para o mesmo cargo. Fato este que se agrava com o esgotamento do prazo de validade do concurso no fim do mês seguinte, causando dano irreparável para Mário e para a Administração Pública, consistente no desempenho de uma função pública por quem não preencheu o principal requisito constitucional exigido, a aprovação em concurso público.

III – DO DIREITO

O art. 103-A, § 3º, da CRFB/88 prescreve que do ato administrativo que contrariar súmula vinculante aplicável, caberá reclamação ao Supremo Tribunal Federal, que, julgando-a procedente, anulará o ato administrativo. Corroborando com o dispositivo constitucional, o CPC determina que a reclamação, entre outros casos, será cabível para garantir a observância do enunciado de súmula vinculante, conforme determina o art. 988, III (primeira parte), da Lei n. 13.105/2015, estando suas regras procedimentais previstas nos arts. 988 a 993 do próprio CPC.

No caso em questão, o ato administrativo impugnado foi emanado pelo Prefeito do Município Alfa (primeiro reclamado) deferindo requerimento de João da Silva (segundo reclamado) e aplicando a Lei Municipal n. 123/2018 que contraria a Súmula Vinculante 43.

É evidente que o referido ato administrativo municipal padece de vício insanável pois ataca o conteúdo e a essência da Súmula Vinculante 43 e da CRFB/88. O teor da Súmula Vinculante determina a regra quanto a provimento de cargos públicos, declarando que "é inconstitucional toda modalidade de provimento que propicie ao servidor investir-se, sem prévia aprovação em concurso público destinado ao seu provimento, em cargo que não integra a carreira na qual anteriormente investido". Tal regra também é explícita no texto constitucional, conforme prescreve o art. 37, II, da CRFB/88.

Acrescenta-se que, quando João da Silva (segundo reclamado) teve seu requerimento deferido para assegurar seu provimento no cargo para o qual Mário (reclamante) prestou concurso, o candidato, aliás, único aprovado, interpôs recurso contra a decisão administrativa, esgotando todas as instâncias administrativas, sem lograr êxito em ver acolhida a tese de que a Lei Municipal n. 123/2018 e o ato administrativo do Prefeito do Município Alfa afrontam a Súmula Vinculante 43.

Em face do exposto, restou a Mário, esgotadas as vias administrativas, conforme determina o art. 7º, § 1º, da Lei n. 11.417/2006, reclamar ao STF que deverá anular o ato administrativo questionado por vício insanável.

IV – DOS PEDIDOS

Em face do exposto, requer:

a) concessão de tutela de urgência, suspendendo o ato administrativo reclamado com o fim de evitar dano irreparável, conforme o art. 989, II, do CPC;

b) a juntada dos documentos anexos (cópia do ato administrativo impugnado, cópia da Lei Municipal n. 123/2018 e outros documentos);

c) a requisição à autoridade reclamada para prestar informações no prazo de 10 dias, conforme o art. 989, I, do CPC;

d) citação do beneficiário do ato administrativo reclamado para, caso queira, apresentar sua contestação no prazo de 15 dias, conforme o art. 989, III, do CPC;

e) a oitiva do procurador-geral da República;

f) a anulação definitiva do ato administrativo reclamado que deferiu a nomeação indevida, contrariando a Súmula Vinculante 43 (transposição do cargo de técnico administrativo de nível médio para o de auditor administrativo de nível superior).

Dá-se à causa o valor de R$ 1.000,00 para meros efeitos fiscais e procedimentais.

Nesses termos, pede deferimento.

Local.., Data...

Advogado... OAB/UF

Considerações finais

Apesar de pouca incidência nos Exames de Ordem, a peça processual da reclamação é de fácil identificação e elaboração. Sugerimos que você treine utilizando o modelo aplicado a partir do caso do XXXII Exame e a sequência de argumentações, aproveitando aquelas generalistas que podem ser encaixadas em outras peças processuais de reclamação.

6. RECURSOS

Quando o juízo profere uma decisão judicial que provavelmente deixa insatisfeita uma das partes, ela tentará reverter a decisão por meio de um dos recursos previstos no direito processual.

Recurso é, segundo Gabriel Rezende Filho (*Direito processual civil*), todo meio empregado pela parte litigante a fim de defender seu direito, e é psicologicamente, uma tendência humana.

Humberto Theodoro Jr. (*Curso de direito processual civil*) esclarece que recurso pode ser definido como **meio impugnativo apto a provocar, dentro da relação processual ainda em curso, o reexame de decisão judicial, que ainda não transitou em julgado**, pela mesma autoridade judicial ou por autoridade hierarquicamente superior, visando obter a reforma, a invalidação, a integração ou esclarecimento da decisão.

Os objetivos principais dos recursos, ainda segundo Humberto Theodoro Jr., são:

a) **reforma**: quando visa modificar a decisão judicial, por um pronunciamento mais favorável ao recorrente;

b) **invalidação**: quando a intenção é anular ou cassar a decisão eivada de vícios processuais, para que outra seja proferida;

c) **esclarecimento ou integração**: o objetivo é esclarecer a decisão obscura ou imprecisa e suprir omissões do julgador.

Os **efeitos dos recursos** podem ser **suspensivos**, quando se suspendem os efeitos da decisão questionada, impedindo a realização dos seus efeitos até o julgamento do recurso; e **devolutivos**, que consiste na regra comum a todos os recursos, pelo fato de ele forçar a devolução do caso à instância superior, que reexaminará o mérito.

Para a admissão de um recurso, deverão ser cumpridas várias exigências processuais, que são indispensáveis para que seja apreciado pelo órgão competente.

O **juízo de admissibilidade** é exercido, regra geral, pelo juízo *a quo* (que proferiu a decisão) e o **juízo de mérito**, pelo juízo *ad quem* (destinatário do recurso). No juízo de admissibilidade é preciso comprovar a legitimidade, o interesse, a tempestividade, o cabimento e o preparo do recurso. No juízo de mérito, a lide será devolvida (efeito devolutivo) ao juízo competente para analisar o recurso.

Na elaboração dos recursos, em regra, é necessário apresentar uma Peça de Interposição, cujo pedido será de **conhecimento e recebimento do recurso**, e o recurso propriamente dito, em que deverá ser pedido que seja **conhecido e provido o recurso**.

O Código de Processo Civil apresenta as seguintes espécies de recursos: **apelação, agravo de instrumento, agravo interno, embargos de declaração, recurso ordinário, recurso especial, recurso extraordinário, agravo em recurso especial ou extraordinário, embargos de divergência**.

7. APELAÇÃO

7.1. Definição, natureza jurídica, competência e características

Proferida a sentença judicial e ficando uma das partes insatisfeita, esta poderá, no prazo de 15 dias, interpor o recurso de apelação, conforme disciplinam os arts. 1.009 a 1.014 do CPC.

As questões resolvidas na fase de conhecimento, se a decisão a seu respeito não comportar agravo de instrumento, não são cobertas pela preclusão e devem ser suscitadas em preliminar de apelação, eventualmente interposta contra a decisão final, ou nas contrarrazões. Caso sejam suscitadas em contrarrazões, o recorrente será intimado para, em 15 dias, manifestar-se a respeito delas.

A apelação é dirigida ao juiz da causa, por meio da peça de interposição, juntamente com a petição com as razões do recurso que deve ser dirigida ao órgão colegiado competente para o julgamento do recurso. O art. 1.010 do CPC disciplina que a apelação, interposta por petição dirigida ao juízo de primeiro grau, conterá: os nomes e a qualificação das partes; a exposição do fato e do direito; as razões do pedido de reforma ou de decretação de nulidade; o pedido de nova decisão.

O apelado será intimado para apresentar contrarrazões no prazo de 15 dias. Se o apelado interpuser apelação adesiva, o juiz intimará o apelante para apresentar contrarrazões. Após as formalidades, os autos serão remetidos ao tribunal pelo juiz, independentemente de juízo de admissibilidade.

A apelação será recebida em seus efeitos devolutivo e suspensivo, conforme os arts. 1.012 e 1.013 do CPC. As questões de fato não propostas no juízo inferior poderão ser suscitadas na apelação, se a parte provar que deixou de fazê-lo por motivo de força maior.

7.2. Roteiro para elaboração da peça processual

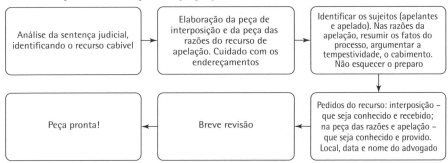

7.3. Apelação no ranking dos Exames de Ordem

Desde o Exame IV (exame mais antigo que utilizamos como referência), nas provas prático-profissionais de Direito Constitucional, a apelação foi aplicada apenas no Exame XI. A ação principal no enunciado era um mandado de segurança, cujo pedido fora julgado improcedente, cabendo o recurso de apelação. O enunciado foi bem construído e disponibilizou todos os aspectos para o candidato, inclusive a fundamentação jurídica, já que o mérito da apelação seria o mesmo da ação principal. Apesar de ter sido aplicada apenas uma vez, construir uma peça de apelação não é uma tarefa difícil. Vamos ao caso!

7.4. Caso aplicado no Exame de Ordem

(XI Exame) Fábio é universitário, domiciliado no Estado K e pretende ingressar no ensino superior por meio de nota obtida pelo Exame Nacional, organizado pelo Ministério da Educação. Após a divulgação dos resultados, Fábio é surpreendido com seu baixo desempenho nas questões discursivas, a transparecer que não corrigiram adequadamente sua prova, ou deixaram de lançar ou somar as notas das questões, o que inviabiliza seu ingresso na entidade preferida. Não há previsão de vista de prova e nem de recurso administrativo no edital, sendo certo que existe agente público do Ministério da Educação responsável pelo exame em cada Estado da Federação, denominado Coordenador Estadual do Exame Nacional, sediado na capital. Fábio requereu vista de prova e revisão ao Coordenador Estadual do Exame Nacional, tendo o seu pedido sido indeferido, por ausência de previsão editalícia. Inconformado, Fábio contrata advogado que impetra mandado de segurança, objetivando ter vista da prova, tendo a liminar sido indeferida, sem interposição de recurso. Após trinta dias de tramitação, surge sentença que julga improcedente o pedido, confirmando a legalidade da recusa de acesso à prova por falta de previsão no edital. A decisão restou clara, sem qualquer vício de omissão, contradição ou obscuridade. Foram opostos embargos de declaração, os quais foram rejeitados. Fábio, por meio do seu advogado, apresenta o recurso pertinente.

Redija a peça recursal cabível ao tema.

GABARITO

A ação proposta foi o mandado de segurança regulado pela Lei n. 12.016/2009 e previsto no art. 5º, LXIX, da CRFB ("Conceder-se-á mandado de segurança para proteger direito líquido e certo, não amparado por *habeas corpus* ou *habeas data*, quando o responsável pela ilegalidade ou abuso de poder for autoridade pública ou agente de pessoa jurídica no exercício de atribuições do Poder Público"). O impetrante foi Fábio e o impetrado, o Coordenador Estadual do Exame Nacional, autoridade coatora.

Sendo o pedido julgado improcedente por sentença, o recurso cabível é o de apelação.

(Art. 14 da LMS: "Da sentença, denegando ou concedendo o mandado, cabe apelação. § 1º Concedida a segurança, a sentença estará sujeita obrigatoriamente ao duplo grau de jurisdição. § 2º *Estende-se à autoridade coatora o direito de recorrer*").

O recorrente será Fábio e o recorrido, a autoridade coatora.

PRÁTICA CONSTITUCIONAL

Os fundamentos do recurso de apelação serão os mesmos deduzidos na ação:

a) princípio da legalidade (art. 5º, II, da CRFB – ninguém será obrigado a fazer ou deixar de fazer alguma coisa senão em virtude de lei);

b) princípio da publicidade (art. 37, *caput*, da CRFB);

c) direito de petição (art. 5º, XXXIV, da CRFB).

A petição é dirigida ao Juízo da sentença. Assim, tendo em vista que a autoridade coatora é federal, a petição é dirigida ao Juízo Federal vinculado à Seção Judiciária do Estado K para encaminhamento a instância de revisão, no caso o Tribunal Regional Federal.

As razões recursais são dirigidas ao Tribunal Regional Federal.

O recurso deve conter a postulação de reforma da sentença com a procedência do pedido.

No caso de mandado de segurança, não existe condenação em honorários e nem em custas, consoante determinação legal e jurisprudência assente.

7.5. Elaboração da peça processual

PEÇA DE INTERPOSIÇÃO

EXCELENTÍSSIMO SENHOR DOUTOR JUIZ FEDERAL DA... VARA FEDERAL... DA SEÇÃO JUDICIÁRIA DO ESTADO K (Juízo recorrido)

Processo n.: ...

Fábio, já qualificado nos autos do mandado de segurança acima identificado, que impetra em face do Coordenador Estadual do Exame Nacional, insatisfeito com a sentença proferida nos autos ("vide" fls. ...), vem, por seu advogado, conforme procuração anexa, com escritório à rua..., endereço que indica para os fins dos arts. 319 e 320 do CPC, interpor, tempestivamente, a presente APELAÇÃO, nos termos dos arts. 1.009 a 1.014 do CPC, com o fim que seja recebido e admitido, juntando a guia de recolhimento, e, depois de cumpridas as formalidades processuais necessárias, sejam os autos remetidos ao Tribunal Regional Federal.

Nesses termos, pede deferimento.

Local..., Data...

Advogado... OAB/UF

PEÇA DE RAZÕES DO RECURSO

AO TRIBUNAL REGIONAL FEDERAL DA... REGIÃO FEDERAL

APELANTE: Fábio

APELADO: Coordenador Estadual do Exame Nacional

RAZÕES DA APELAÇÃO

I – TEMPESTIVIDADE

O presente recurso de apelação encontra-se tempestivo, pois foi interposto no prazo de 15 dias, conforme determina o art. 1.003, § 5º, do CPC.

II – DOS FATOS

Fábio, ora apelante, submeteu-se ao Exame Nacional, organizado pelo Ministério da Educação, e, após a divulgação dos resultados, verificou que não corrigiram adequadamente sua prova, ou deixaram de lançar ou somar as notas das questões, o que inviabilizou seu ingresso na entidade preferida.

Fábio requereu vista de prova e revisão desta ao Coordenador Estadual do Exame Nacional, tendo o seu pedido sido indeferido, por ausência de previsão editalícia.

Inconformado, Fábio impetrou mandado de segurança, objetivando ter vista da prova, tendo a liminar sido indeferida, sem interposição de recurso.

Após 30 dias de tramitação, foi proferida sentença, julgando improcedente o pedido, confirmando a legalidade da recusa de acesso à prova por falta de previsão no edital.

Diante da sentença negando o direito do apelante à vista e ao recurso da prova Exame Nacional, Fábio vem apelar da decisão, publicada no Diário de Justiça sob o n. ...("vide" anexo fls. ...).

III – DO DIREITO

A decisão apelada deve ser reformada por ferir diversos direitos e princípios, que veremos a seguir:

O princípio da legalidade, segundo o qual ninguém será obrigado a fazer ou deixar de fazer alguma coisa senão em virtude de lei, conforme o art. 5º, II, da CRFB/88. Fábio tem assegurado o direito à vista e recurso da prova, não podendo ser impedido deste direito, com a simples alegação de não haver a previsão editalícia.

O princípio da publicidade, previsto no art. 37, "caput", também foi duramente violado ao impedir que o apelante tenha acesso à sua prova e aos critérios utilizados para a correção e aplicação da nota.

Concomitantemente às violações acima citadas, o apelante teve negado seu direito fundamental de petição, assegurado no art. 5º, XXXIV, da CRFB/88, ao ter o pedido de recurso e vista negado pelo Coordenador Estadual do Exame Nacional.

IV – DOS PEDIDOS

Em face do exposto, o apelante requer que o recurso seja conhecido e provido para reformar a sentença recorrida, acolhendo os pedidos formulados na petição inicial.

Nesses termos, pede deferimento.

Local..., Data...

Advogado... OAB/UF

Considerações finais

Elabore e treine o seu modelo de apelação a partir do espelho proposto, memorize os requisitos e, caso ela seja cobrada no seu exame, utilize os argumentos de mérito e outras informações que a banca terá que disponibilizar. Preocupe-se com os requisitos essenciais e a ordem de disposição deles e elabore sempre seu próprio modelo de peça processual.

8. AGRAVO DE INSTRUMENTO

8.1. Definição, natureza jurídica, competência e características

Quando, no curso do processo, o juízo expede uma decisão interlocutória, a parte insatisfeita poderá interpor agravo de instrumento.

O art. 1.015 do CPC lista um rol exemplificativo de decisões interlocutórias que podem ser questionadas por agravo de instrumento, vejamos: decisões interlocutórias que versarem sobre tutelas provisórias; mérito do processo; rejeição da alegação de convenção de arbitragem; incidente de desconsideração da personalidade jurídica; rejeição do pedido de gratuidade da justiça ou acolhimento do pedido de sua revogação; exibição ou posse de documento ou coisa; exclusão de litisconsorte; rejeição do pedido de limitação do litisconsórcio; admissão ou inadmissão de intervenção de terceiros; concessão, modificação ou revogação do efeito suspensivo aos embargos à execução; redistribuição do ônus da prova; proferidas na fase de liquidação de sentença ou de cumprimento de sentença, no processo de execução e no processo de inventário e noutros casos expressamente referidos em lei.

Segundo o CPC, o agravo de instrumento será dirigido diretamente ao tribunal competente por meio de petição com os nomes das partes; a exposição do fato e do direito; as razões do pedido de reforma ou de invalidação da decisão e o próprio pedido; o nome e o endereço completo dos advogados constantes do processo.

Para instruir a petição de agravo de instrumento, o agravante deverá juntar obrigatoriamente cópias da petição inicial, da contestação, da petição que ensejou a decisão agravada, da própria decisão agravada, da certidão da respectiva intimação ou outro documento oficial que comprove a tempestividade e das procurações outorgadas aos advogados do agravante e do agravado; declaração de inexistência de qualquer dos documentos referidos no inciso I do art. 1.017 do CPC, feita pelo advogado do agravante, sob pena de sua responsabilidade pessoal e facultativamente, com outras peças que o agravante reputar úteis. Acompanhará a petição o comprovante do pagamento das respectivas custas e do porte de retorno, quando devidos, conforme tabela publicada pelos tribunais.

Recebido o agravo de instrumento no tribunal e distribuído imediatamente, se não for o caso de aplicação do art. 932, III e IV, do CPC, o relator, no prazo de cinco dias, poderá atribuir efeito suspensivo ao recurso ou deferir, em antecipação de tutela, total ou parcialmente, a pretensão recursal, comunicando ao juiz sua decisão; ordenará a intimação do agravado pessoalmente, por carta com aviso de recebimento, quando não tiver procurador constituído, ou pelo *Diário da Justiça* ou por carta com aviso de recebimento dirigida ao seu advogado, para que responda no prazo de 15 dias, facultando-

-lhe juntar a documentação que entender necessária ao julgamento do recurso; determinará a intimação do Ministério Público, preferencialmente por meio eletrônico, quando for o caso de sua intervenção, para que se manifeste no prazo de 15 dias.

Segundo o art. 1.020 do CPC, o relator solicitará dia para julgamento em prazo não superior a um mês da intimação do agravado.

8.2. Roteiro para elaboração da peça processual

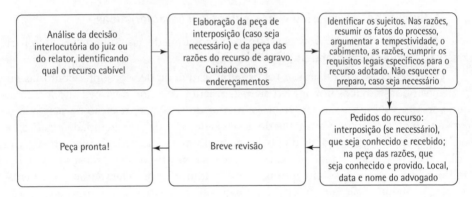

8.3. Agravo de instrumento no ranking dos Exames de Ordem

Não há registro de aplicação de agravo de instrumento nas provas prático-profissionais já aplicadas. Portanto, devemos trabalhar com o "esqueleto" das peças processuais, memorizar os requisitos essenciais e em quais casos a lei prevê a possibilidade de interposição do referido recurso. Abaixo apresentamos os modelos básicos para o recurso.

8.4. Elaboração da peça processual

PEÇA DE INTERPOSIÇÃO

EXMO. SR. DESEMBARGADOR PRESIDENTE DO TRIBUNAL DE JUSTIÇA DO ESTADO...

Processo n: ...

NOME DO AGRAVANTE, já qualificado nos autos da AÇÃO acima identificada, que ajuíza em face do NOME DO AGRAVADO, insatisfeito com a decisão interlocutória proferida nos autos ("vide" fls. ...), vem, por seu advogado, conforme procuração anexa, com escritório à rua..., endereço que indica para os fins do art. 319 do CPC, interpor, tempestivamente, nos termos do art. 1.003, § 5º, do CPC, o presente

PRÁTICA CONSTITUCIONAL

AGRAVO DE INSTRUMENTO, com o fim que seja conhecido e provido, conforme as razões a seguir expostas. Cumprindo a ordem do art. 1.016 do CPC, o agravante informa o nome e endereço dos advogados constantes nos autos da ação.

Pelo agravante: ...

Pelo agravado: ...

Nesses termos, pede deferimento.
Local..., Data...
Advogado... OAB/UF

PEÇA DAS RAZÕES

COLENDA CÂMARA CÍVEL DO TRIBUNAL DE JUSTIÇA DO ESTADO... – juízo competente para julgar

RECORRENTE: ...

RECORRIDO: ...

RAZÕES DO RECURSO

RAZÕES DO AGRAVO

I – DA TEMPESTIVIDADE

II – DOS RECURSOS DOS FATOS

III – DO CABIMENTO DO AGRAVO DE INSTRUMENTO

IV – DA DOCUMENTAÇÃO

V – DO DIREITO E DAS RAZÕES DA REFORMA DA DECISÃO

VI – DO PEDIDO

Diante do exposto, requer o agravante que seja reconsiderada a decisão publicada sob o n. ... com o fim de...

Nesses termos, pede deferimento.
Local..., Data...
Advogado... OAB/UF

Considerações finais

Tenha muita atenção na leitura dos artigos do CPC referentes ao agravo de instrumento (arts. 1.015 a 1.020), pois eles dispõem sobre todas as regras necessárias para que você identifique o cabimento do recurso e construa a peça, com o endereçamento adequado, pedidos e argumentações. Conhecendo os artigos do CPC e tendo um modelo básico, será muito mais fácil identificar a peça no caso hipotético a ser apresentado pela banca.

9. AGRAVO INTERNO

9.1. Definição, natureza jurídica, competência e características

O CPC inovou com o agravo interno que será interposto contra decisão do relator, perante o respectivo órgão colegiado, devendo observar as regras do regimento interno do tribunal.

O art. 1.021 do CPC também estabelece que, na petição de agravo interno, o recorrente impugnará, especificadamente, os fundamentos da decisão agravada, e o agravo será dirigido ao relator, que intimará o agravado para manifestar-se sobre o recurso no prazo de 15 dias, ao final do qual, não havendo retratação, o relator levá-lo-á a julgamento pelo órgão colegiado, com inclusão em pauta.

Quando o agravo interno for declarado manifestamente inadmissível ou improcedente em votação unânime, o órgão colegiado, em decisão fundamentada, condenará o agravante a pagar ao agravado multa fixada entre 1% e 5% do valor atualizado da causa. Vale a leitura detalhada dos arts. 1.015 a 1.021 do CPC.

Importante destacar que a Lei n. 9.868/99 prevê que da decisão do relator que indeferir liminarmente petição inicial inepta, não fundamentada ou manifestamente improcedente em sede de ADI, ADO e ADC, caberá agravo interno. A Lei n. 9.882/99 também prevê a mesma possibilidade de agravo interno em sede de ADPF.

9.2. Roteiro para elaboração da peça processual

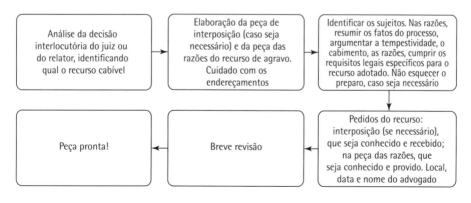

9.3. Agravo interno no ranking dos Exames de Ordem

Não há registro de aplicação de agravo interno nas provas prático-profissionais já aplicadas. Portanto, devemos trabalhar com o "esqueleto" das peças processuais, memorizar os requisitos essenciais e os casos em que a lei prevê a possibilidade de interposição do referido recurso. A seguir apresentamos os modelos básicos para o recurso.

9.4. Elaboração da peça processual

PEÇA DE INTERPOSIÇÃO

EXMO. SR. DR. DESEMBARGADOR RELATOR DA... CÂMARA CÍVEL DO TRIBUNAL DE JUSTIÇA DO ESTADO...

Processo n.: ...

NOME DO AGRAVANTE, já qualificado nos autos da AÇÃO acima identificada, que ajuíza em face do NOME DO AGRAVADO, insatisfeito com a decisão monocrática proferida pelo RELATOR nos autos ("vide" fls. ...), vem, por seu advogado, conforme procuração anexa, com escritório à rua..., endereço que indica para os fins do art. 319 do CPC, interpor, tempestivamente, nos termos do art. 1.003, § 5º, do CPC, o presente AGRAVO INTERNO, com fundamento no art. 1.021 do CPC, consubstanciado nos fatos e fundamentos jurídicos a seguir aduzidos:

Nesses termos, pede deferimento.
Local..., Data...
Advogado... OAB/UF

PEÇA DAS RAZÕES

COLENDA CÂMARA CÍVEL DO TRIBUNAL DE JUSTIÇA DO ESTADO... – juízo competente para julgar
RECORRENTE: ...

RECORRIDO: ...

RAZÕES DO RECURSO

I – DA TEMPESTIVIDADE

II – DO CABIMENTO DO RECURSO

III – DO PREPARO

IV – DOS FATOS

V – DO DIREITO

VI – DO PEDIDO

Diante do exposto, o recorrente requer que sejam conhecidas as razões apresentadas para em seguida ser provido o recurso, e reformada a decisão...

Nesses termos, pede deferimento.
Local..., Data...
Advogado... OAB/UF

Considerações finais

Tenha muita atenção na leitura do artigo do CPC referente ao agravo interno (art. 1.021), pois ele dispõe sobre todas as regras necessárias para que você identifique o cabimento do recurso e construa a peça, com o endereçamento adequado, pedidos e argumentações. Conhecendo o artigo do CPC e tendo um modelo básico, será muito mais fácil identificar a peça no caso hipotético a ser apresentado pela banca.

10. EMBARGOS DE DECLARAÇÃO

10.1. Definição, natureza jurídica, competência e características dos embargos de declaração

Os embargos de declaração, previstos nos arts. 1.022 a 1.026 do CPC, são cabíveis quando a decisão judicial – decisão interlocutória, sentença ou acórdão – apresenta obscuridade ou contradição, quando omitido ponto sobre o qual devia pronunciar-se o juiz ou tribunal, e ainda para corrigir erro material.

O prazo para opor embargos de declaração é de cinco dias, e sua propositura interrompe o prazo para interposição de outros recursos.

Não há peça de interposição, não há preparo, e o recurso é endereçado diretamente ao juízo monocrático ou ao relator que proferiu a decisão, devendo indicar o ponto obscuro, contraditório ou omisso.

Os embargos de declaração manifestamente protelatórios, assim declarados pelo juízo, ensejarão ao embargante multa não excedente a 2% sobre o valor da causa, e caso haja reincidência de oposição de embargos protelatórios, a multa será majorada até 10%, não podendo o embargante interpor qualquer recurso se pendente o pagamento da multa, tudo conforme o art. 1.026, §§ 2º e 3º, do CPC.

10.2. Roteiro para elaboração da peça processual

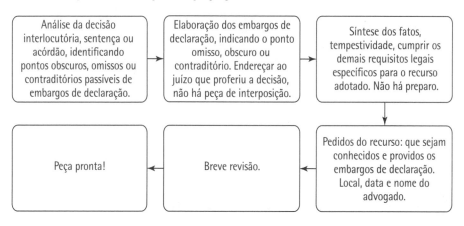

10.3. Embargos de declaração no ranking dos Exames de Ordem

A peça processual ainda é inédita em provas prático-profissionais de Direito Constitucional dos Exames de Ordem.

10.4. Elaboração da peça processual

EXCELENTÍSSIMO SENHOR DOUTOR JUIZ DE DIREITO DA... VARA DA COMARCA... DO ESTADO... (ou TRIBUNAL DE JUSTIÇA DO ESTADO, ou JUIZ FEDERAL, ou TRIBUNAL REGIONAL FEDERAL)

NOME DO EMBARGANTE..., já devidamente qualificado nos autos, por seu advogado infra-assinado, conforme procuração anexa, com escritório no endereço..., que indica para fins do art. 319 do CPC, à presença de V. Exa., nos termos no art. 1.022 do CPC, nos autos da AÇÃO..., n. ..., que ajuíza em face de... (ou que é interposta contra si, por...), vem opor EMBARGOS DE DECLARAÇÃO, pelas razões a seguir expostas:

I – DA TEMPESTIVIDADE

II – DO RESUMO DOS FATOS

III – DA OMISSÃO, OU DA OBSCURIDADE,
OU DA CONTRADIÇÃO, OU DO ERRO MATERIAL

IV – DO PEDIDO

Diante do exposto, o embargante requer e aguarda que os presentes embargos de declaração sejam conhecidos e providos, para que a decisão judicial (ou decisão interlocutória, ou sentença, ou acórdão) embargada seja sanada no tocante à sua omissão (ou obscuridade, ou contradição, ou erro material).

Nesses termos, pede deferimento.
Local..., Data...
Advogado... OAB/UF

Considerações finais

Não deixar de treinar a peça, pelo menos o modelo básico sugerido, além de estudar os artigos do CPC que disciplinam essa espécie de recurso.

11. RECURSO ORDINÁRIO CONSTITUCIONAL

11.1. Definição, natureza jurídica, competência e características do recurso ordinário constitucional (apelação constitucional)

O recurso ordinário constitucional está previsto nos arts. 102, II, e 105, II, da Constituição Federal de 1988 e regulamentado pelos arts. 1.027 e 1.028 do CPC vigente. Visa submeter direito subjetivo violado, comprovado por matéria de direito e de fato à apreciação do Supremo Tribunal Federal ou do Superior Tribunal de Justiça, conforme o caso. Todavia, há casos em que o recurso ordinário constitucional é interposto contra decisão de juiz federal de primeira instância.

11.2. Competência do Supremo Tribunal Federal para julgar recurso ordinário

Segundo o art. 102, II, *a*, da CRFB/88, o STF julgará, por recurso ordinário, as decisões denegatórias proferidas em *habeas corpus*, mandado de segurança, *habeas data* e mandado de injunção, decididos em única instância pelos Tribunais Superiores, ou seja, são os casos de competência originária dos Tribunais Superiores, e o STF será o segundo grau de jurisdição.

Alerta-se que apenas os impetrantes dos referidos remédios constitucionais, caso seja denegatória a decisão, poderão interpor o recurso ordinário constitucional previsto no art. 102, II, *a*, da CRFB/88.

O art. 102, II, *b*, da CRFB/88 disciplina que caberá recurso ordinário constitucional ao Supremo Tribunal Federal contra sentença proferida em julgamento de crime político, cuja competência originária é de juiz federal, conforme dispõe o art. 109, IV, da CRFB/88. Nesse caso, o recurso ordinário constitucional é interposto contra decisão de juízo de primeira instância da Justiça Federal.

O prazo para a interposição do recurso ordinário constitucional é de 15 dias, há necessidade de pagamento do preparo e custas judiciais com o porte de remessa e de retorno, exceto nas ações cuja gratuidade é garantida pela CRFB/88.

Há a peça de interposição e a peça das razões do recurso, sendo o endereçamento da peça de interposição para o Presidente do Tribunal recorrido (decisão denegatória dos Tribunais Superiores), ou juízo de primeiro grau federal (juízo recorrido), e o endereçamento da peça das razões do recurso ordinário para o Supremo Tribunal Federal.

11.3. Competência do Superior Tribunal de Justiça para julgar recurso ordinário

Segundo o art. 105, II, *a*, da CRFB/88, é competência do Superior Tribunal de Justiça julgar recurso ordinário contra decisões denegatórias proferidas em única ou última instância pelos Tribunais Regionais Federais ou pelos tribunais dos Estados, do Distrito Federal e Territórios, em sede de *habeas corpus*.

No caso do art. 105, II, *b*, da CRFB/88, cabe ao STJ julgar o recurso ordinário interposto em face de decisão denegatória proferida em mandado de segurança decidido em única instância pelos Tribunais Regionais Federais ou pelos tribunais dos Estados, do Distrito Federal e Territórios, ou seja, nos casos em que a competência originária pertence aos Tribunais inferiores e o segundo grau de jurisdição pertence ao STJ.

Já o art. 105, II, *c*, da CRFB/88 estabelece que o STJ irá julgar recurso ordinário em face de decisão denegatória proferida em julgamentos de causas em que forem partes Estado estrangeiro ou organismo internacional, de um lado, e, de outro, município ou pessoa residente ou domiciliada no País, decisões, portanto, proferidas por juízes federais de primeira instância, conforme estabelece o art. 109, II, da CRFB/88.

O recurso ordinário constitucional interposto perante o STJ apresentará peça de interposição e peça das razões do recurso, endereçadas respectivamente ao Presidente do Tribunal recorrido (decisão denegatória dos Tribunais Inferiores), ou juízo de primeiro grau federal (juízo recorrido), no caso da peça de interposição; e ao Superior Tribunal de Justiça, no caso das razões do recurso.

No caso de recurso ordinário interposto junto ao STJ em sede de *habeas corpus*, das decisões denegatórias proferidas pelos Tribunais Regionais Federais ou pelos Tribunais dos Estados e do Distrito Federal, o prazo para interposição é de cinco dias, conforme o art. 30 da Lei n. 8.038/90, não havendo recolhimento do preparo e custas, em razão da gratuidade da ação original. Sugerimos a leitura dos arts. 30 a 35 da Lei n. 8.038/90, tais artigos tratam do recurso ordinário em *habeas corpus* e recurso ordinário em mandado de segurança.

Nos casos de recursos ordinários interpostos junto ao STJ, do art. 105, II, *b* e *c*, da CRFB/88, o prazo é de 15 dias, conforme o art. 1.003, § 5º, do CPC, havendo a necessidade de recolhimento do preparo e das custas com o porte de remessa e retorno.

11.4. Roteiro para elaboração da peça processual

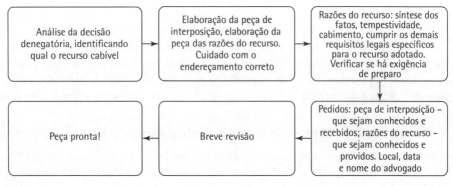

PRÁTICA CONSTITUCIONAL

71

11.5. Recurso ordinário no ranking dos Exames de Ordem

O recurso ordinário foi cobrado nos Exames IV, XIV e XXX. No primeiro caso, o recurso ordinário seria apresentado ao Superior Tribunal de Justiça, já que a decisão questionada era competência originária de Tribunal de Justiça (tribunal inferior) em mandado de segurança. No segundo caso, o recurso ordinário seria submetido ao Supremo Tribunal Federal, cuja decisão denegatória fora decidida em única instância pelo Superior Tribunal de Justiça (tribunais superiores) em mandado de segurança. E, no terceiro caso, o recurso ordinário deveria ser apresentado ao Superior Tribunal de Justiça, ou seja, o Exame XXX repetiu o modelo do Exame IV, lembrando que endereçamento da peça de interposição do ROC é sempre para o presidente do tribunal recorrido e o endereçamento da peça das razões para o tribunal competente.

O caso aplicado no Exame XIV (ROC para o STF) você encontra no conteúdo *online* disponível pelo QR Code no final deste capítulo, além de um modelo básico do recurso ordinário constitucional também disponível no conteúdo *online*. O caso do Exame XXX (ROC para o STJ) você encontra no item a seguir, tudo com os respectivos gabaritos oficiais e as peças processuais elaboradas conforme os casos hipotéticos.

11.6. Caso aplicado no Exame de Ordem

(XXX Exame) Após a tramitação do respectivo processo administrativo, foi indeferido o pedido de reconsideração formulado pela sociedade empresária WW, relativo à decisão proferida pelo Secretário de Estado de Ordem Pública do Estado Alfa, que proibira a exploração de sua atividade econômica. Essa atividade consistia no reparo e no conserto de veículos automotores, sob a forma de unidade móvel, em que a estrutura da oficina, instalada em micro-ônibus, se deslocava até o local de atendimento a partir de solicitação via aplicativo instalado em aparelhos de computador ou de telefonia móvel.

Ao fundamentar a sua decisão originária, cujos argumentos foram reiterados no indeferimento do pedido de reconsideração, o Secretário de Estado de Ordem Pública informou que embasara o seu entendimento no fato de a referida atividade não estar regulamentada em lei. Nesse caso, a Lei Estadual n. 123/2018, que dispunha sobre suas competências, autorizava expressamente que fosse vedada a sua exploração.

Por ver na referida decisão um verdadeiro atentado à ordem constitucional, a sociedade empresária WW impetrou mandado de segurança contra o ato do Secretário de Estado perante o Órgão Especial do Tribunal de Justiça, órgão jurisdicional competente para processá-lo e julgá-lo originariamente, conforme dispunha a Constituição do Estado Alfa. Para surpresa da impetrante, apesar de o Tribunal ter reconhecido a existência de prova pré-constituída comprovando o teor da decisão do Secretário de Estado, a ordem foi indeferida, situação que permaneceu inalterada até o exaurimento da instância ordinária. A situação se tornara particularmente dramática na medida em que a proibição de exploração da atividade econômica iria inviabilizar a própria continuidade da pessoa jurídica, que não conseguiria saldar seus débitos e continuar atuando no mercado, o que exigiria a imediata demissão de dezenas de empregados. A partir da narrativa acima, elabore a petição do recurso cabível contra a decisão proferida pelo Tribunal de Justiça do Estado Alfa.

GABARITO

O recurso a ser manejado é o ordinário. A petição deve ser endereçada ao Presidente do Tribunal de Justiça do Estado Alfa.

O recorrente é a sociedade empresária WW. A legitimidade da recorrente decorre do fato de ser parte na relação processual, enquanto o seu interesse processual está associado ao fato de não ter tido a sua pretensão acolhida.

O recorrido é o Estado Alfa. A legitimidade do Estado Alfa decorre do fato de ser o titular do direito envolvido.

O cabimento do recurso ordinário, a ser julgado pelo Superior Tribunal de Justiça, decorre do disposto no art. 105, II, *b*, da CRFB/88, já que a decisão do Tribunal de Justiça em única instância denegou a ordem.

O examinando deve indicar, no mérito, que a lei estadual, na qual se embasou o Secretário de Estado, incursionou em matéria afeta ao interesse local, de competência legislativa dos Municípios, nos termos do art. 30, I, da CRFB/88, sendo formalmente inconstitucional. Além disso, é materialmente inconstitucional, na medida em que permitiu fosse vedado o exercício de uma atividade econômica por não estar disciplinada em lei, enquanto a regra é a liberdade, ressalvados os limitadores legais, nos termos do art. 170, parágrafo único, da CRFB/88. A inconstitucionalidade da Lei Estadual n. 123/2018 deve ser incidentalmente reconhecida.

O ato do Secretário de Estado violou direito líquido e certo da recorrente de explorar a atividade econômica, o que justificaria o acolhimento do mandado de segurança, nos termos do art. 5º, LXIX, da CRFB/88.

O examinando deve sustentar que, além do fundamento relevante do direito da recorrente, há o risco de ineficácia da medida final se a liminar não for deferida, tendo em vista a urgência da situação, já que a vedação ao exercício de sua atividade econômica pode impedir a continuidade da pessoa jurídica.

A peça deve conter os requerimentos de:

(i) concessão de tutela provisória ou liminar para a concessão de efeito suspensivo ativo ao recurso ordinário, permitindo a continuidade do exercício da atividade econômica enquanto não apreciado o mérito; e

(ii) reforma do acórdão recorrido, com a concessão da ordem, atribuindo-se caráter definitivo à tutela liminar. O examinando ainda deve qualificar-se como advogado.

11.7. Elaboração da peça processual

PEÇA DE INTERPOSIÇÃO

EXMO. SR. DR. DESEMBARGADOR PRESIDENTE DO TRIBUNAL DE JUSTIÇA DO ESTADO ALFA

Processo n: ...

PRÁTICA CONSTITUCIONAL

73

Sociedade Empresária WW, já devidamente qualificada nos autos do Mandado de Segurança n. tal, por seu advogado infra-assinado, conforme procuração anexa, com escritório no endereço..., que indica para fins do art. 319 do CPC, vem à presença de V. Exa., nos termos do art. 105, II, "b", CRFB/88, interpor RECURSO ORDINÁRIO CONSTITUCIONAL, esperando que seja conhecido e recebido, juntando--se guia de recolhimento, e, após cumpridas as formalidade processuais necessárias, sejam os autos remetidos ao Superior Tribunal de Justiça.

Nesses termos, pede deferimento.

Local..., Data...

Advogado... OAB/UF

PEÇA DAS RAZÕES

SUPERIOR TRIBUNAL DE JUSTIÇA

RECORRENTE: Sociedade Empresária WW

RECORRIDO: Estado Alfa

RAZÕES DO RECURSO

I – DA TEMPESTIVIDADE

O presente recurso encontra-se tempestivo, pois foi interposto no prazo de 15 dias estabelecido pelo art. 1.003, § 5º, do CPC.

II – DO CABIMENTO DO RECURSO

O recurso interposto consiste em recurso ordinário com cabimento baseado no art. 105, II, "b", da CRFB/88 – que prescreve ser competência recursal do Superior Tribunal de Justiça julgar, em recurso ordinário, os mandados de segurança decididos em única instância pelos Tribunais Regionais Federais ou pelos tribunais dos Estados, do Distrito Federal e Territórios, quando denegatória a decisão.

Trata-se originalmente de decisão administrativa do Secretário de Ordem Pública do Estado Alfa que vedou o exercício de atividade econômica da empresa WW, o que desencadeou um processo administrativo e, findado sem êxito, levou ao ajuizamento de um mandado de segurança pela empresa WW contra decisão do referido Secretário de Estado. No trâmite do mandado de segurança, o Tribunal de Justiça indeferiu o pedido da recorrente (empresa WW), situação que sustenta o cabimento do presente recurso.

III – DO PREPARO

Atendendo ao comando do art. 1.007 do CPC, este recurso está acompanhado da devida guia de recolhimento das custas processuais e do porte de remessa e de retorno.

IV – DOS FATOS

A empresa WW atua no ramo de reparo e conserto de veículos automotores, sob a forma de unidade móvel, em que a estrutura da oficina, instalada em micro-ônibus, se desloca até o local de atendimento a partir de solicitação via aplicativo instalado em aparelhos de computador ou de telefonia móvel.

Ocorre que decisão administrativa proferida pelo Secretário de Estado de Ordem Pública do Estado Alfa proibiu a exploração de sua atividade econômica. Da decisão administrativa, a empresa WW interpôs recurso administrativo, cujo pedido de reconsideração foi indeferido.

Ao fundamentar a sua decisão originária, cujos argumentos foram reiterados no indeferimento do pedido de reconsideração, o Secretário de Estado de Ordem Pública informou que embasara o seu entendimento no fato de a referida atividade não estar regulamentada em lei. Nesse caso, a Lei Estadual n. 123/2018, que dispunha sobre suas competências, autorizava expressamente que fosse vedada a sua exploração.

A decisão do Secretário de Ordem Pública é verdadeira afronta à ordem constitucional, e crédula na interpretação correta do direito pelo Tribunal de Justiça a sociedade empresária WW impetrou mandado de segurança contra o ato do Secretário de Estado perante o Órgão Especial do Tribunal de Justiça, órgão jurisdicional competente para processá-lo e julgá-lo originariamente, conforme dispõe o art. tal da Constituição do Estado Alfa.

O Tribunal de Justiça reconheceu a existência de prova pré-constituída comprovando o teor da decisão do Secretário de Estado, contudo indeferiu a ordem mandamental, para surpresa e indignação da impetrante que se vê na urgência de solucionar a questão sob pena de ter sua própria existência inviabilizada, com a demissão de funcionários e a impossibilidade de saldar compromissos financeiros e contratuais. A proibição desta atividade econômica – única finalidade da empresa – a empurra para verdadeira extinção. O que fundamenta e justifica a interposição do presente recurso ordinário com pedido liminar.

V – DO DIREITO

No caso relatado, a decisão proferida pelo Secretário de Ordem Pública e que viola o direito pleiteado é baseada na Lei Estadual n. 123/2018, que inconstitucionalmente legisla sobre interesse local, matéria de competência específica de Município como prevê o art. 30, I, da CRFB/88.

Para agravar, a referida lei permitiu a vedação ao exercício de uma atividade econômica por não estar disciplinada em lei, afrontando o princípio e direito fundamental à liberdade, e ignorando o comando do art. 170, parágrafo único, da CRFB/88.

Portanto, a decisão do Secretário de Ordem Pública baseia-se em lei estadual formal e materialmente inconstitucional, devendo tais vícios serem reconhecidos no controle de constitucionalidade incidental.

O ato do Secretário de Estado violou direito líquido e certo da empresa WW de explorar a atividade econômica, o que justificaria o acolhimento do mandado de segurança, nos termos do art. 5º, LXIX, da CRFB/88.

VI – DA MEDIDA LIMINAR

Tendo em vista que a decisão do Secretário de Ordem Pública do Estado Alfa mantida pelo Tribunal de Justiça provocou a paralisação total das atividade da sociedade empresária WW e o risco de inviabilização da própria pessoa jurídica, com inadimplência de compromissos financeiros e demissão abrupta de dezenas de funcionários, afetando a rotina de fornecedores, clientes e principalmente de trabalhadores e suas famílias, a empresa WW, amparada pelo Direito Processual Civil, apresenta pedido liminar, por existirem os requisitos essenciais para a concessão.

O "fumus boni iuris" é verificado nos fatos e fundamentos apresentados, nos quais a empresa WW exerce atividade econômica lícita e, de maneira arbitrária e inconstitucional, é interrompida de sua prática econômica por decisão equivocada de Secretário de Ordem Pública baseada em lei estadual inconstitucional, tanto no âmbito material quanto formal.

O "periculum in mora" encontra respaldo na situação apresentada de inatividade da empresa desde a decisão do Secretário que não for sanada pelo Tribunal de Justiça e que clama por uma solução urgente para que sejam minimizados os prejuízos não somente à pessoa Jurídica WW, mas também a outras empresas e principalmente pessoas físicas que dependem do pleno funcionamento desta atividade econômica. Uma decisão tardia perde sua eficácia em garantir o direito fundamental de liberdade econômica tão bem assegurado pelo art. 170, parágrafo único.

VII – DO DIREITO

Diante do exposto, o recorrente requer:
a) a intimação do Ministério Público;
b) concessão de medida liminar para que seja dado efeito suspensivo ativo ao recurso ordinário, permitindo a continuidade do exercício da atividade econômica enquanto não apreciado o mérito;
c) que sejam conhecidas as razões apresentadas no presente recurso ordinário para, em seguida, ser provido o recurso e finalmente reformado o acórdão recorrido, com a concessão da ordem, atribuindo-se caráter definitivo à tutela liminar.

Nesses termos, pede deferimento.
Local..., Data...
Advogado... OAB/UF

Considerações finais

Com exceção dos recursos ordinário e extraordinário, o Exame de Ordem ainda não implantou uma tradição de cobrança de recursos, e, portanto, temos poucos, ou nenhum, casos como referência para usarmos como modelo. Contudo, temos modelo básico e a partir dele sugerimos o treino, sendo indispensável a leitura atenta do Código de Processo Civil e demais leis pertinentes. A banca pontua os requisitos básicos: peça de interposição; peças das razões ou contrarrazões do recurso; endereçamento; fundamentação do cabimento do recurso, tudo conforme exigência da lei. Tenha atenção a todos os pontos destacados.

Quanto ao recurso ordinário, a apresentação dos modelos acima, cobrados pela banca, além do modelo básico, nos auxilia para uma preparação mais eficiente. Caso venha repetido em um próximo Exame, você já treinou os modelos e já conhece os requisitos para uma excelente elaboração. Leia os artigos que disciplinam as peças processuais!

Acesse o **QR Code** e veja o modelo da peça do caso aplicado no XIV Exame e o modelo básico de recurso ordinário constitucional que foram elaborados para você.

> http://uqr.to/1wklz

12. RECURSO ESPECIAL

12.1. Definição, natureza jurídica, competência e características

O **recurso especial é um recurso constitucional**, previsto no art. 105, III, *a, b* e *c* da CRFB/88, e consiste em um tipo de recurso não ordinário que visa analisar aspectos bem específicos de matéria de direito, não se envolvendo em questões de matéria de fato. Seu trâmite processual está previsto nos arts. 1.029 a 1.035 do CPC e nos arts. 255 a 257 do Regimento Interno do STJ.

A **função do recurso especial** é a **manutenção da unidade e da autoridade da lei federal**, interpretada por diversos órgãos judiciários na Federação, que porventura possam estar deturpando a correta interpretação da norma emanada da esfera federal. O motivador da interposição de recurso especial é justamente a **controvérsia em relação à legislação federal**, não havendo preocupação neste recurso com questões de fato, ou de direito estadual, ou distrital, ou municipal.

O recurso especial é dirigido ao Superior Tribunal de Justiça (representado pelo Presidente ou Vice-Presidente) e tem prazo de interposição de 15 dias, conforme o art. 1.003, § 5º, do CPC. Há o recolhimento do preparo e das custas com o porte de remessa e retorno.

No recurso especial, há tanto a peça de interposição quanto a peça das razões do recurso especial, sendo a primeira endereçada ao Presidente (ou Vice-Presidente) do Tribunal recorrido, e a segunda endereçada ao Superior Tribunal de Justiça, interpostas perante o Presidente (ou Vice-Presidente) do Tribunal recorrido, conforme dispõe o art. 1.029 do CPC, e em caso de admissão será remetido ao Superior Tribunal de Justiça.

Importante observar que o recurso especial é cabível para questionar acórdão de Tribunal de Justiça de Estado, ou do DF, ou Tribunal Regional Federal, não cabendo recurso especial para impugnar sentença de juízo singular ou decisão de Turma Recursal de Juizados Especiais.

Caberá recurso especial, conforme o art. 105, III, *a, b,* e *c,* da CRFB/88, em causas decididas em única ou última instância, pelos Tribunais Regionais Federais ou pelos tribunais dos Estados, do Distrito Federal e Territórios, quando a decisão recorrida contrariar tratado ou lei federal, ou negar-lhes vigência; quando julgar válido ato de governo local (não confundir com lei local) contestado em face de lei federal; ou quando der a lei federal interpretação divergente da que lhe haja atribuído outro tribunal.

Em resumo, o art. 105, III, *a, b,* e *c,* da CRFB/88 estabelece que cabe o recurso especial, quando norma federal for interpretada de maneira a negar-lhe a vigência, quando ato de governo estadual, distrital ou municipal, seja Executivo, seja Legislativo ou seja

Judiciário, que contrarie a norma federal, for julgado válido ou quando Tribunais diferentes divergirem em relação a interpretação e aplicação de norma federal.

Destacamos importante alteração trazida pela EC n. 125/2022 (PEC da Relevância), incluindo os §§ 2º e 3º ao art. 105 da CRFB/88 e criando o chamado filtro de relevância para a admissão do recurso especial pelo STJ. Segundo o art. 105, § 2º, o recorrente deverá demonstrar a relevância das questões de direito federal infraconstitucional discutidas no caso, nos termos da lei, que ainda deverá ser regulamentada pelo legislador infraconstitucional, a fim de que o recurso especial seja admitido, exigindo-se voto de 2/3 (dois terços) dos membros do STJ para a rejeição motivada pela falta de relevância, a exemplo do que já acontece com o Filtro de Repercussão Geral para os Recursos Extraordinários no STF (incluído pela EC 45/2004). Lembrando que há outros requisitos analisados para admissão do recurso especial.

Quanto à relevância, o § 3º do art. 105 criou a chamada "relevância presumida", indicando que haverá relevância nos casos de ações penais, ações de improbidade administrativa, ações cujo valor da causa ultrapasse 500 (quinhentos) salários mínimos, ações que possam gerar inelegibilidade e hipóteses em que o acórdão recorrido contrariar jurisprudência dominante do Superior Tribunal de Justiça, sem prejuízo de outras hipóteses de relevância que serão disciplinas em lei. O rol de "relevância presumida", trazido pela EC n. 125/2022 é exemplificativo, mas sofreu duras críticas da doutrina por não incluir questões relevantes como os direitos difusos, direitos dos povos indígenas, direito à saúde, limitando-se a temas de relevância política, penal e econômica, além da prevalência da jurisprudência dominante do STJ.

A EC n. 125/2022 determina que a relevância já seja exigida nos Recursos Especiais interpostos após a entrada em vigor da própria emenda, publicada em 15 de julho de 2022, ocasião em que a parte recorrente poderá atualizar o valor da causa para atender ao requisito da relevância presumida pelo valor financeiro, contudo, o próprio STJ através do Enunciado Administrativo n. 8 considerou a norma trazida pela EC n. 125/2022 não autoaplicável, só podendo ser exigida após a edição da norma regulamentadora. Vejamos o inteiro teor do referido Enunciado do STJ:

> "A indicação, no recurso especial, dos fundamentos de relevância da questão de direito federal infraconstitucional somente será exigida em recursos interpostos contra acórdãos publicados após a data de entrada em vigor da lei regulamentadora prevista no art. 105, § 2º, da Constituição Federal" (Enunciado Administrativo n. 8 do STJ).

12.2. Coletânea de súmulas do STJ

Súmula 7. "A pretensão de simples reexame de prova não enseja recurso especial."

Súmula 13. "A divergência entre julgados do mesmo tribunal não enseja recurso especial."

Súmula 83. "Não se conhece do recurso especial pela divergência, quando a orientação do tribunal se firmou no mesmo sentido da decisão recorrida."

Súmula 86. "Cabe recurso especial contra acordão proferido no julgamento de agravo de instrumento."

Súmula 126. "É inadmissível recurso especial, quando o acórdão recorrido assenta em fundamentos constitucional e infraconstitucional, qualquer deles suficiente, por si só, para mantê-lo, e a parte vencida não manifesta recurso extraordinário."

Súmula 203. "Não cabe recurso especial contra decisão proferida por órgão de segundo grau dos Juizados Especiais."

12.3. Roteiro para elaboração da peça processual

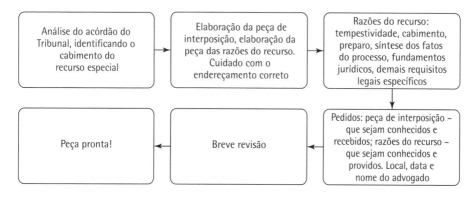

12.4. Recurso especial no ranking dos Exames de Ordem

O Exame da Ordem ainda não inaugurou a aplicação do recurso especial em provas prático-profissionais de Direito Constitucional. Por esse motivo, elaboramos um modelo básico que servirá de estrutura para treino e posterior construção da sua peça processual, caso seja este o recurso cobrado no seu exame.

12.5. Elaboração da peça processual

PEÇA DE INTERPOSIÇÃO

EXMO. SR. DR. DESEMBARGADOR PRESIDENTE (ou VICE-PRESIDENTE) DO TRIBUNAL DE JUSTIÇA DO ESTADO... (ou EXMO. SR. DR. DESEMBARGADOR PRESIDENTE DO TRIBUNAL DE JUSTIÇA DO DFT, ou EXMO. SR. DR. DESEMBARGADOR PRESIDENTE DO TRIBUNAL REGIONAL FEDERAL) – *juízo recorrido*

Processo n.: ...

Nome..., já devidamente qualificado nos autos, por seu advogado infra-assinado, conforme procuração anexa, com escritório no endereço..., que indica para fins do art. 319 do CPC, vem à presença de V. Exa., nos termos do art. ... (citar qual a alínea cabível para o recurso especial proposto – art. 105, III, "a", "b" e "c", da CRFB/88), interpor RECURSO ESPECIAL em face do Acórdão n. ..., ao Egrégio Superior

Tribunal de Justiça, pelos motivos e fatos a seguir expostos, requerendo e aguardando que seja conhecido e recebido, juntando-se guia de recolhimento anexa, e, após cumpridas as formalidades processuais necessárias, sejam os autos remetidos ao Superior Tribunal de Justiça.

Nesses termos, pede deferimento.
Local.., Data...
Advogado... OAB/UF

PEÇA DAS RAZÕES DO RECURSO ESPECIAL

AO SUPERIOR TRIBUNAL DE JUSTIÇA – juízo competente para julgar

RECORRENTE: ...

RECORRIDO: ...

RAZÕES DO RECURSO

I – DA TEMPESTIVIDADE

II – DO CABIMENTO DO RECURSO

III – DO PREPARO

IV – DOS FATOS

V – DO DIREITO

VI – DO PEDIDO

Diante do exposto, o recorrente requer que sejam conhecidas as razões do recurso especial para em seguida ser provido o recurso, para reformar a decisão...

Nesses termos, pede deferimento.
Local.., Data...
Advogado... OAB/UF

Considerações finais

Atente que o rol previsto no art. 105, III, *a, b* e *c*, é taxativo, não cabendo interpretações extensivas. Portanto, o cabimento ou não cabimento do recurso especial pode ser verificado por exclusão das hipóteses previstas no dispositivo constitucional. Caso identifique que é aplicável o referido recurso, os artigos do CPC (1.029 a 1.035) vão ajudá-lo(a) a construir a peça processual. Treine antes com o modelo básico acima para otimizar o estudo.

13. RECURSO EXTRAORDINÁRIO

13.1. Definição, natureza jurídica, competência e características

O **recurso extraordinário é um recurso constitucional** previsto no art. 102, III, *a*, *b*, *c* e *d*, da CRFB/88. Sua regulamentação está nos arts. 1.029 a 1.035 do CPC, e arts. 321 a 329 do Regimento Interno do Supremo Tribunal Federal. Os arts. 1.036 a 1.042 do CPC, atualizados pela Lei n. 13.256/2016, também tratam de aspectos do recurso extraordinário.

A **finalidade do recurso extraordinário é manter a unidade e a supremacia constitucional**. O recurso extraordinário é competência do STF, e só subirá depois de esgotados todos os recursos ordinários admissíveis (Súmula 281 do STF).

O prazo para interposição do recurso extraordinário é de 15 dias, conforme disciplina o art. 1.003, § 5º, do CPC. Há recolhimento de preparo e das custas com porte de remessa e retorno. O recorrente deverá requerer a intimação do procurador-geral da República.

Há a peça de interposição e a peça das razões recursais, sendo a primeira endereçada ao Presidente (ou Vice-Presidente) do Tribunal recorrido, e a segunda endereçada ao Supremo Tribunal Federal, e caso admitido o recurso extraordinário, tudo será remetido ao STF.

Há a necessidade do **prequestionamento da matéria constitucional**, no qual o recorrente deverá provar que o direito questionado já foi apreciado e discutido pelo Tribunal de origem, portanto, a discussão pelo STF é extraordinária.

Além do prequestionamento em matéria constitucional, outra **preliminar indispensável é a repercussão geral**. A repercussão geral é um instrumento processual inserido na Constituição Federal de 1988, por meio da EC n. 45/2004, cujo objetivo é possibilitar que o Supremo Tribunal Federal selecione os recursos extraordinários que irá analisar, de acordo com critérios de relevância jurídica, política, social ou econômica. O uso desse filtro recursal resulta numa diminuição do número de processos encaminhados à Suprema Corte.

Cabe ao recorrente arguir, preliminarmente, na peça das razões do recurso, a repercussão geral, que será apreciada pelo Supremo Tribunal Federal. A repercussão geral só será reconhecida se comprovada a **relevância sob o ponto de vista político, social, jurídico ou econômico**, e se **transcender do direito subjetivo alegado pelas partes do processo**. Se o STF verificar a existência da relevância e da transcendência, reconhece a repercussão geral e o recurso será admitido pelo STF, para, em seguida, apreciar o mérito. A decisão proveniente dessa análise será aplicada posteriormente pelas instâncias inferiores, em casos idênticos.

Atualmente, a preliminar de repercussão geral é analisada pelo Plenário do STF, por meio de um sistema informatizado, com votação eletrônica, ou seja, sem necessidade de reunião física dos membros do Tribunal. Para recusar a análise de um recurso extraordinário são necessários pelo menos oito votos, caso contrário, o tema deverá ser julgado pela Corte. Após o relator do recurso lançar no sistema sua manifestação sobre a relevância do tema, os demais ministros têm 20 dias para votar. As abstenções nessa votação são consideradas favoráveis à ocorrência de repercussão geral na matéria.

Importante lembrar que o dispositivo constitucional acerca da repercussão geral é norma de eficácia limitada, e foi regulamentado pela Lei n. 11.418/2006, que incluiu ao antigo CPC (arts. 543-A e 543-B) e manteve-se no CPC/2015 (art. 1.035).

O art. 1.035 do CPC determina que o STF, em decisão irrecorrível, não conhecerá do recurso extraordinário quando a questão constitucional nele versada não tiver repercussão geral. Será considerada repercussão geral a existência de questões relevantes do ponto de vista econômico, político, social ou jurídico que ultrapassem os interesses subjetivos do processo, devendo ser demonstradas pelo recorrente e apreciadas exclusivamente pelo Supremo Tribunal Federal.

Caberá recurso extraordinário perante o Supremo Tribunal Federal, em causas decididas em única ou última instância pelos Tribunais, ou excepcionalmente de decisão de Turma Recursal de Juizado Especial, quando contrariar dispositivo constitucional; quando declarar a inconstitucionalidade de tratado ou lei federal; quando julgar válidos lei ou ato de governo local contestado em face da CRFB/88; e quando julgar válida a lei local em face de lei federal.

Em resumo, é cabível recurso extraordinário quando a **norma de dispositivo constitucional é contrariada**, ou porque não foi aplicada, ou porque foi aplicada indevidamente; quando **um Tribunal, no controle difuso, incidentalmente declarar lei federal ou tratado internacional inconstitucional**; quando **lei ou ato de governo**, ou estadual, ou distrital, ou municipal **for contestado em relação a dispositivo constitucional**; quando **uma lei**, ou estadual, ou distrital, ou municipal **for julgada válida em relação à lei federal**, tratando, neste caso, de verdadeiro **conflito federativo de competência legislativa**, sendo relevante matéria de ordem constitucional.

13.2. Coletânea de súmulas do STF

Súmula 279. "Para simples reexame de prova não cabe recurso extraordinário."

Súmula 280. "Por ofensa a direito local não cabe recurso extraordinário."

Súmula 281. "É inadmissível o recurso extraordinário, quando couber na Justiça de origem, recurso ordinário da decisão impugnada."

Súmula 282. "É inadmissível o recurso extraordinário, quando não ventilada, na decisão recorrida, a questão federal suscitada."

Súmula 283. "É inadmissível o recurso extraordinário, quando a decisão recorrida assenta em mais de um fundamento suficiente e o recurso não abrange todos eles."

Súmula 284. "É inadmissível o recurso extraordinário, quando a deficiência na sua fundamentação não permitir a exata compreensão da controvérsia."

PRÁTICA CONSTITUCIONAL

Súmula 640. "É cabível recurso extraordinário contra decisão proferida por juiz de primeiro grau nas causas de alçada, ou por turma recursal de juizado especial cível e criminal."

Súmula 728. "É de três dias o prazo para a interposição de recurso extraordinário contra decisão do tribunal superior eleitoral, contado, quando for o caso, a partir da publicação do acórdão, na própria sessão de julgamento, nos termos do art. 12 da Lei n. 6.055/74, que não foi revogado pela Lei n. 8.950/94."

Súmula 735. "Não cabe recurso extraordinário contra acórdão que defere medida liminar."

13.3. Roteiro para elaboração da peça processual

13.4. Recurso extraordinário no ranking dos Exames de Ordem

O recurso extraordinário é o recurso mais cobrado nos Exames de Ordem, tendo sido aplicado nos Exames VIII, X e XII. É de fácil identificação, pois o rol de situações que propiciam sua propositura é taxativo na CRFB/88, sendo possível traçar uma linha de trabalho da banca já que temos exemplos anteriores. Apresentamos aqui apenas o caso aplicado no XII Exame, mas sugerimos que você estude os demais casos e treine a peça utilizando, caso queira, o modelo básico como referência.

13.5. Caso aplicado no Exame de Ordem

(XII Exame) Após mais de 40 dias de intensa movimentação popular, em protestos que chegaram a reunir mais de um milhão de pessoas nas ruas de diversas cidades do Estado, e que culminaram em atos de violência, vandalismo e depredação de patrimônio público e particular, o Governador do Estado X edita o Decreto n. 1.968.

A pretexto de disciplinar a participação da população em protestos de caráter público, e de garantir a finalidade pacífica dos movimentos, o decreto dispõe que, além da prévia comunicação às autoridades, o aviso deve conter a identificação completa de todos os participantes do evento, sob pena de desfazimento da manifestação. Além disso, prevê a revista pessoal de todos, como forma de preservar a segurança dos participantes e do restante da população.

Na qualidade de advogado do Partido Político "Frente Brasileira Unida", de oposição ao Governador, você ajuizou uma ação direta de inconstitucionalidade, perante o Tribunal de Justiça do Estado X, alegando a violação a normas da Constituição do Estado referentes a direitos e garantias individuais e coletivos (que reproduzem disposições constantes da Constituição da República).

O Plenário do Tribunal de Justiça local, entretanto, por maioria, julgou improcedente o pedido formulado, de declaração de inconstitucionalidade dos dispositivos do decreto estadual, por entender compatíveis as previsões constantes daquele ato com a Constituição do Estado, na interpretação que restou prevalecente na corte. Alguns dos desembargadores registraram em seus votos, ainda, a impossibilidade de propositura de ação direta tendo por objeto um decreto estadual.

Entendendo que a decisão da corte estadual, apesar de não conter obscuridade, omissão ou contradição, foi equivocada, e que não apenas as disposições do Decreto são inconstitucionais como também a própria interpretação dada pelo Tribunal de Justiça é incompatível com o ordenamento jurídico nacional, os dirigentes do Partido pedem que você proponha a medida judicial cabível a impugnar aquela decisão.

Elabore a peça judicial adequada.

GABARITO

A peça a ser elaborada consiste em um recurso extraordinário contra decisão proferida em sede de ação direta de inconstitucionalidade, nos termos do art. 102, III, c, da CRFB/88.

No caso, a ação direta de controle tendo como parâmetro a Constituição do Estado, tem previsão no art. 125, § 2º, da Constituição da República. É possível a interposição de recurso extraordinário contra decisão proferida pelo Tribunal de Justiça no julgamento da mesma, a fim de que seja apreciada, pelo Supremo Tribunal Federal, a norma da Constituição da República repetida na Constituição Estadual, mas interpretada, pelo Tribunal de Justiça local, em sentido incompatível com o da Constituição da República.

O recurso deve ser endereçado ao Presidente do Tribunal de Justiça local, com as razões recursais dirigidas ao Supremo Tribunal Federal.

O partido político é o recorrente. Recorrido é o órgão do qual emanou a norma impugnada (isto é, o governador do estado).

Apesar de não constar do voto vencedor a impossibilidade de controle de constitucionalidade de decreto por meio de ação direta, o examinando deve demonstrar o cabimento da via eleita para a impugnação do decreto estadual, pois, a despeito de se tratar de um decreto, não é um ato de regulamentação da lei, mas ato normativo primário, que inova autonomamente na ordem jurídica. O examinando deve indicar, em sua peça, todos os elementos que permitam o seu conhecimento e também o seu provimento, afastando, desde o início, argumentos desfavoráveis à pretensão que defende.

O examinando deve demonstrar o cumprimento do requisito da repercussão geral, que encontra previsão no art. 102, § 3º, da Constituição, e que deve ser demonstrado pela existência de questões relevantes do ponto de vista econômico, político, social ou jurídico, que ultrapassem os interesses subjetivos da causa, ou seja, a questão suscitada não pode ser benéfica somente para o caso concreto proposto, mas para o interesse da coletividade, na forma do art. 543-A, § 1º, do CPC.

PRÁTICA CONSTITUCIONAL

No caso apresentado, a repercussão geral pode ser demonstrada pela ofensa a direitos fundamentais titularizados por toda a coletividade, uma vez que a norma cria restrição excessiva ao exercício de direito constitucionalmente assegurado, e o faz sem previsão em lei.

No mérito, o examinando deve demonstrar que o decreto impugnado viola o princípio da legalidade, na formulação do art. 5º, II, da Constituição da República, uma vez que não se pode criar restrição a direito senão em virtude de lei.

O decreto viola o art. 5º, XVI, da Constituição, que assegura o direito de reunião em locais abertos ao público, independentemente de autorização, desde que não frustrem outra reunião anteriormente convocada para o mesmo local, sendo apenas exigido prévio aviso à autoridade competente. Ou seja, qualquer outra exigência que venha a ser formulada como condição de exercício do direito é inconstitucional.

Ainda ocorre a violação ao art. 5º da CRFB, que trata do princípio da liberdade de expressão.

Por fim, deve ser indicada a violação ao princípio da razoabilidade/proporcionalidade, pois, ainda que se entendesse possível a restrição ao direito de reunião, a restrição veiculada pelo decreto, no caso analisado, falha nos subprincípios da necessidade (que impõe a utilização, dentre as possíveis, da medida menos gravosa para atingir determinado objetivo) e da proporcionalidade em sentido estrito (que impõe a análise da relação custo/benefício da norma avaliada, de modo que o ônus imposto pela norma seja inferior ao benefício por ela engendrado, sob pena de inconstitucionalidade).

O examinando, ao final, deve formular pedido de reforma da decisão recorrida, para fim de ver declarada a inconstitucionalidade do decreto editado pelo governador do estado, bem como requerer a notificação do Ministério Público.

13.6. Elaboração da peça processual

PEÇA DE INTERPOSIÇÃO

EXMO. SR. DR. DESEMBARGADOR PRESIDENTE DO TRIBUNAL DE JUSTIÇA DO ESTADO X

Processo n: ...

Partido Frente Brasileira Unida, já devidamente qualificado nos autos da Ação Direta de Inconstitucionalidade n. ..., por seu advogado infra-assinado, conforme procuração anexa, com escritório no endereço..., que indica para fins do art. 319 do CPC, vem à presença de V. Exa., nos termos do art. art. 102, III, "c", da CRFB/88, interpor tempestivamente RECURSO EXTRAORDINÁRIO em face do Acórdão n. ..., ao Egrégio Supremo Tribunal Federal, pelos motivos e fatos expostos a seguir, requerendo e aguardando que seja conhecido e recebido, juntando-se guia de recolhimento, e, após cumpridas as formalidades processuais necessárias, sejam os autos remetidos ao Supremo Tribunal Federal.

Nesses termos, pede deferimento.

Local.., Data...

Advogado... OAB/UF

PEÇA DAS RAZÕES DO RECURSO EXTRAORDINÁRIO

AO SUPREMO TRIBUNAL FEDERAL

RECORRENTE: Partido Frente Brasileira Unida

RECORRIDO: Governador do Estado X

RAZÕES DO RECURSO

I – DA TEMPESTIVIDADE

O presente recurso encontra-se tempestivo, pois foi interposto no prazo de 15 dias estabelecido pelo art. 1.003, § 5º, do CPC.

II – DO CABIMENTO DO RECURSO

O recurso interposto consiste em recurso extraordinário com cabimento baseado no art. 102, III, "c", da CRFB/88 – que prescreve ser competência recursal do Supremo Tribunal Federal julgar, em recurso extraordinário – as causas decididas em única ou última instância – quando a decisão recorrida julgar válida lei ou ato de governo local contestado em face da Constituição Federal.

Trata-se originalmente de Decreto estadual que não se limitou a regulamentar lei, mas disciplinou de forma autônoma o direito de reunião em locais públicos, divergindo dos dispositivos da Constituição Federal de 1988 e da Constituição do referido estado, tendo sido ajuizada no âmbito do Tribunal de Justiça local uma ação direta de inconstitucionalidade em face da própria Constituição estadual (que reproduz dispositivos da Constituição Federal), com base no art. 125, § 2º, da CRFB/88, a qual foi julgada improcedente pelo Tribunal, e cuja decisão entendeu ser válido o Decreto estadual em face dos comandos da Constituição estadual (reprodução de dispositivos da Constituição Federal).

O direito de reunião e de liberdade de expressão são protegidos explicitamente pela CRFB/88 (art. 5º, XVI e IV) e qualquer norma infraconstitucional que imponha obstáculos além daqueles previstos no próprio texto constitucional viola frontalmente a ordem jurídica brasileira. Equivocada está a decisão do Tribunal de Justiça do estado X que desconsidera a supremacia da Constituição Federal de 1988 e reconhece como compatível com a ordem constitucional os dispositivos do Decreto n. 1.968.

Por esse motivo é cabível o presente recurso extraordinário para que se corrija tal violação à Constituição Federal.

III – DO PREPARO

Atendendo ao comando do art. 1.007 do CPC, este recurso está acompanhado da devida guia de recolhimento das custas processuais e do porte de remessa e de retorno.

IV – DO PREQUESTIONAMENTO CONSTITUCIONAL

A matéria constitucional, que é elementar para o presente recurso extraordinário, foi prequestionada na ação de origem, tendo em vista que foi ajuizada justamente, no tribunal inferior, uma ação direta de inconstitucionalidade em face da Constituição Estadual, sendo levada ao Tribunal de Justiça a discussão quanto à inconstitucionalidade do Decreto n. 1.968.

Não havendo êxito em demonstrar a inconstitucionalidade do Decreto n. 1.968, tendo sido julgado válido ao ser contestado em face do ordenamento jurídico-constitucional (Constituição Estadual que reproduz dispositivo da Constituição Federal), resta como solução imprescindível a discussão extraordinária por este Supremo Tribunal Federal.

V – DA REPERCUSSÃO GERAL

A matéria é relevantíssima e possui indiscutível repercussão geral, atendendo ao requisito previsto no art. 102, § 3º, da CRFB/88 e no art. 1.035 do CPC, motivo pelo qual é cabível a interposição deste recurso extraordinário.

O direito de reunião e o de liberdade de expressão transcendem a esfera de direitos individuais, sendo titularizados por toda a coletividade. O questionamento do Decreto n. 1.968 que restringe a prática de tais direitos fundamentais não se limita aos interesses subjetivos da causa, mas visa assegurar a integridade de interesses que podem atingir natureza transindividual.

Reconhecer que um decreto – a pretexto de disciplinar a participação da população em protestos, pacificar os movimentos e assegurar a integridade das pessoas – possa dispor como obrigatórios a prévia comunicação às autoridades: o aviso: a identificação completa e a revista pessoal de todos os participantes do evento, sob pena de desfazimento da manifestação, viola não somente os dispositivos expressos na Constituição Federal, como também abre precedentes para uma série de abusos e arbitrariedades passíveis de serem praticadas pelas autoridade responsáveis, gerando repercussões relevantes do ponto de vista econômico, político, social e jurídico.

VI – DO RESUMO DOS FATOS

O Partido Político "Frente Brasileira Unida" ajuizou perante o Tribunal de Justiça do Estado X a Ação Direta de Inconstitucionalidade n. ..., alegando a violação a normas da Constituição do Estado referentes a direitos e garantias individuais e coletivos (que reproduzem disposições constantes da Constituição da República).

O Plenário do Tribunal de Justiça local, entretanto, por maioria, julgou improcedente o pedido formulado, de declaração de inconstitucionalidade dos dispositivos do decreto estadual, por entender compatíveis as previsões constantes daquele ato com a Constituição do Estado, na interpretação que restou prevalecente na corte.

Da decisão do Tribunal de Justiça que julgou válido o Decreto n. 1.968 em face da Constituição Estadual (que reproduz disposições constantes da Constituição da República), o Partido Político "Frente Brasileira Unida" interpôs o presente recurso extraordinário.

VII – DO DIREITO

O Decreto n. 1.968 viola diversos dispositivos constitucionais. Incialmente podemos apontar a violação ao art. 5º, XVI, da Constituição Federal, que assegura o direito de reunião em locais abertos ao público, independentemente de autorização, desde que não frustrem outra reunião anteriormente convocada para o mesmo local, sendo apenas exigido prévio aviso à autoridade competente. Ou seja, qualquer outra exigência que venha a ser formulada como condição de exercício do direito é inconstitucional.

Ainda ocorre a violação ao princípio da liberdade de expressão e ao princípio da legalidade, ambos localizados no art. 5º, IV e II, da CRFB/88, respectivamente.

Por fim, deve ser indicada a violação ao princípio da razoabilidade/proporcionalidade, pois, ainda que se entendesse possível a restrição ao direito de reunião, a restrição imposta pelo decreto, no caso analisado, falha nos subprincípios da necessidade (que impõe a utilização, dentre as possíveis, da medida menos gravosa para atingir determinado objetivo) e da proporcionalidade em sentido estrito (que impõe a análise da relação custo/benefício da norma avaliada, de modo que o ônus imposto pela norma seja inferior ao benefício por ela engendrado, sob pena de inconstitucionalidade).

VIII – DO PEDIDO

Diante do exposto, o recorrente requer a intimação do procurador-geral da República, que sejam conhecidas as razões do recurso extraordinário para, em seguida, ser provido o recurso e finalmente reformada a decisão proferida pelo Tribunal de Justiça do estado X para fim de ver declarada a inconstitucionalidade do decreto editado pelo governador do estado.

Nesses termos, pede deferimento.
Local..., Data...
Advogado... OAB/UF

Considerações finais

Neste capítulo preferimos deixar, além da peça processual que atende ao caso exigido no XII Exame, uma peça de modelo básico de recurso extraordinário para que você utilize a estrutura nos treinos (veja o modelo básico no conteúdo *online* disponível pelo QR Code a seguir). Algumas argumentações contidas nos itens "Do Preparo", "Da Repercussão Geral" e "Da Tempestividade" podem ser adotadas quase sem alteração em qualquer recurso extraordinário. Lembre-se de que é importante construir um modelo básico para cada uma das peças, e no dia do seu exame o seu trabalho será apenas especificar o caso e sua fundamentação, conforme for cobrado pela banca.

 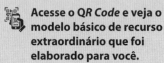

Acesse o *QR Code* e veja o modelo básico de recurso extraordinário que foi elaborado para você.

> *http://uqr.to/1wkm0*

14. EMBARGOS DE DIVERGÊNCIA

14.1. Definição, natureza jurídica, competência e características dos embargos de divergência

Uma inovação trazida pelo CPC foram os embargos de divergência, previstos nos arts. 1.043 e 1.044, com as alterações da Lei n. 13.256/2016. Entre as funções dos embargos de divergência destaca-se a uniformização da jurisprudência *interna* do Supremo Tribunal Federal e do Superior Tribunal de Justiça. O exercício dessa função é dependente da iniciativa da parte, que opõe os embargos de divergência objetivando a reforma ou a anulação do acórdão recorrido.

Segundo o art. 1.043, I e III, do CPC, os embargos de divergência são o recurso cabível para questionar acórdão de órgão fracionário que: em recurso extraordinário ou em recurso especial, divergir do julgamento de qualquer outro órgão do mesmo tribunal, sendo os acórdãos, embargado e paradigma, de mérito; ou, em recurso extraordinário ou em recurso especial, divergir do julgamento de qualquer outro órgão do mesmo tribunal, sendo um acórdão de mérito e outro que não tenha conhecido do recurso, embora tenha apreciado a controvérsia. Destaca-se que o art. 1.043 do CPC foi parcialmente revogado pela Lei n. 13.256/2016.

Nos embargos de divergência, poderão ser confrontadas teses jurídicas contidas em julgamentos de recursos e de ações de competência originária. A divergência que autoriza a interposição de embargos de divergência pode verificar-se na aplicação do direito material ou do direito processual.

Cabem embargos de divergência quando o acórdão-paradigma é da mesma turma que proferiu a decisão embargada, desde que sua composição tenha sofrido alteração em mais da metade de seus membros.

O recorrente provará a divergência com certidão, cópia ou citação de repositório oficial ou credenciado de jurisprudência, inclusive em mídia eletrônica, em que foi publicado o acórdão divergente, ou com a reprodução de julgado disponível na rede mundial de computadores, indicando a respectiva fonte, e mencionará as circunstâncias que identificam ou assemelham os casos confrontados.

A interposição de embargos de divergência no Superior Tribunal de Justiça interrompe o prazo para interposição de recurso extraordinário por qualquer das partes. Se os embargos de divergência forem desprovidos ou não alterarem a conclusão do julgamento anterior, o recurso extraordinário interposto pela outra parte antes da publicação do julgamento dos embargos de divergência será processado e julgado independentemente de ratificação.

14.2. Roteiro para elaboração da peça processual

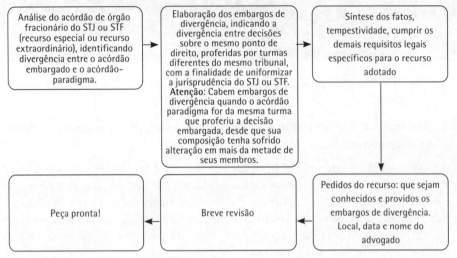

14.3. Embargos de divergência no ranking dos Exames de Ordem

A peça processual ainda é inédita em provas prático-profissionais de Direito Constitucional dos Exames de Ordem, sendo os embargos de divergência, especialmente, um recurso muito novo, introduzido pela Lei n. 13.105/2015.

14.4. Elaboração da peça processual

PEÇA DE INTERPOSIÇÃO

EXMO. SR. PRESIDENTE DO COLENDO SUPERIOR TRIBUNAL DE JUSTIÇA (ou SUPREMO TRIBUNAL FEDERAL)

Recurso Especial ou Extraordinário n.: ... (ou Recurso Especial n. ...)

Nome..., já devidamente qualificado nos autos da ação..., por seu advogado infra-assinado, conforme procuração anexa, com escritório no endereço..., que indica para fins do art. 319 do CPC, vem à presença de V. Exa., nos termos dos arts. 1.043 e 1.044, interpor EMBARGOS DE DIVERGÊNCIA, esperando que sejam conhecidos e recebidos, juntando-se guia de recolhimento anexa, e, após cumpridas as formalidades processuais necessárias, sejam os autos remetidos ao Supremo Tribunal Federal (ou Superior Tribunal de Justiça).

Nesses termos, pede deferimento.
Local..., Data...
Advogado... OAB/UF

PEÇA DAS RAZÕES

AO SUPREMO TRIBUNAL FEDERAL (ou SUPERIOR TRIBUNAL DE JUSTIÇA) – juízo competente para julgar

RECORRENTE: ...

RECORRIDO: ...

RAZÕES DO RECURSO

I – DA TEMPESTIVIDADE

II – DO CABIMENTO DO RECURSO

III – DO PREPARO

IV – DOS FATOS

V – DO DIREITO

VI – DO PEDIDO

Diante do exposto, o embargante requer que sejam conhecidas as razões e divergências apresentadas para que, em seguida, sejam providos os embargos de divergência, para reformar a decisão...

Nesses termos, pede deferimento.
Local..., Data...
Advogado... OAB/UF

Considerações finais

Não deixar de treinar a peça, pelo menos o modelo básico sugerido, além de estudar os artigos do CPC que disciplinam essa espécie de recurso.

15. HABEAS CORPUS

15.1. Apresentação

O *habeas corpus*, previsto no art. 5º, LXVIII, da Constituição Federal e regulamentado pelos arts. 647 a 667 do Código de Processo Penal, é remédio constitucional que visa evitar ou cessar violência ou coação à liberdade de locomoção, por ilegalidade ou abuso de poder.

Não há um consenso doutrinário a respeito da origem do *habeas corpus*, surgindo as seguintes correntes: a) **majoritária**: surgiu na Inglaterra com a Magna Carta de 1215; b) **minoritária**: surgiu no direito romano: os romanos já conheciam o *interdictum de homine libero exhibendo*, como ordem em que o pretor dava de trazer o cidadão ao seu julgamento, apreciando a legalidade da prisão efetuada.

No Brasil, o *habeas corpus* repressivo surgiu no Código de Processo Criminal do Império de 1832, com previsão expressa no art. 340; já o *habeas corpus* preventivo surgiu com a Lei n. 2.033, de 20 de setembro de 1871. A primeira Constituição que fez previsão do *habeas corpus* foi a de 1891, que admitia *habeas corpus* para proteger direitos pessoais, inclusive liberdade de locomoção.

Teoria Brasileira do *Habeas Corpus* é o período entre a Constituição de 1891 e a reforma constitucional de 1926 em que o *habeas corpus* foi usado para proteger todo e qualquer direito fundamental.

15.2. Características e requisitos

O *habeas corpus* é ação judicial constitucional de caráter sumaríssimo (não admite dilação probatória), gratuita (isenta de custas), de procedimento especial, de natureza penal (envolve a liberdade de locomoção) e popular (qualquer pessoa pode ajuizar o *habeas corpus*).

É remédio constitucional e garantia individual. O *habeas corpus*, apesar de previsto na lei processual penal como recurso, é ação impugnativa autônoma, ou seja, é meio de impugnação judicial que, quando proposta, visa à instauração de nova relação processual.

Cabe ressaltar que nada impede que o *habeas corpus* seja usado como substitutivo de recurso ou de forma cumulativa com um recurso. O *habeas corpus*, quando impetrado de forma concomitante com o recurso cabível contra o ato impugnado, será admissível apenas se for destinado à tutela direta da liberdade de locomoção ou se traduzir pedido diverso do objeto do recurso próprio e que reflita mediatamente na liberdade do paciente (*Informativo* n. 669/2020 do STJ).

Para a propositura do *habeas corpus*, não é necessária intervenção de advogado. O pedido formulado pelo autor tem de ser previsto e aceito pelo ordenamento jurídico. O interesse de agir é demonstrado pela: a) **necessidade**: é preciso que haja um constrangimento ou simples ameaça na liberdade de locomoção; b) **adequação**: *o habeas corpus* deve ser apto a corrigir ou remover a situação ilegal ou abusiva causada na liberdade de locomoção de uma pessoa.

Não há prazo para a propositura do *habeas corpus*. É possível desistência no *habeas corpus*. Não é admitida a impetração apócrifa, ou seja, sem identificação e assinatura do impetrante. A autoridade competente para julgá-lo não está vinculada ao pedido e causa de pedir formulado pelo impetrante, podendo julgar aquém ou além do que foi pleiteado. O julgamento do *habeas corpus* tem preferência sobre todos os demais procedimentos. No caso de empate no julgamento do *habeas corpus* prevalecerá a decisão mais favorável ao paciente.

15.3. Objeto e espécies

O *habeas corpus* tem como objeto de tutela a liberdade de locomoção, ou seja, o direito de ir, vir, ficar, permanecer e deslocar.

São espécies de *habeas corpus*: a) **preventivo**: proposto quando alguém se achar ameaçado de sofrer violência ou coação em sua liberdade de locomoção por ilegalidade ou abuso de poder. A cessação da ameaça depende do salvo-conduto (art. 660, § 4º, do CPP). Se já foi expedido mandado de prisão, a ordem judicial de cessação é o contramandado de prisão; b) **repressivo**: proposto quando alguém estiver sofrendo violência ou coação em sua liberdade de locomoção por ilegalidade ou abuso de poder. A cessação do constrangimento depende do alvará de soltura; e c) **de ofício**: é concedido quando alguém no curso de processo criminal estiver sofrendo violência ou coação em sua liberdade de locomoção por ilegalidade ou abuso de poder (art. 654, § 2º, do CPP).

15.4. Competência

Existem duas espécies: a) **competência originária**: o *habeas corpus* é proposto diretamente em tribunal, de acordo com as regras previstas na Constituição Federal; b) **competência não originária**: autoridade competente para julgamento do *habeas corpus* é autoridade superior à tida como coatora, nos termos do art. 650, § 1º, do CPP. A determinação da competência levará em conta o local em que ocorreu a coação ilegal e a qualidade da autoridade coatora (art. 649 do CPP).

15.5. Legitimidade das partes

a) **Ativa**: qualquer pessoa em seu favor ou de outrem, bem como pelo Ministério Público (art. 32 da Lei Orgânica n. 8.625/93). O analfabeto pode impetrar com assinatura a rogo; não basta impressão digital. O membro do Ministério Público, como fiscal da lei, juiz e delegado, não pode impetrar enquanto no exercício funcional. Pessoa jurídica pode impetrar *habeas corpus* em favor de pessoa física.

PRÁTICA CONSTITUCIONAL

b) **Passiva**: o *habeas corpus* é impetrado em face de autoridade pública ou particular (exemplo: retenção em hospital por não pagamento das despesas).

No *habeas corpus*, impetrante é a pessoa que requer o *habeas corpus*; paciente é o que sofre coação; detentor é a pessoa que tem o paciente sob custódia; coator é a que exerce violência ou coação.

15.6. Cabimento

a) **Custas processuais**: não cabe *habeas corpus* para resolver sobre ônus das custas, por não estar mais em causa a liberdade de locomoção, nos termos da Súmula 395 do STF.

b) **Pena de multa**: não cabe contra decisão condenatória a pena de multa, ou relativa a processo em curso por infração penal em que a pena pecuniária seja a única cominada, nos termos da Súmula 693 do STF, pois não envolve liberdade de locomoção.

c) *Habeas corpus* **coletivo**: aceito pela jurisprudência do STF para determinar a substituição da prisão preventiva pela domiciliar – sem prejuízo da aplicação concomitante das medidas alternativas previstas no art. 319 do CPP – de todas as mulheres presas, gestantes, puérperas, ou mães de crianças e deficientes sob sua guarda, nos termos do art. 2º do ECA e da Convenção de Direitos das Pessoas com Deficiências (Decreto Legislativo n. 186/2008 e Lei n. 13.146/2015), enquanto perdurar tal condição, exceto os casos de crimes praticados por elas mediante violência ou grave ameaça, contra seus descendentes ou, ainda, em situações excepcionalíssimas, as quais deverão ser devidamente fundamentadas pelos juízes que denegarem o benefício.

d) **Extinção da pena privativa de liberdade**: não cabe, nos termos da Súmula 695 do STF.

e) **Imposição da pena de exclusão de militar ou de perda da patente ou de função pública**: não cabe, nos termos da Súmula 694 do STF.

f) **Extradição**: não cabe contra omissão do relator da extradição, se fundada em fato ou direito estrangeiro cuja prova não constava dos autos, nem foi ele provocado a respeito, nos termos da Súmula 692 do STF.

g) **Coação indireta na liberdade de locomoção**: a) intimação para depor em CPI: é possível *habeas corpus*, pois a intimação traz em si a ideia da condução coercitiva; b) quebra de sigilo bancário ou fiscal: é possível *habeas corpus*, pois com a quebra pode advir medida restritiva à liberdade de locomoção.

h) **Trancamento de ação civil pública ou ação de improbidade administrativa**: não é possível, pois não se faz em jogo a liberdade de locomoção.

i) **Após trânsito em julgado**: é possível, desde que a matéria do caso concreto não demande dilação probatória.

j) **Punição disciplinar militar**: apesar de existir na Constituição Federal, em seu art. 142, § 2º, proibição expressa, podemos dizer que é possível, desde que não interfira no mérito da punição disciplinar militar. É orientação do STJ que a legalidade da imposição de punição constritiva da liberdade, em procedimento administrativo castrense pode ser discutida em sede de *habeas corpus*.

k) **Afastamento de prefeito**: é cabível impetração de *habeas corpus* para que seja analisada a legalidade de decisão que determina o afastamento de prefeito do cargo, quando a medida for imposta conjuntamente com a prisão (*Informativo* n. 561/2015 do STJ).

l) **Medidas protetivas na Lei Maria da Penha**: cabe *habeas corpus* para apurar eventual ilegalidade na fixação de medida protetiva de urgência consistente na proibição de aproximar-se de vítima de violência doméstica e familiar. O eventual descumprimento de medidas protetivas arroladas na Lei Maria da Penha pode gerar sanções de natureza civil (art. 22, § 4º, da Lei n. 11.340/2006 c/c o art. 461, §§ 5º e 6º, do CPC), bem como a decretação de prisão preventiva, de acordo com o art. 313, III, do CPP (*Informativo* n. 574/2015 do STJ).

m) **Cultivo doméstico da planta *Cannabis Sativa* para fins medicinais**: é cabível *habeas corpus* preventivo visando a concessão de salvo-conduto para o plantio e o transporte de *Cannabis Sativa*, com o objetivo de extração de substância necessária para a produção artesanal dos medicamentos prescritos para fins de tratamento de saúde (*Informativo* n. 742/2022 do STJ).

n) **Impugnação de decreto executivo**: *habeas corpus* não é via própria para impugnar Decreto de Governador de Estado que dispõe sobre a necessidade de apresentação de documento que comprove a vacinação contra a Covid-19 para que as pessoas possam circular e permanecer em locais públicos e privados, pois por meio do *habeas corpus* não se faz para o controle abstrato da validade de leis e atos normativos em geral (*Informativo* n. 726/2022 do STJ).

o) **Fundamento**: hipóteses exemplificativas do art. 648 do CPP:

   i) **falta de justa causa**: a coação será considerada ilegal quando exercida sem um motivo lícito;

   ii) **excesso de prazo**: quando alguém estiver preso por mais tempo do que determina a lei: é possível ajuizar *habeas corpus* quando ocorrer excesso de prazo na instrução processual penal, salvo se a demora tiver sido causada pela defesa, pelo grande número de acusados envolvidos ou por greve dos serventuários da Justiça; é possível que se realize, por meio de *habeas corpus*, o controle acerca da razoabilidade da duração da investigação, sendo cabível, até mesmo, o trancamento do inquérito policial, caso demonstrada a excessiva demora para a sua conclusão: no ordenamento jurídico pátrio, norteado pela razoável duração do processo (no âmbito judicial e administrativo) – cláusula pétrea instituída expressamente na Constituição Federal pela Emenda Constitucional n. 45/2004 –, é inadmissível que um cidadão seja indefinidamente investigado, transmutando a investigação do fato para a investigação da pessoa (*Informativo* n. 747/2022);

   iii) **incompetência**: quando quem ordenar a coação não tiver competência para fazê-lo;

   iv) **cessação**: quando houver cessado o motivo que autorizou a coação;

PRÁTICA CONSTITUCIONAL

v) **fiança**: quando não for alguém admitido a prestar fiança, nos casos em que a lei a autoriza;

vi) **nulidade**: quando o processo for manifestamente nulo: se a nulidade surgir na citação, ou antes da citação, a anulação será *ab initio* e o processo será integralmente renovado. No entanto, se a nulidade surgir após a citação, a anulação será a partir do ato viciado e o processo será renovado em parte;

vii) **extinção da punibilidade**: quando o Estado perde o direito de punir do Estado; punibilidade é a possibilidade jurídica de o Estado impor sanção penal ao infrator da lei penal, visando recompor a ordem jurídica. A punibilidade subdivide-se em: 1) **pretensão punitiva**: surge com a prática da infração penal e se estende até a decisão condenatória transitada em julgado, com a imposição da sanção penal; 2) **pretensão executória**: poder-dever do Estado de executar a sanção imposta no *decisum* condenatório passado em julgado; o Estado adquire o direito de executar a sanção imposta pelo Poder Judiciário.

p) **Recursos**: é possível "recurso de ofício", quando o juiz de primeiro grau concede a ordem de *habeas corpus*, nos termos do art. 574, I, do CPP; cabe recurso em sentido estrito, quando o juiz de primeiro grau conceder ou negar a ordem de *habeas corpus*, nos termos do art. 581, X, do CPP. É possível recurso ordinário constitucional ao STF quando o *habeas corpus* tiver sido julgado em única instância pelos tribunais superiores (art. 102, II, *a*, da CRFB); ao STJ quando a decisão for proferida em única ou última instância pelos Tribunais Regionais Federais ou pelos Tribunais dos Estados e do Distrito Federal (art. 105, II, *a*, da CRFB). É possível recurso especial e extraordinário, nos casos de concessão de *habeas corpus*, desde que preenchidos os requisitos. O prazo para interposição de recurso ordinário em *habeas corpus*, ainda que se trate de matéria não criminal, é de 5 dias (*Informativo* n. 646/2019).

q) **Trancamento da ação penal**: é medida excepcional, cabível apenas quando demonstrada, de plano, a atipicidade da conduta, a extinção da punibilidade ou a manifesta ausência de provas da existência do crime e de indícios de autoria (*Informativo* n. 730/2022). A superveniência da sentença condenatória prejudica o pedido de trancamento da ação penal por falta de justa causa feito em *habeas corpus*, nos termos da Súmula 648 do STJ.

r) **Transação penal**: a transação penal, prevista no art. 76 da Lei n. 9.099/95, prevê a possibilidade de o autor da infração penal celebrar acordo com o Ministério Público (ou querelante), mediante a imposição de pena restritiva de direitos ou multa, obstando, assim, o oferecimento da denúncia (ou queixa). Trata-se de instituto cuja aplicação, por natureza e como regra, ocorre na fase pré-processual. Por conseguinte, visa impedir a instauração da *persecutio criminis in iudicio*. E é por esse motivo que não se revela viável, após a celebração do acordo, pretender discutir em ação autônoma a existência de justa causa para ação penal, ou seja, a concessão do benefício da transação penal impede a impetração de *habeas corpus* em que se busca o trancamento da ação penal (*Informativo* n. 657/2019 do STJ).

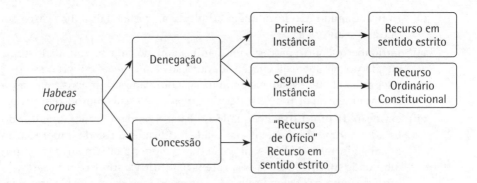

15.7. Processamento do *habeas corpus* em primeira instância

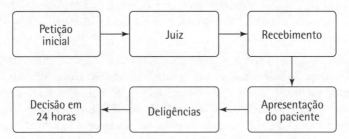

15.8. Processamento do *habeas corpus* em segunda instância

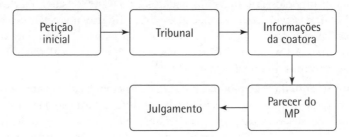

15.9. Dicas da peça prática

Endereçamento: em primeiro lugar, o candidato deve verificar se é caso de competência originária (hipóteses previstas na CRFB); caso não seja competência originária, o candidato deve endereçar para autoridade superior à tida como coatora.

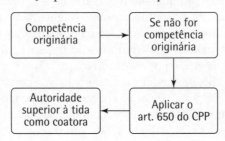

15.9.1. Casos de competência originária

• STF – art. 102, I, *d* e *i*

O *habeas corpus*, sendo paciente o presidente da República, o vice-presidente, os membros do Congresso Nacional, seus próprios ministros e o procurador-geral da República, os ministros de Estado e os comandantes da Marinha, do Exército e da Aeronáutica, ressalvado o disposto no art. 52, I, da CRFB, os membros dos Tribunais Superiores, os do Tribunal de Contas da União e os chefes de missão diplomática de caráter permanente.

O *habeas corpus*, quando o coator for Tribunal Superior ou quando o coator ou o paciente for autoridade ou funcionário cujos atos estejam sujeitos diretamente à jurisdição do Supremo Tribunal Federal, ou se trate de crime sujeito à mesma jurisdição em uma única instância.

• STJ – art. 105, I, *c*

Os *habeas corpus*, quando o coator ou paciente for qualquer das pessoas mencionadas na alínea *a* do art. 105, I, da CRFB, ou quando o coator for tribunal sujeito à sua jurisdição, ministro de Estado ou comandante da Marinha, do Exército ou da Aeronáutica, ressalvada a competência da Justiça Eleitoral.

• TRF – art. 108, I, *d*

Os *habeas corpus*, quando a autoridade coatora for juiz federal.

• Tribunais Estaduais – art. 125, § 1º, da CRFB

A competência dos tribunais será definida na Constituição do Estado, sendo a lei de organização judiciária de iniciativa do Tribunal de Justiça.

15.9.2. Casos de competência não originária

Autoridade coatora	Regra de endereçamento
Delegado da polícia estadual	Excelentíssimo Senhor Doutor Juiz de Direito da... Vara Criminal/Júri da Comarca de...
Delegado da polícia federal	Excelentíssimo Senhor Doutor Juiz Federal da... Vara Criminal/Júri da Seção Judiciária de...
Juiz de Direito	Excelentíssimo Senhor Doutor Desembargador Presidente do Egrégio Tribunal de Justiça do Estado de...
Juiz Federal	Excelentíssimo Senhor Doutor Desembargador Federal Presidente do Egrégio Tribunal Regional Federal da... Região
Tribunal Estadual	Excelentíssimo Senhor Doutor Ministro Presidente do Colendo STJ
Tribunal Regional Federal	Excelentíssimo Senhor Doutor Ministro Presidente do Colendo STJ

Autoridade coatora	Regra de endereçamento
Particular	Excelentíssimo Senhor Doutor Juiz de Direito/Federal da... Vara Criminal/ Júri da Comarca/Seção Judiciária de...
Promotor de justiça	Excelentíssimo Senhor Doutor Desembargador Presidente do Egrégio Tribunal de Justiça do Estado de...
Membro do MPU que oficie perante Tribunal	Excelentíssimo Senhor Doutor Ministro Presidente do Colendo STJ
Governador, desembargador, membros dos Tribunais de contas dos estados, do Distrito Federal e dos municípios, dos Tribunais regionais federais, eleitorais e do trabalho	Excelentíssimo Senhor Doutor Ministro Presidente do Colendo STJ
Membro do MPU que oficie na primeira instância	Excelentíssimo Senhor Doutor Desembargador Federal do Egrégio Tribunal Regional Federal da... Região
Juiz do Juizado Especial Criminal	Excelentíssimo Senhor Doutor Juiz Presidente da Egrégia Turma Recursal do Juizado Especial Criminal Federal/Estadual da Seção Judiciária/Comarca de...
Turma Recursal federal	Excelentíssimo Senhor Doutor Desembargador Federal do Egrégio Tribunal Regional Federal da... Região
Turma Recursal estadual	Excelentíssimo Senhor Doutor Desembargador Presidente do Egrégio Tribunal de Justiça do Estado de...

PREÂMBULO

É o parágrafo introdutório da peça prática de *habeas corpus*. O candidato figura como impetrante na condição de advogado. Deve ser feito conforme modelo abaixo:

(NOME), advogado inscrito na Ordem dos Advogados do Brasil sob n. ..., Seção..., com escritório na... (endereço), vem, à presença de Vossa Excelência, com fundamento no art. 5º, LXVIII, da Constituição Federal c/c os arts. 647 e seguintes do Código de Processo Penal, impetrar ordem de *HABEAS CORPUS*... (PREVENTIVO OU REPRESSIVO), COM PEDIDO DE LIMINAR, contra ato do... (autoridade coatora), em favor de... (nome do paciente), ... (nacionalidade), ... (estado civil), ... (profissão), residente e domiciliado na ... (endereço), pelos fundamentos de fato e de direito a seguir aduzidos:

Em face do modelo, são os seguintes os requisitos do preâmbulo:

a) **nome e qualificação do impetrante**: (NOME), advogado inscrito na Ordem dos Advogados do Brasil sob n. ..., Seção..., com escritório na... (endereço);

b) **fundamento legal da peça**: art. 5º, LXVIII, da Constituição Federal c/c os arts. 647 e s. do Código de Processo Penal;

c) **verbo da peça**: impetrar;

d) **nome da peça**: ordem de *HABEAS CORPUS*... (PREVENTIVO OU REPRESSIVO), COM PEDIDO DE LIMINAR;

e) **ato da autoridade coatora**: contra ato do... (autoridade coatora);

f) **identificação do paciente**: em favor de... (nome do paciente), ... (nacionalidade), ... (estado civil), ... (profissão), residente e domiciliado na ... (endereço);

g) **frase final**: "pelos fundamentos de fato e de direito a seguir aduzidos".

DOS FATOS

O candidato deve realizar a leitura do enunciado e fazer um texto narrativo, sem inventar dados.

DO DIREITO

O candidato deve seguir um roteiro estrutural na argumentação da tese:

a) **apontamento da tese**: o candidato deve mencionar a tese (nulidade, extinção da punibilidade, falta de justa causa ou abuso de autoridade). Após citar a tese, o candidato deve expor o motivo, ou seja, narrar o porquê da tese. Por fim, o candidato deve fazer referência ao fundamento legal e/ou constitucional;

b) **demonstração da tese**: o candidato deve mencionar os artigos de lei e princípios jurídicos violados com a ocorrência da tese exposta no parágrafo inicial;

c) **conclusão**: retomar o parágrafo em que foi apontada a tese, com outras palavras.

DA LIMINAR

É possível liminar em *habeas corpus* em caráter excepcional, apesar de não estar prevista em lei. A finalidade: proteger a pessoa humana que sofre constrangimento na sua liberdade de locomoção, por meio da antecipação da liberdade ou de medidas urgentes para resguardo do direito de ir, vir, ficar, permanecer e deslocar.

Os requisitos para concessão da liminar são: a) *fumus boni iuris*: fumaça do bom direito; b) *periculum in mora*: perigo da demora.

O candidato deve requerer a liminar em *habeas corpus* conforme modelo abaixo:

> Embora não prevista em lei, a concessão da liminar em *habeas corpus* vem sendo admitida pela jurisprudência, sempre que presentes os requisitos, a seguir demonstrados: a) *fumus boni iuris* – está evidenciado pela existência de disposição legal e princípios constitucionais que... (mencionar a tese); b) *periculum in mora* – por sua vez, está caracterizado, pois, caso não seja... (o que se pede em favor do paciente), de forma urgente e imediata, ocorrerá lesão grave e de difícil reparação, consistente... (explicitar o dano que irá acontecer se não for obtida a liminar).

> Dessa forma, presentes os requisitos do *fumus boni iuris* e *periculum in mora*, como restou comprovado acima, a liminar deve ser concedida, como direito subjetivo do paciente, para boa aplicação da lei penal e respeito aos valores supremos da sociedade.

DO PEDIDO

a) Diante do exposto, vem requerer que, após solicitadas as informações à autoridade coatora, seja concedida a ordem impetrada, com base nos arts. 647 e 648, inciso..., do Código de Processo Penal, decretando-se..., como medida de inteira justiça.

b) Decretando-se:

- extinção da punibilidade: decretando-se a extinção da punibilidade do fato imputado ao paciente na ação penal, já que... (motivo da extinção) ...;
- nulidade: ... decretando-se a anulação... (*ab initio* ou a partir do ato...);
- falta de justa causa: ... decretando-se trancamento da ação penal (se não houver sentença) ou cassação da sentença (se houver sentença);
- abuso de autoridade: ... decretando-se... (depende da situação colocada no problema).

c) Pedidos complementares:

- prisão preventiva: revogação da prisão preventiva decretada contra o paciente e a expedição do alvará de soltura em seu favor;
- prisão em flagrante: relaxamento da prisão em flagrante imposta ao paciente e expedição do alvará de soltura em seu favor;
- iminência de ser preso: expedição do contramandado de prisão;
- HC preventivo: expedição do salvo-conduto.

ENCERRAMENTO

O candidato deve indicar o final da peça da seguinte forma:

Termos em que pede deferimento.

(2 linhas)

Local, ... de... de...

(2 linhas)

Advogado

OAB – sob n. ...

15.10. Caso prático

A, por meio de notícia veiculada em vários jornais, difamou *B*. Este, após 4 anos da publicação da notícia, promoveu uma ação penal contra *A*, ação essa que se encontra em curso. Qual a providência a ser tomada pelo advogado de *A*?

Rascunho da peça:

a) infração penal: crime de difamação previsto no art. 139 do CP;

b) ação penal: privada;

c) pena concreta: não tem;

d) pena abstrata: detenção de três meses a um ano e multa;

e) rito processual: sumaríssimo, pois a pena máxima prevista em lei é inferior a 2 anos;

f) momento processual: não definido; apenas diz que a ação penal se encontra em curso;

g) cliente: *A*;

PRÁTICA CONSTITUCIONAL

103

h) situação prisional: solto;

i) tese: extinção da punibilidade pela ocorrência da prescrição nos termos do art. 109 do CP;

j) peça: *habeas corpus*;

k) competência: tribunal de justiça;

l) pedido: extinção da punibilidade.

15.11. Elaboração da peça processual

EXCELENTÍSSIMO SENHOR DOUTOR DESEMBARGADOR PRESIDENTE DO EGRÉGIO TRIBUNAL DE JUSTIÇA DO ESTADO DE SÃO PAULO

(nome), advogado inscrito na Ordem dos Advogados do Brasil sob n. ..., Seção..., com escritório na... (endereço), vem, à presença de Vossa Excelência, com fundamento no art. 5º, LXVIII, da Constituição Federal c/c os arts. 647 e seguintes do Código de Processo Penal, impetrar ordem de "HABEAS CORPUS", com pedido de liminar, contra ato do Meritíssimo Juiz de Direito da Vara Criminal, em favor de A (nacionalidade), ... (estado civil), ... (profissão), residente e domiciliado na ... (endereço), pelos motivos de fato e de direito a seguir aduzidos:

I – DOS FATOS

"A" praticou crime de difamação previsto no Código Penal contra "B", ora paciente, por meio de notícia veiculada em vários jornais. Diante dos fatos, "B" moveu ação penal contra "A", após 4 anos da publicação da notícia (fls.).

II – DO DIREITO

No caso em tela, há extinção da punibilidade pela ocorrência de prescrição nos termos do art. 109 c/c o art. 107, IV, ambos do Código Penal.

O paciente promoveu a ação penal 4 anos após a publicação da notícia, ultrapassando o prazo prescricional previsto no CP.

O paciente perdeu o direito de promover a ação privada e provocar a prestação jurisdicional porque não exerceu o direito de queixa no prazo legal.

Dessa forma, o Estado perdeu o direito de punir, cessando a punibilidade do fato, em razão da prescrição.

III – DA LIMINAR

Embora não prevista em lei, a concessão da liminar em "habeas corpus" vem sendo admitida pela jurisprudência, sempre que presentes os requisitos, a seguir demonstrados: a) "fumus boni iuris" – está evidenciado pela existência de disposição legal e princípios constitucionais que revelam a ocorrência da extinção da punibilidade; b) "periculum in mora" – por sua vez, está caracterizado, pois, caso não seja decretada a extinção da punibilidade em favor do paciente, de forma urgente e imediata, ocorrerá lesão grave e de difícil reparação, consistente no constrangimento ilegal em sua liberdade de locomoção.

Dessa forma, presentes os requisitos do "fumus boni iuris" e "periculum in mora", como restou comprovado acima, a liminar deve ser concedida, como direito subjetivo do paciente, para boa aplicação da lei penal e respeito aos valores supremos da sociedade.

IV – DO PEDIDO

Diante do exposto, vem requerer que, após solicitadas as informações à autoridade coatora, seja concedida a ordem impetrada, com base nos arts. 647 e 648, VII, do Código de Processo Penal, decretando-se a extinção da punibilidade do fato imputado ao paciente na ação penal, como medida de inteira justiça.

Termos em que pede deferimento.

Local, ... de ... de...

OAB – sob n. ...

16. HABEAS DATA

16.1. Apresentação

O *habeas data* é previsto no art. 5º, LXXII, da Constituição Federal, e regulamentado pela Lei n. 9.507/97 que entrou em vigor no dia 13 de novembro de 1997.

É uma ação judicial constitucional de natureza civil, de procedimento especial. É remédio jurídico-processual, que surgiu com a Constituição Federal de 1988 para proteger direito à informação que consta em banco de dados público ou de caráter público.

16.2. Características e requisitos

A propositura do *habeas data* depende da recusa do banco de dados, nos termos da Súmula 2 do STJ. Equivale à recusa a omissão do banco de dados, nos termos do art. 7º da Lei n. 9.507/97.

No caso da omissão do banco de dados, nos termos do art. 8º, parágrafo único, da Lei n. 9.507/97, a petição inicial deverá ser instruída com prova: da recusa ao acesso às informações ou do decurso de mais de 10 dias sem decisão; da recusa em fazer-se a retificação ou do decurso de mais de 15 dias, sem decisão; ou da recusa em fazer-se a anotação ou do decurso de mais de 15 dias sem decisão.

O processo de *habeas data* é isento de custas e despesas judiciais, nos termos do art. 5º, LXXVII, da CF c/c o art. 21 da Lei n. 9.507/97 (São gratuitos o procedimento administrativo para acesso a informações e retificação de dados e para anotação de justificação, bem como a ação de *habeas data*), e tem prioridade sobre todos os atos judiciais, exceto *habeas corpus* e mandado de segurança, nos termos do art. 19 da Lei n. 9.507/97.

16.3. Objeto e finalidade

Para assegurar o conhecimento de informações relativas à pessoa do impetrante, constantes de registro ou banco de dados de entidades governamentais ou de caráter público; para a retificação de dados, quando não se prefira fazê-lo por processo sigiloso, judicial ou administrativo; para a anotação nos assentamentos do interessado, de contestação ou explicação sobre dado verdadeiro, mas justificável e que esteja sob pendência judicial ou amigável.

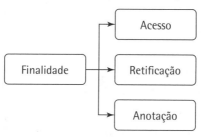

As finalidades do *habeas data* (acesso, retificação e anotação) estão previstas no art. 8º da Lei n. 9.507/97. Na Constituição Federal, estão mencionadas apenas duas finalidades possíveis para a utilização do *habeas data*, quais sejam o acesso e retificação.

Em face dessa omissão constitucional, surgiu o questionamento a respeito da constitucionalidade da finalidade de anotação, prevista apenas na Lei n. 9.507/97, surgindo duas correntes: a) **pela constitucionalidade**, pois o legislador apenas ampliou o texto constitucional, com objetivo de proteção dos direitos fundamentais; b) **pela inconstitucionalidade**, a lei não pode ir além da Constituição, em razão da supremacia constitucional. Diante da divergência doutrinária, **prevalece a corrente que sustenta a constitucionalidade** da finalidade de anotação no *habeas data*.

No caso de procedência do pedido, o juiz marcará data e horário para que o coator apresente ao impetrante as informações a seu respeito, constantes de registros ou bancos de dados, ou apresente em juízo a prova da retificação, ou da anotação feita nos assentamentos do impetrante, nos termos do art. 13 da Lei n. 9.507/97.

O pedido de *habeas data* poderá ser renovado se a decisão denegatória não lhe houver apreciado o mérito, nos termos do art. 18 da Lei n. 9.507/97.

16.4. Competência

Em primeiro lugar, o candidato deve verificar se é caso de competência originária (impetração direta em tribunal). Se não for caso de competência originária, o *habeas data* será julgado por um juiz. Neste caso, verificar em primeiro lugar se é caso de juiz especial (trabalhista ou eleitoral). Se não for caso de juiz especial, verificar se o caso é enquadrado no art. 109 da CRFB (contra ato de autoridade federal, excetuados os casos de competência dos tribunais federais), caso em que será endereçado ao juiz federal. Verificado que não é caso de juiz federal, o *habeas data* será julgado por juiz estadual.

PRÁTICA CONSTITUCIONAL

São regras de competência originária: a) ao Supremo Tribunal Federal, contra atos do presidente da República, das Mesas da Câmara dos Deputados e do Senado Federal, do Tribunal de Contas da União, do procurador-geral da República e do próprio Supremo Tribunal Federal; b) ao Superior Tribunal de Justiça, contra atos de Ministro de Estado, dos Comandantes da Marinha, do Exército e da Aeronáutica ou do próprio Tribunal; c) aos Tribunais Regionais Federais contra atos do próprio Tribunal ou de juiz federal; e d) a tribunais estaduais, segundo o disposto na Constituição do Estado, nos termos do art. 125, § 1º, da CF.

Órgão do Judiciário	Competência	Fundamento
Supremo Tribunal Federal	Atos do presidente da República, das Mesas da Câmara dos Deputados e do Senado Federal, do Tribunal de Contas da União, do procurador-geral da República e do próprio Supremo Tribunal Federal	Art. 102, I, d, da CRFB
Supremo Tribunal Federal	As ações contra o Conselho Nacional de Justiça e contra o Conselho Nacional do Ministério Público	Art. 102, I, r, da CRFB
Superior Tribunal de Justiça	Atos de Ministro de Estado, dos Comandantes da Marinha, do Exército e da Aeronáutica ou do próprio Tribunal	Art. 105, I, b, da CRFB
Tribunais Regionais Federais	Atos do próprio Tribunal ou de juiz federal	Art. 108, I, c, da CRFB
Juiz federal	Ato de autoridade federal, excetuados os casos de competência dos tribunais federais	Art. 109, VIII, da CRFB
Juiz do trabalho	Os mandados de segurança, habeas corpus e habeas data, quando o ato questionado envolver matéria sujeita à sua jurisdição	Art. 114, IV, da CRFB
Tribunais estaduais	A competência dos tribunais será definida na Constituição do estado, sendo a lei de organização judiciária de iniciativa do Tribunal de Justiça	Art. 125, § 1º, da CRFB
Juiz estadual	Residual	Residual

16.5. Legitimidade das partes

a) **Ativa**: qualquer pessoa física ou jurídica. O impetrante somente pode ajuizar *habeas data* para obter informações próprias (caráter personalíssimo). No caso de pessoa falecida, é admitida a legitimidade dos herdeiros do *de cujus* (TFR, HD 1, rel. Min. Milton Pereira, *DJ*, 1, de 2-5-1989) e do cônjuge supérstite (*Informativo* n. 342/2007 do STJ).

b) **Passiva**: a pessoa jurídica responsável pelo banco de dados público (informações gerenciadas pela Administração Pública) ou de caráter público (informações gerenciadas por particular autorizado pelo Poder Público). Se for banco de dados eletrônico o polo passivo será o provedor. A Caixa Econômica Federal, empresa pública sob o controle do Poder Público, tem legitimidade para figurar no polo passivo do *habeas data*, para fins de fornecer dados sobre descontos efetuados em conta-corrente (art. 7º da Lei n. 9.507/97 e art. 5º, LXXII, a, da CRFB/88) – *Informativo* n. 334/2007 do STJ.

16.6. Cabimento

a) **Impossibilidade de utilização de ação exibitória como substitutiva de *habeas data***: não é cabível ação de exibição de documentos que tenha por objeto a obtenção de informações detidas pela Administração Pública que não foram materializadas em documentos (eletrônicos ou não), ainda que se alegue demora na prestação dessas informações pela via administrativa (*Informativo* n. 575/2016 do STJ).

b) **Acesso a dados do registro de procedimento fiscal: o *habeas data* não é via adequada para obter acesso a dados contidos em Registro de Procedimento Fiscal (RPF)**. Isso, porque o RPF, por definição, é documento de uso privativo da Receita Federal; não tem caráter público, nem pode ser transmitido a terceiros (*Informativo* n. 548/2014).

c) **Inquérito sigiloso**: não é cabível o *habeas data* para obrigar o ministro da Justiça a fornecer informações sobre inquérito conduzido pela Polícia Federal que transita em segredo de justiça, cujo objetivo é elucidar a prática de infração penal. A quebra de sigilo poderá causar prejuízo à apuração da autoria e materialidade do delito, além de o caso não se enquadrar em nenhuma das hipóteses de cabimento do *habeas data* previstas no art. 7º da Lei n. 9.507/97 (*Informativo* n. 222/2014).

d) **Análise de critérios de correção de prova discursiva de concurso público**: o *habeas data* é remédio constitucional que tem por fim assegurar ao indivíduo o conhecimento de informações relativas a sua pessoa registradas em banco de dados de entidades governamentais ou de caráter público, para eventual retificação. A Lei n. 9.507/97, art. 7º, elenca as hipóteses em que se justifica sua impetração e, entre elas, **não existe revolver os critérios utilizados na correção de provas em concurso público realizado por fundação universitári**a (*Informativo* n. 288/2006).

e) **Cópia de processo administrativo**: o *habeas data* é meio hábil para se proteger o direito à informação ao possibilitar seu conhecimento ou sua retificação (art. 5º, LXXII, da CRFB/88). No caso, busca-se extrair **cópia integral de autos de processo administrativo**, hipótese incompatível com o uso daquele instrumento processual (art. 7º da Lei n. 9.507/97). Seria adequada, no caso, a utilização do mandado de segurança (*Informativo* n. 319/2007). As justificativas para o não cabimento do *habeas data* para a obtenção de cópia de autos de processo administrativo são: a) não encontra previsão no que dispõe o art. 7º, I, da Lei n. 9.507/97; b) o direito supostamente violado diz respeito ao devido processo legal.

16.7. Decisão

No caso de procedência do pedido, o juiz marcará data e horário para que o coator apresente ao impetrante as informações a seu respeito, constantes de registros ou bancos de dados, ou apresente em juízo a prova da retificação, ou da anotação feita nos assentamentos do impetrante, nos termos do art. 13 da Lei n. 9.507/97.

A decisão será comunicada ao coator, por correio, com aviso de recebimento, ou por telegrama, radiograma ou telefonema, conforme o requerer o impetrante, nos termos do art. 14 da Lei n. 9.507/97. Os originais, no caso de transmissão telegráfica, radiofônica ou telefônica, deverão ser apresentados à agência expedidora, com a firma do juiz devidamente reconhecida, nos termos do art. 14, parágrafo único, da Lei n. 9.507/97.

O pedido de *habeas data* poderá ser renovado se a decisão denegatória não lhe houver apreciado o mérito, nos termos do art. 18 da Lei n. 9.507/97.

16.8. Recurso

Da sentença que conceder ou negar o *habeas data* cabe apelação. Quando a sentença conceder o *habeas data*, o recurso terá efeito meramente devolutivo, nos termos do art. 15 da Lei n. 9.507/97.

Quando o *habeas data* for concedido e o Presidente do Tribunal ao qual competir o conhecimento do recurso ordenar ao juiz a suspensão da execução da sentença, desse seu ato caberá agravo para o Tribunal a que presida, nos termos do art. 16 da Lei n. 9.507/97.

16.9. Procedimento

16.9.1. Administrativo

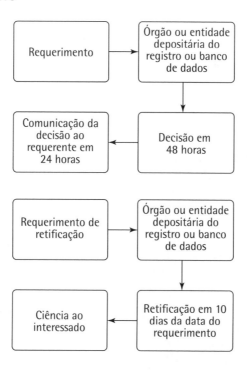

16.9.2. Judicial em primeira instância

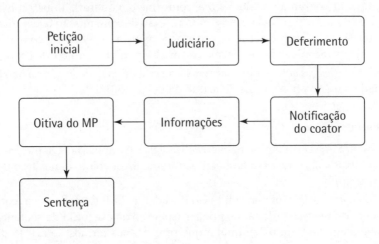

16.9.3. Processo judicial em segunda instância

Nos casos de competência do STF e dos demais Tribunais, caberá ao relator a instrução do processo. Na instância superior, deverão ser levados a julgamento na primeira sessão que se seguir à data em que, feita a distribuição, forem conclusos ao relator. O prazo para a conclusão não poderá exceder de 24 horas, a contar da distribuição.

16.10. Dicas da peça prática

ENDEREÇAMENTO

O candidato deve realizar raciocínio por exclusão: em primeiro lugar deve verificar se é caso de competência originária (caso concreto ser julgado direto em Tribunal). Se não for caso de competência originária, o *habeas data* será julgado por juiz. Se não for caso de juiz especial, para descobrir qual juiz, verificar primeiro se é caso de juiz federal (enquadrar o caso concreto no art. 109 da CRFB). Se não for competência do juiz federal, a competência é do juiz estadual.

Órgão do Judiciário	Competência	Fundamento	Endereçamento
Supremo Tribunal Federal	Atos do presidente da República, das Mesas da Câmara dos Deputados e do Senado Federal, do Tribunal de Contas da União, do procurador-geral da República e do próprio Supremo	Art. 102, I, *d*, da CRFB	Excelentíssimo Senhor Doutor Ministro Presidente do Colendo Supremo Tribunal Federal
	Tribunal Federal, Conselho Nacional de Justiça e Conselho Nacional do MP		

Órgão do Judiciário	Competência	Fundamento	Endereçamento
Superior Tribunal de Justiça	Atos de Ministro de Estado, dos Comandantes da Marinha, do Exército e da Aeronáutica ou do próprio Tribunal	Art. 105, I, *b*, da CRFB	Excelentíssimo Senhor Doutor Ministro Presidente do Colendo Superior Tribunal de Justiça
Tribunais Regionais Federais	Atos do próprio Tribunal ou de juiz federal	Art. 108, I, *c*, da CRFB	Excelentíssimo Senhor Doutor Desembargador Federal Presidente do Egrégio Tribunal Regional Federal da... Região
Tribunal de Justiça	Definição na Constituição de cada Estado	Art. 125, § 1º, da CRFB	Excelentíssimo Senhor Doutor Desembargador Presidente do Egrégio Tribunal de Justiça do Estado de...

Juiz	Forma de endereçamento
Se for juiz estadual	Excelentíssimo Senhor Doutor Juiz de Direito da... Vara... do Foro... da Comarca de...
Se for juiz federal	Excelentíssimo Senhor Doutor Juiz de Direito da... Vara... da Seção Judiciária de...

COMPETÊNCIA RECURSAL

Das decisões dos Tribunais Regionais Eleitorais somente caberá recurso quando: denegarem *habeas corpus*, mandado de segurança, *habeas data* ou mandado de injunção (art. 121, § 4º, V, da CRFB); compete ao Supremo Tribunal Federal, precipuamente, a guarda da Constituição, cabendo-lhe julgar, em recurso ordinário o *habeas corpus*, o mandado de segurança, o *habeas data* e o mandado de injunção decididos em única instância pelos Tribunais Superiores, se denegatória a decisão (art. 102, II, *a*, da CRFB); compete ao Supremo Tribunal Federal, precipuamente, a guarda da Constituição, cabendo-lhe julgar, mediante recurso extraordinário, as causas decididas em única ou última instância, quando a decisão recorrida: a) contrariar dispositivo desta Constituição; b) declarar a inconstitucionalidade de tratado ou lei federal; c) julgar válida lei ou ato de governo local contestado em face desta Constituição; d) julgar válida lei local contestada em face de lei federal (art. 102, III, da CRFB); compete ao Superior Tribunal de Justiça julgar, em recurso especial, as causas decididas, em única ou última instância, pelos Tribunais Regionais Federais ou pelos tribunais dos Estados, do Distrito Federal e Territórios, quando a decisão recorrida: a) contrariar tratado ou lei federal, ou negar-lhes vigência; b) julgar válido ato de governo local contestado em face de lei federal; c) der a lei federal interpretação divergente da que lhe haja atribuído outro tribunal (art. 105, III, da CRFB).

PREÂMBULO

É o parágrafo introdutório da peça prática do *habeas data*. Deve ser feito conforme modelo abaixo:

(NOME DO AUTOR), nacionalidade, estado civil, profissão, portador da cédula de identidade n. ..., inscrito no CPF/MF sob n. ..., residente e domiciliado na... (ENDEREÇO), vem respeitosamente à presença de Vossa Excelência, por meio do seu advogado (documento anexo), com escritório profissional na... (ENDEREÇO), com fundamento no art. 5º, LXXII, da Constituição Federal c/c a Lei n. 9.507/97 e aplicação subsidiária do CPC, propor *HABEAS DATA* em face de... (entidade depositária do registro ou banco de dados), ... (QUALIFICAÇÃO), com sede funcional na ... (ENDEREÇO), pelos fundamentos de fato e de direito a seguir aduzidos:

Em face do modelo, são os seguintes os requisitos do preâmbulo:

a) **nome e qualificação do autor**: (NOME DO AUTOR), nacionalidade, estado civil, profissão, portador da cédula de identidade n. ..., inscrito no CPF/MF sob n. ..., residente e domiciliado na... (ENDEREÇO); se for pessoa jurídica: (NOME DA PESSOA JURÍDICA) com sede funcional localizada na... (ENDEREÇO). Se for pessoa jurídica de direito privado, acrescentar o CNPJ e afirmar que é nesse ato representado por seu (diretor, sócio...), conforme contrato social/estatuto anexo, (qualificação completa do representante da pessoa jurídica);

b) **capacidade postulatória**: por meio do seu advogado (documento anexo), com escritório profissional na... (ENDEREÇO);

c) **fundamento legal da peça**: art. 5º, LXXII, da Constituição Federal c/c a Lei n. 9.507/97 e aplicação subsidiária do CPC;

d) **nome da peça**: *HABEAS DATA*;

e) **nome e qualificação da entidade depositária do registro ou banco de dados**: indicar o nome e a sede funcional: com sede funcional na... (ENDEREÇO);

f) **frase final**: "pelos fundamentos de fato e de direito a seguir aduzidos".

DOS FATOS

O candidato deve realizar a leitura do enunciado e fazer um texto narrativo, sem inventar dados.

DO DIREITO

É dividido em quatro partes: competência; legitimidade das partes; interesse de agir e mérito.

a) **Competência**: o candidato deve justificar endereçamento feito para órgão jurisdicional adequado, conforme modelo abaixo:

Da competência

De acordo com o art. 5º, LXXII, c/c o art. 20 da Lei n. 9.507/97, a competência é definida em razão da hierarquia funcional do agente público.

No caso é..., o que justifica que a presente ação seja ajuizada perante a Justiça..., nos termos do... (indicar fundamento legal).

b) **Legitimidade das partes**: o candidato deve demonstrar que as partes que ocupam os polos (ativo e passivo) estão adequadas, conforme modelo abaixo:

Da legitimidade ativa

A legitimidade ativa para a impetração do *habeas data* está prevista no art. 5º, LXIX, *a*, na Constituição da República Federativa do Brasil e no art. 7º, I, da Lei n. 9.507/97. Da leitura dos referidos artigos, o legitimado ativo para propor o *habeas data* é qualquer pessoa física ou jurídica, desde que seja observado o caráter personalíssimo. No caso de pessoa falecida, é admitida a legitimidade dos herdeiros do *de cujus* e do cônjuge supérstite.

No caso em tela, o(a) autor(a) da presente ação preenche o requisito subjetivo, pois é... impetrante, que visa assegurar o conhecimento de informação de caráter personalíssimo, em face do que houve... (recusa ou omissão) pelo... (Identificar órgão ou entidade depositária do banco de dados).

Da legitimidade passiva

De acordo com o art. 5º, LXXII, da Constituição Federal c/c o art. 1º da Lei n. 9.507/97, o legitimado passivo é a pessoa responsável pelo banco de dados, que pode ser público (informações gerenciadas pela Administração Pública) ou de caráter público (informações gerenciadas por particular autorizado pelo Poder Público).

No caso em tela, afirma-se que o legitimado passivo é... (Identificar o(s) réu(s)), tendo o poder-dever de conceder as informações pleiteadas pela impetrante.

c) **Interesse de agir**: deve indicar que houve omissão ou recusa do órgão ou entidade depositária do banco de dados, conforme modelo abaixo:

É cabível a impetração do presente *habeas data* com fulcro no art. 5º, LXXII, *a*, da Constituição Federal e art. 7º, inciso... (Conforme a finalidade), da Lei n. 9.507/95, por se tratar de... (Recusa ou omissão) na prestação de informações acerca do impetrante.

No caso em tela, está presente a condição da ação necessária do interesse de agir para a impetração do *habeas data*, visto que a impetrante procurou obter a informação de caráter pessoal pela via administrativa... (Explicar como foi feito o pedido na via administrativa e se houve recusa ou omissão pelo órgão ou entidade depositária do banco de dados).

d) **Mérito**: demonstrar que, diante da recusa ou omissão do órgão administrativo, é justificada a propositura do *habeas data* para pedir acesso, retificação ou anotação. O candidato pode adotar o seguinte modelo:

Na hipótese dos autos, houve... (recusa ou omissão) ao direito do impetrante de receber informações constantes... (especificar órgão ou entidade depositária do banco de dados).

Diante da... (recusa ou omissão), houve violação ao direito fundamental de... (acesso, retificação ou anotação), razão pela qual o impetrante vem a juízo pleitear a devida prestação das informações por ele requeridas.

No caso em tela, a informação pleiteada pela impetrante... (manifestar a importância da informação ao impetrante).

Ressalta-se que o direito à informação é previsto no art. 5º, XXXIII, da CRFB, além do que a atividade pública exercida pelo... (identificar o órgão ou entidade depositária dos dados) é regida pelo princípio da publicidade previsto no art. 37 da CRFB.

DO PEDIDO

Diante do exposto, requer-se:

a) que seja notificada a autoridade coatora dos termos da presente ação para que sejam prestadas as informações, no prazo de dez dias nos termos do art. 9º da Lei n. 9.507/97;

b) a intimação do representante do Ministério Público para que seja ouvido dentro de cinco dias, nos termos do art. 12 da Lei n. 9.507/97;

c) juntada de documentos anexos;

d) a procedência da pretensão do *habeas data*, para que seja assegurado ao impetrante... (Especificar a finalidade de acesso, retificação ou anotação), nos termos do art. 5º, LXXII, c/c o art. 7º, inciso... (Especificar o inciso conforme a finalidade) da Lei n. 9.507/97, marcando data e hora para que sejam entregues as informações requeridas pelo impetrante;

e) condenação dos impetrados ao pagamento de honorários sucumbenciais.

DAS PROVAS

O candidato deve construir a seguinte frase: O autor pretende provar o alegado por todos os meios de prova em direito admitidos, especialmente... (Mencionar as que forem indicadas no enunciado). Se acaso houver indicação de prova testemunhal, o candidato não pode esquecer de indicar o rol de testemunhas.

VALOR DA CAUSA

Dá-se à causa o valor de... para efeitos procedimentais.

ENCERRAMENTO

O candidato deve indicar o final da peça da seguinte forma:

Termos em que pede deferimento.

(2 linhas)

Local, ... de... de...

(2 linhas)

Advogado

OAB – sob n. ...

PRÁTICA CONSTITUCIONAL

16.11. Caso aplicado no Exame de Ordem

(2010.3 Exame) Tício, brasileiro, casado, engenheiro, na década de setenta, participou de movimentos políticos que faziam oposição ao Governo então instituído. Por força de tais atividades, foi vigiado pelos agentes estatais e, em diversas ocasiões, preso para averiguações. Seus movimentos foram monitorados pelos órgãos de inteligência vinculados aos órgãos de Segurança do Estado, organizados por agentes federais. Após longos anos, no ano de 2010, Tício requereu acesso à sua ficha de informações pessoais, tendo o seu pedido indeferido, em todas as instâncias administrativas. Esse foi o último ato praticado pelo Ministro de Estado da Defesa, que lastreou seu ato decisório, na necessidade de preservação do sigilo das atividades do Estado, uma vez que os arquivos públicos do período desejado estão indisponíveis para todos os cidadãos. Tício, inconformado, procura aconselhamentos com seu sobrinho Caio, advogado, que propõe apresentar ação judicial para acessar os dados do seu tio. Na qualidade de advogado contratado por Tício, redija a peça cabível ao tema, observando: a) competência do Juízo; b) legitimidade ativa e passiva; c) fundamentos de mérito constitucionais e legais vinculados; d) os requisitos formais da peça inaugural.

GABARITO

O tema *acesso às informações pessoais* foi alçado em nível constitucional pela Constituição de 1988, que previu, no seu art. 5º, LXXII ("conceder-se-á *habeas data*: a) para assegurar o conhecimento de informações relativas à pessoa do impetrante, constantes de registros ou bancos de dados de entidades governamentais ou de caráter público; b) para a retificação de dados, quando não se prefira fazê-lo por processo sigiloso, judicial ou administrativo"). O tema foi influência das Constituições europeias que surgiram na Espanha e em Portugal também após regimes autoritários como no Brasil, como nos informa José Afonso da Silva, no seu *Comentário Contextual à Constituição* (p. 168). O acesso é pertinente a dados pessoais, não podendo ocorrer o requerimento para acesso de dados de terceiras pessoas. A legitimidade ativa é daquele que deseja o acesso aos seus próprios dados, no caso Tício, e a passiva, da autoridade coatora, no enunciado o Ministro de Estado da Defesa. A lei que regula o *habeas data* é a de n. 9.507/97 e estabelece os requisitos da petição inicial, além do requisito formal, que foi preenchido no caso em tela, consistente no prévio requerimento administrativo. Remete os requisitos da peça inicial às regras do Código de Processo Civil, naquilo que não regula, como o requerimento de provas e a notificação da autoridade que praticou o ato. No caso em exame, a competência será do Superior Tribunal de Justiça (art. 20, I, *b*), da Lei n. 9.507/97, que repete norma do art. 105, I, *b*, da Constituição Federal.

16.12. Elaboração da peça processual

EXCELENTÍSSIMO SENHOR DOUTOR MINISTRO PRESIDENTE DO COLENDO SUPERIOR TRIBUNAL DE JUSTIÇA

TÍCIO, brasileiro, casado, engenheiro, portador da cédula de identidade n. ..., inscrito no CPF/MF sob n. ..., residente e domiciliado na... (ENDEREÇO), vem respeitosamente à presença de Vossa Excelência, por meio do seu advogado, com escritório profissional na... (ENDEREÇO), com fundamento no art. 5º,

LXXIII, da Constituição Federal c/c o art. 7º, I, da Lei n. 9.507/97, e aplicação subsidiária do CPC, propor "HABEAS DATA" em face do Ministro de Estado de Defesa, com sede funcional localizado na... (ENDEREÇO), pelos fundamentos de fato e de direito a seguir aduzidos:

I – DOS FATOS

Tício, ora impetrante, participou de movimentos políticos que faziam oposição ao Governo então instituído, tendo sido vigiado pelos órgãos de inteligência vinculados aos órgãos de Segurança do Estado, organizados por agentes federais.

Após longos anos, no ano de 2010, Tício requereu acesso à sua ficha de informações pessoais, tendo o seu pedido indeferido, em todas as instâncias administrativas.

O indeferimento praticado pelo Ministro de Estado da Defesa foi fundamentado na necessidade de preservação do sigilo das atividades do Estado, uma vez que os arquivos públicos do período desejado estão indisponíveis para todos os cidadãos.

II – DO DIREITO

a) Da competência

De acordo com o art. 5º, LXXII, c/c o art. 20 da Lei n. 9.507/97, a competência é definida em razão da hierarquia funcional do agente público.

No caso é ato do Ministro do Estado de Defesa, o que justifica que a presente ação seja ajuizada perante o Superior Tribunal de Justiça, nos termos do art. 5º, LXXII, c/c o art. 20, I, "b", da Lei n. 9.507/97.

b) Da legitimidade ativa

A legitimidade ativa para a impetração do "habeas data" está prevista no art. 5º, LXXII, "a", na Constituição da República Federativa do Brasil e no art. 7º, I, da Lei n. 9.507/97. Da leitura dos referidos artigos, o legitimado ativo para propor o "habeas data" é qualquer pessoa física ou jurídica, desde que seja observado o caráter personalíssimo.

No caso em tela, o autor da presente ação preenche o requisito subjetivo, pois é Tício, impetrante, que visa assegurar o conhecimento de informação de caráter personalíssimo, em face do que houve recusa pelo Ministro do Estado de Defesa.

c) Da legitimidade passiva

De acordo com o art. 5º, LXXII, da Constituição Federal c/c o art. 1º da Lei n. 9.507/97, o legitimado passivo é a pessoa responsável pelo banco de dados, que pode ser público (informações gerenciadas pela Administração Pública) ou de caráter público (informações gerenciadas por particular autorizado pelo Poder Público).

No caso em tela, afirma-se que o legitimado passivo é o Ministro do Estado de Defesa, tendo o poder-dever de conceder as informações pleiteadas pela impetrante.

d) Do interesse de agir

É cabível a impetração do presente "habeas data" com fulcro no art. 5º, LXXII, "a", da Constituição Federal e art. 7º, I, da Lei n. 9.507/95, por se tratar de recusa na prestação de informações acerca do impetrante.

PRÁTICA CONSTITUCIONAL

No caso em tela, está presente a condição da ação necessária ao interesse de agir para a impetração do "habeas data", visto que o impetrante procurou obter a informação de caráter pessoal pela via administrativa, teve seu requerimento indeferido em razão de preservação do sigilo das atividades do Estado, uma vez que os arquivos públicos do período desejado estão indisponíveis para todos os cidadãos.

e) Do mérito

Na hipótese dos autos, houve recusa ao direito do impetrante de receber informações constantes nos arquivos do Ministério da Defesa.

Diante da recusa, houve violação ao direito fundamental de acesso, razão pela qual o impetrante vem a juízo pleitear a devida prestação das informações por ele requeridas.

No caso em tela, a informação pleiteada pela impetrante é importante para fins de indenização por danos contra o Estado.

Ressalta-se que o direito à informação é previsto no art. 5º, XXXIII, da CRFB, além do que a atividade pública exercida pelo Ministério da Defesa é regida pelo princípio da publicidade previsto no art. 37 da CRFB.

IV – DO PEDIDO

Diante do exposto, requer-se:

a) que seja notificada a autoridade coatora dos termos da presente ação para que sejam prestadas as informações, no prazo de dez dias, nos termos do art. 9º da Lei n. 9.507/97;

b) a intimação do Representante do Ministério Público para que seja ouvido dentro de cinco dias, nos termos do art. 12 da Lei n. 9.507/97;

c) juntada de documentos anexos;

d) a procedência da pretensão do "habeas data", para que seja assegurado ao impetrante o acesso à informação, nos termos do art. 5º, LXXII, c/c o art. 7º, I, da Lei n. 9.507/97, marcando data e hora para que sejam entregues as informações requeridas pelo impetrante;

e) condenação dos impetrados ao pagamento de honorários sucumbenciais.

V – DAS PROVAS

O autor pretende provar o alegado por todos os meios de prova em Direito admitidos.

VI – DO VALOR DA CAUSA

Dá-se à causa o valor de...

Termos em que pede deferimento.

Local, ... de... de...

OAB – sob n. ...

17. MANDADO DE INJUNÇÃO

17.1. Apresentação

O mandado de injunção está previsto no art. 5º, LXXI, da Constituição Federal. É regulamentado pela Lei n. 13.300/2016. O mandado de injunção sofre aplicação subsidiária da Lei do Mandado de Segurança e do CPC, nos termos do art. 14 da Lei n. 13.300/2016.

É remédio constitucional proposto sempre que a omissão total ou parcial de norma regulamentadora torne inviável o exercício dos direitos e liberdades constitucionais e das prerrogativas inerentes à nacionalidade, à soberania e à cidadania. Considera-se parcial a regulamentação quando forem insuficientes as normas editadas pelo órgão legislador competente.

17.2. Características e requisitos

É ação civil, de caráter essencialmente mandamental, e procedimento especial. São requisitos: a) que não haja ou seja insuficiente norma regulamentadora do direito, liberdade ou prerrogativa prevista em norma constitucional; b) que o impetrante seja beneficiário direto do direito, liberdade ou prerrogativa; c) inviabilidade do direito, liberdade ou prerrogativa prevista na Constituição.

17.3. Objeto e finalidade

O mandado de injunção possui duas finalidades: a) imediata: viabilizar direito prejudicado com a falta ou insuficiência da norma regulamentadora; b) mediata: combater a síndrome da inefetividade do Poder Público em não regulamentar a Constituição. O objeto é norma constitucional de eficácia limitada.

17.4. Mandado de injunção coletivo

O mandado de injunção coletivo é proposto por legitimados previstos na Lei n. 13.300/2016, que agem em nome próprio, na defesa de interesses alheios. Os direitos, as liberdades e as prerrogativas protegidos por mandado de injunção coletivo são os pertencentes, indistintamente, a uma coletividade indeterminada de pessoas ou determinada por grupo, classe ou categoria.

Sobre a admissibilidade do mandado de injunção coletivo: a) até o advento da Lei n. 13.300/2016, o mandado de injunção coletivo, embora não tivesse previsão expressa no texto da CRFB/88, era admitido pelo STF por analogia ao disposto no art. 5º, LXX, da

CRFB (o mandado de segurança coletivo pode ser impetrado por: i) partido político com representação no Congresso Nacional; ii) organização sindical, entidade de classe ou associação legalmente constituída e em funcionamento há pelo menos um ano, em defesa dos interesses de seus membros ou associados); b) com o advento da Lei n. 13.300/2016, embora ainda sem previsão constitucional expressa, o mandado de injunção coletivo passou a ser previsto de forma expressa na Lei n. 13.300/2016.

A lei regulamentadora do mandado de injunção, na parte da legitimidade ativa do mandado de injunção coletivo, inclui, além dos legitimados para propor o mandado de segurança coletivo (o que aliás já era admitido na jurisprudência do STF), os seguintes legitimados:

Ministério Público, quando a tutela requerida for especialmente relevante para a defesa da ordem jurídica, do regime democrático ou dos interesses sociais ou individuais indisponíveis;

Defensoria Pública, quando a tutela requerida for especialmente relevante para a promoção dos direitos humanos e a defesa dos direitos individuais e coletivos dos necessitados, na forma do inciso LXXIV do art. 5º da Constituição Federal.

MANDADO DE SEGURANÇA COLETIVO Art. 5º, LXX, da CRFB	MANDADO DE INJUNÇÃO COLETIVO Art. 12 da Lei n. 13.300/2016
Partido político com representação no Congresso Nacional	Partido político com representação no Congresso Nacional: para assegurar o exercício de direitos, liberdades e prerrogativas de seus integrantes ou relacionados com a finalidade partidária
Organização sindical	Organização sindical: para assegurar o exercício de direitos, liberdades e prerrogativas em favor da totalidade ou de parte de seus membros ou associados, na forma de seus estatutos e desde que pertinentes a suas finalidades, dispensada, para tanto, autorização especial
Entidade de classe	Entidade de classe: para assegurar o exercício de direitos, liberdades e prerrogativas em favor da totalidade ou de parte de seus membros ou associados, na forma de seus estatutos e desde que pertinentes a suas finalidades, dispensada, para tanto, autorização especial
Associação legalmente constituída e em funcionamento há pelo menos um ano, em defesa dos interesses de seus membros ou associados	Associação legalmente constituída e em funcionamento há pelo menos um ano: para assegurar o exercício de direitos, liberdades e prerrogativas em favor da totalidade ou de parte de seus membros ou associados, na forma de seus estatutos e desde que pertinentes a suas finalidades, dispensada, para tanto, autorização especial
	Ministério Público, quando a tutela requerida for especialmente relevante para a defesa da ordem jurídica, do regime democrático ou dos interesses sociais ou individuais indisponíveis
	Defensoria Pública, quando a tutela requerida for especialmente relevante para a promoção dos direitos humanos e a defesa dos direitos individuais e coletivos dos necessitados, na forma do inciso LXXIV do art. 5º da Constituição Federal

No mandado de injunção coletivo, a sentença fará coisa julgada limitadamente às pessoas integrantes da coletividade, do grupo, da classe ou da categoria substituídos pelo impetrante. O mandado de injunção coletivo não induz litispendência em relação aos individuais, mas os efeitos da coisa julgada não beneficiarão o impetrante que não

PRÁTICA CONSTITUCIONAL

requerer a desistência da demanda individual no prazo de 30 dias a contar da ciência comprovada da impetração coletiva, nos termos do art. 13 da Lei n. 13.300/2016.

17.5. Competência originária

a) **STF**: quando a elaboração da norma regulamentadora for atribuição do presidente da República, do Congresso Nacional, da Câmara dos Deputados, do Senado Federal, das Mesas de uma dessas Casas Legislativas, do Tribunal de Contas da União, de um dos Tribunais Superiores, ou do próprio Supremo Tribunal Federal (art. 102, I, *q*, da CRFB).

b) **STJ**: quando a elaboração da norma regulamentadora for atribuição de órgão, entidade ou autoridade federal, da Administração direta ou indireta, excetuados os casos de competência do STF e dos órgãos da Justiça Militar, da Justiça Eleitoral, da Justiça do Trabalho e da Justiça Federal (art. 105, I, *h*, da CRFB).

c) **Competência recursal eleitoral**: das decisões dos Tribunais Regionais Eleitorais somente caberá recurso quando denegarem mandado de injunção (art. 121, § 4º, V, da CRFB).

d) **Competência da Justiça Federal**: quando a regulamentação for de competência de autoridades, órgãos ou entidades federais, não incluídas na competência originária.

e) **Competência da Justiça Especial (trabalhista/militar/eleitoral)**: quando a elaboração da norma regulamentadora for atribuição de órgão, entidade ou autoridade federal nos assuntos de sua competência.

f) **Competência da Justiça Estadual**: quando a elaboração da norma regulamentadora for atribuição de órgão, entidade ou autoridade estadual, na forma como disciplinada pelas Constituições estaduais.

g) **Competência recursal**: compete ao STF julgar, em recurso ordinário, o mandado de injunção decidido em única instância pelos Tribunais Superiores, se denegatória a decisão (art. 102, II, *a*, da CRFB/88).

Tratando-se de mandado de injunção, diante de omissão apontada em relação à norma emanada do Conselho Nacional de Trânsito (Contran), órgão autônomo vinculado ao Ministério das Cidades e presidido pelo titular do Departamento Nacional de Trânsito, a competência para processar e julgar o mandado de injunção é da Justiça Federal nos termos do art. 109, I, da CRFB (*Informativo* n. 286/2006 do STJ).

17.6. Legitimidade das partes

a) **Ativa**: qualquer pessoa física ou jurídica interessada (que se afirme titular dos direitos, das liberdades ou das prerrogativas objeto do mandado de injunção) pode ajuizar mandado de injunção; no caso de mandado de injunção coletivo, os legitimados são os previstos no art. 12 da Lei n. 13.300/2016.

b) **Passiva**: o Poder, o órgão ou a autoridade com atribuição para editar a norma regulamentadora. No caso de omissão, o responsável pela elaboração da norma regulamentadora necessária ao exercício do direito constitucional inviabilizado. Tem de ser pessoa estatal. Órgão ou entidade privada não tem legitimidade passiva, nem mesmo na condição de litisconsorte passivo com pessoa estatal.

Somente pessoas estatais podem figurar no polo passivo da relação processual instaurada com a impetração do mandado de injunção, eis que apenas a elas é imputável provimentos normativos (*Informativo* n. 167/2003 do STJ).

Tipo de omissão	Legitimado passivo
Lei federal	Congresso Nacional
Lei estadual	Assembleia Legislativa
Lei federal de iniciativa privativa do presidente da República (omissão na apresentação do projeto pelo titular da legitimidade privativa)	Presidente da República
Lei estadual de iniciativa privativa do governador do estado (omissão na apresentação do projeto pelo titular da legitimidade privativa)	Governador do estado

17.7. Mandado de injunção estadual

É possível, desde que haja previsão na respectiva Constituição estadual.

17.8. Cabimento

É pacífica a jurisprudência do STF no sentido de que o mandado de injunção não comporta a concessão de medida liminar.

Não cabe mandado de injunção diante de falta de norma regulamentadora de norma infraconstitucional.

Em relação ao direito de greve: a lei de greve do serviço público ainda não foi regulamentada, mas, após o julgamento no STF do Mandado de Injunção 708-DF, *DJe* de 30-10-2008, determinou-se a aplicação das Leis n. 7.701/88 e 7.783/89 enquanto persistir essa omissão quanto à existência de lei específica, nos termos previstos no art. 37, VII, da CRFB. O Superior Tribunal de Justiça, consequentemente, passou a ter competência para apreciar os processos relativos à declaração sobre a paralisação do trabalho decorrente de greve de servidores públicos civis, bem como às respectivas medidas acautelatórias, quando as greves forem nacionais ou abrangerem mais de uma Unidade da Federação. Também no citado mandado de injunção, o STF, ao interpretar o art. 7º da Lei n. 7.783/89, entendeu que com a deflagração da greve ocorre a suspensão do contrato de trabalho (*Informativo* n. 448/2010 do STJ).

O art. 14 da Lei n. 13.300/2016 remete o mandado de injunção às normas referentes ao Mandado de Segurança, razão pela qual é incabível a condenação em honorários por força do entendimento insculpido na Súmula 105/STJ: "Na ação de Mandado de Segurança não se admite condenação em honorários advocatícios" (REsp 1.797.474/TO, rel. Min. Herman Benjamin, 2ª Turma do STJ, *DJe* de 31-5-2019).

17.9. Procedimento judicial

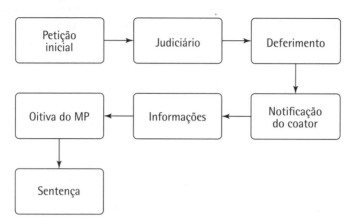

A petição inicial será desde logo indeferida quando a impetração for manifestamente incabível ou manifestamente improcedente. Da decisão do juiz de primeira instância que indefere a petição inicial, caberá apelação. Da decisão de relator que indeferir a petição inicial, caberá agravo, em cinco dias, para o órgão colegiado competente para o julgamento da impetração.

17.10. Eficácia subjetiva da sentença

É limitada às partes e produzirá efeitos até o advento da norma regulamentadora. Poderá ser conferida eficácia *ultra partes* ou *erga omnes* à decisão, quando isso for inerente ou indispensável ao exercício do direito, da liberdade ou da prerrogativa objeto da impetração. Transitada em julgado a decisão, seus efeitos poderão ser estendidos aos casos análogos por decisão monocrática do relator.

17.11. Efeitos da decisão (STF)

Sobre a decisão no mandado de injunção, existem as seguintes correntes:

a) **Não concretista**: ao Poder Judiciário caberia apenas o reconhecimento da inércia legislativa e consequente comunicação ao órgão competente para a elaboração da norma regulamentadora necessária ao exercício do direito constitucional inviabilizado.

b) **Concretista geral**: o juiz legisla *erga omnes* (ex.: MI 670, 708 e 712). O Judiciário, mediante sentença, regularia a omissão em caráter geral.

c) **Concretista individual**: o juiz implementa o direito para a pessoa reclamante (ex.: MI 721). O Poder Judiciário deve criar a regulamentação para o caso específico.

d) **Concretista intermediária**: o juiz fixa prazo para o órgão omisso regulamentar a matéria; se não o fizer no prazo, o juiz implementa o direito para a pessoa. Expirado o prazo assinalado pelo Poder Judiciário, ficaria este autorizado a suprir a lacuna para o caso concreto, isto é, somente para o impetrante. O STF, por longos anos, defendeu a aplicação da teoria não concretista. No ano de 2007, o STF passou a rever sua posição quanto aos efeitos da decisão no mandado de injunção, com adoção ora da concretista geral ora da concretista individual.

A lei regulamentadora do mandado de injunção (Lei n. 13.300/2016) adotou a teoria concretista intermediária: reconhecido o estado de mora legislativa, será deferida a injunção para: I – determinar prazo razoável para que o impetrado promova a edição da norma regulamentadora (essa determinação será dispensada quando comprovado que o impetrado deixou de atender, em mandado de injunção anterior, ao prazo estabelecido para a edição da norma); II – estabelecer as condições em que se dará o exercício dos direitos, das liberdades ou das prerrogativas reclamados ou, se for o caso, as condições em que poderá o interessado promover ação própria visando exercê-los, caso não seja suprida a mora legislativa no prazo determinado.

17.12. Renovação

O indeferimento do pedido por insuficiência de prova não impede a renovação da impetração fundada em outros elementos probatórios. Sem prejuízo dos efeitos já produzidos, a decisão poderá ser revista, a pedido de qualquer interessado, quando sobrevierem relevantes modificações das circunstâncias de fato ou de direito.

17.13. Eficácia da norma regulamentadora superveniente

Produzirá efeitos *ex nunc* em relação aos beneficiados por decisão transitada em julgado, salvo se a aplicação da norma editada lhes for mais favorável.

17.14. Norma regulamentadora antes da sentença

Estará prejudicada a impetração se a norma regulamentadora for editada antes da decisão, caso em que o processo será extinto sem resolução de mérito.

17.15. Dicas da peça prática

ENDEREÇAMENTO

a) Verificar em primeiro lugar se é competência do STF ou STJ, conforme as hipóteses previstas na Constituição Federal.

b) Verificar se é competência do juiz especial (eleitoral, trabalhista ou militar).

c) Verificar se é competência da Justiça Federal.

d) Será competência da Justiça Estadual.

PRÁTICA CONSTITUCIONAL

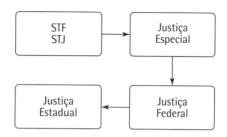

Tribunal	Forma de endereçamento
Se for STF	Excelentíssimo Senhor Doutor Ministro Presidente do Colendo Supremo Tribunal Federal
Se for STJ	Excelentíssimo Senhor Doutor Ministro Presidente do Colendo Superior Tribunal de Justiça
Juiz	Forma de endereçamento
Se for juiz estadual	Excelentíssimo Senhor Doutor Juiz de Direito da... Vara... do Foro... da Comarca de...
Se for juiz federal	Excelentíssimo Senhor Doutor Juiz Federal da... Vara... da Seção Judiciária de...

PREÂMBULO

É o parágrafo introdutório da peça prática do mandado de injunção. Deve ser feito conforme modelo abaixo:

(NOME DO IMPETRANTE), nacionalidade, estado civil, profissão, portador da cédula de identidade n. ..., inscrito no CPF/MF sob n. ..., residente e domiciliado na... (ENDEREÇO), vem respeitosamente à presença de Vossa Excelência, por meio do seu advogado (documento anexo), com escritório profissional na... (ENDEREÇO), com fundamento no art. 5º, LXXI, da Constituição Federal c/c a Lei n. 13.300/2016 e aplicação subsidiária do CPC e da Lei n. 12.016/2009, propor MANDADO DE INJUNÇÃO em face (NOME DO IMPETRADO), cuja sede funcional é localizada na... (ENDEREÇO), ante o ato omissivo/insuficiente... (especificar qual o ato omissivo/insuficiente), pelos fundamentos de fato e de direito a seguir aduzidos:

Em face do modelo, são os seguintes os requisitos do preâmbulo:

a) **nome e qualificação do impetrante**: (NOME DO IMPETRANTE), nacionalidade, estado civil, profissão, portador da cédula de identidade n. ..., inscrito no CPF/MF sob n. ..., residente e domiciliado na... (ENDEREÇO); se for pessoa jurídica: (NOME DA PESSOA JURÍDICA) com sede funcional localizada na... (ENDEREÇO). Se for pessoa jurídica de direito privado, acrescentar o CNPJ e afirmar que é nesse ato representado por seu (diretor, sócio...), conforme contrato social/estatuto anexo, (qualificação completa do representante da pessoa jurídica);

b) **capacidade postulatória**: por meio do seu advogado (documento anexo), com escritório profissional na... (ENDEREÇO);

c) **fundamento legal da peça**: art. 5º, LXXI, da Constituição Federal c/c a Lei n. 13.300/2016 e aplicação subsidiária do CPC e da Lei n. 12.016/2009;

d) **nome da peça**: MANDADO DE INJUNÇÃO (se for coletivo: MANDADO DE INJUNÇÃO COLETIVO);

e) **indicar o ato omissivo**: em face do ato omissivo/insuficiente... (especificar qual o ato omissivo/insuficiente);
f) **nome e qualificação do impetrado**: ... (NOME DO IMPETRADO), cuja sede funcional é localizada na... (ENDEREÇO);
g) **frase final**: "pelos fundamentos de fato e de direito a seguir aduzidos:".

DOS FATOS

O candidato deve realizar a leitura do enunciado e fazer um texto narrativo, sem inventar dados.

DO DIREITO

I – DA JUSTIFICATIVA DA COMPETÊNCIA: o candidato deve demonstrar a escolha correta do juízo competente para processar e julgar o mandado de injunção. A justificativa deve ser feita conforme o modelo abaixo:

De acordo com o artigo... (Indicar o artigo conforme a competência no caso concreto), a competência é definida pela... (Especificar a hipótese da competência).

No caso... (Mencionar o ato omissivo/insuficiente) é... (Identificar o órgão omisso/insuficiente), o que justifica que a presente ação seja ajuizada perante... (Especificar o juízo competente), nos termos do... (Indicar fundamento legal).

II – DA JUSTIFICATIVA DA LEGITIMIDADE PASSIVA: o candidato deve demonstrar que a parte que figura no polo passivo está correta em face da legislação, conforme modelo abaixo:

DA LEGITIMIDADE PASSIVA

Na hipótese dos autos, o legitimado passivo é... (Identificar o(s) réu (s)), o que é justificado já que é órgão omisso/insuficiente, ou seja, não cumpriu o encargo de regulamentar... (Especificar o ato omissivo/insuficiente).

III – DO MÉRITO

O candidato deve demonstrar a presença dos requisitos de cabimento do mandado de injunção:

a) Norma constitucional que preveja direitos e liberdades constitucionais e das prerrogativas inerentes à nacionalidade, à soberania e à cidadania;

PRÁTICA CONSTITUCIONAL

b) Falta/insuficiência de regulamentação da Norma constitucional que preveja direitos e liberdades constitucionais e das prerrogativas inerentes à nacionalidade, à soberania e à cidadania;

c) Inviabilização do direito e liberdade constitucional e das prerrogativas inerentes à nacionalidade, à soberania e à cidadania pela falta/insuficiência de regulamentação.

DO PEDIDO

Diante do exposto, requer-se:

a) notificação da autoridade coatora no endereço fornecido na inicial, para que, querendo, preste as informações no prazo de 10 dias, nos termos do art. 5º, I, da Lei n. 13.300/2016;

b) intimação do representante do Ministério Público para que opine dentro do prazo improrrogável de 10 dias, nos termos do art. 7º da Lei n. 13.300/2016;

c) no mérito, a procedência da presente demanda, reconhecendo o estado de mora legislativa, deferindo a injunção para: 1) que seja determinado prazo razoável para que os impetrados promovam a edição da lei regulamentadora do direito de (mencionar o direito reclamado no mandado de injunção), conforme art. 8º, I, da Lei n. 13.300/2016; 2) que sejam fixadas as condições para o efetivo exercício do direito de (mencionar o direito reclamado no mandado de injunção), caso a mora legislativa não seja suprida pelos impetrados no prazo estabelecido, nos termos do art. 8º, II, da Lei n. 13.300/2016;

d) juntada de documentos anexos;

e) condenação dos impetrados ao pagamento de honorários advocatícios, custas e despesas processuais.

DAS PROVAS

O candidato deve construir a seguinte frase:

O autor pretende provar o alegado por todos os meios de prova em Direito admitidos, especialmente... (mencionar as que forem indicadas no enunciado). Se acaso houver indicação de prova testemunhal, o candidato não poderá esquecer de indicar o rol de testemunhas.

VALOR DA CAUSA

Dá-se à causa o valor de... para efeitos procedimentais.

ENCERRAMENTO

O candidato deve indicar o final da peça da seguinte forma:

Termos em que pede deferimento.

(2 linhas)
Local, ... de... de...
(2 linhas)
Advogado
OAB – sob n. ...

17.16. Caso aplicado no Exame de Ordem

(38° Exame) A organização não governamental *Alfa*, constituída há mais de uma década sob a forma de associação, liderou durante vários anos uma grande campanha no cenário nacional com o objetivo de que a Constituição da República fosse alterada, de modo a contemplar alguns direitos sociais, de natureza prestacional, direcionados a uma minoria étnica historicamente excluída na realidade brasileira. Os associados de *Alfa* eram justamente integrantes dessa minoria étnica. *Alfa*, por sua vez, tinha como objetivo zelar pelos direitos fundamentais de primeira e de segunda dimensão dos seus associados, que eram alcançados pela igualdade formal, mas exigiam atenção diferenciada dos poderes constituídos para que efetivamente alcançassem um nível de igualdade material. A omissão desses direitos estava comprometendo a própria subsistência dessas pessoas, colocando em risco a sua existência por não disporem do mínimo para sobreviver, além de viverem de modo aviltante.

Em razão desse esforço e do engajamento das lideranças partidárias, foi promulgada a Emenda Constitucional n. XX. Apesar das tentativas de que os direitos sociais fossem veiculados em normas de eficácia plena e aplicabilidade imediata, prevaleceu o entendimento, no âmbito do Poder Legislativo federal, de que deveriam ser previstos em normas programáticas, o que gerou grande dissabor para a organização não governamental *Alfa*. Afinal, não obstante o transcurso de 8 (oito) anos desde a promulgação da reforma constitucional, ainda não tinha sido editada a lei ordinária que integraria o seu conteúdo, pormenorizando cada um dos direitos a serem fruídos.

Em razão da omissão, os associados de *Alfa* não estavam fruindo os direitos sociais, o que gerava grande insatisfação entre eles. Por outro lado, alguns integrantes da mesma minoria étnica fruíam dos direitos, já que o Tribunal competente tinha reconhecido a omissão do Poder Legislativo federal em diversas ações constitucionais, de natureza individual, anteriormente ajuizadas com o objetivo de assegurar a sua fruição. Como o prazo fixado nos processos individuais, para a regulamentação dos direitos sociais, não foi cumprido, o próprio Tribunal delineou os contornos gerais dos direitos e impôs a sua observância.

À luz desse quadro, a organização não governamental *Alfa* contratou os seus serviços, como advogado(a), para que ela pudesse ajuizar a ação constitucional cabível, em benefício dos seus associados, de modo que, apesar da omissão do Poder Legislativo federal em regulamentar a matéria, pudessem fruir os direitos sociais, de natureza prestacional, previstos em norma programática da Emenda Constitucional n. XX.

Redija a peça processual adequada ao objetivo almejado pela organização não governamental Alfa, observando o que dispõe uma das alíneas do art. 102 da CRFB/88.

GABARITO

A peça adequada nesta situação é a petição inicial de mandado de injunção coletivo.

PRÁTICA CONSTITUCIONAL

129

A petição deve ser endereçada ao Ministro Presidente do Supremo Tribunal Federal, órgão jurisdicional competente para processar e julgar a referida ação, conforme o art. 102, I, *q*, da CRFB/88.

O examinando deve indicar, na qualificação das partes, como impetrante, a organização não governamental Alfa, e, no polo passivo, o Congresso Nacional *ou* Câmara dos Deputados e Senado Federal *e* o Presidente da República. A legitimidade ativa da Associação decorre do fato de estar constituída há mais de 1 (um) ano e se destinar à defesa dos seus associados, nos termos do art. 12, III, da Lei n. 13.300/2016. A legitimidade do Presidente da República decorre do fato de participar do processo legislativo, podendo sancionar ou vetar a proposição (art. 66 da CRFB/88), e a do Congresso Nacional, por ser competente para apreciar as matérias de competência da União (art. 48, *caput*, da CRFB/88), salientando que ambos os impetrados estão vinculados à União (art. 4°, *caput*, da Lei n. 13.300/2016).

O examinando deve argumentar, no mérito, que os direitos sociais assegurados pela Emenda Constitucional n. XX são necessários para a concretização do princípio da igualdade, previsto no art. 5°, *caput*, da CRFB/88, de modo que o tratamento diferenciado permita a construção da igualdade material. A ausência de oferta desses direitos, no extremo, coloca em risco a vida, direito consagrado no art. 5°, *caput*, da CRFB/88, *ou* a dignidade da pessoa humana, nos termos do art. 1°, III, da CRFB/88.

Apesar disso, ainda não foi editada a lei que deveria regulamentá-los. Em razão dessa omissão total, já que a lei ainda não incursionou na temática, integrantes da minoria étnica associados à Impetrante veem-se, indistintamente, impossibilitados de fruir de direitos sociais previstos pela ordem constitucional, o que torna possível a impetração do mandado de injunção coletivo, nos termos do art. 5°, LXXI, da CRFB/88 *ou* do art. 12, III e parágrafo único, da Lei n. 13.300/2016.

Como a mora legislativa é evidente, já que não foram observados os prazos para a regulamentação dos direitos sociais, fixados pelo Supremo Tribunal Federal em processos individuais, ao que se soma a constatação de que o Tribunal estabeleceu os contornos gerais dos direitos e impôs a sua observância, deve ser formulado o pedido para que o Tribunal estabeleça as condições em que os direitos dos associados da Impetrante possam ser exercidos, nos termos do art. 8°, II, da Lei n. 13.300/2016.

O examinando ainda deve qualificar-se como advogado e atribuir valor à causa.

17.17. Elaboração da peça processual

EXCELENTÍSSIMO SENHOR DOUTOR MINISTRO PRESIDENTE DO COLENDO SUPREMO TRIBUNAL FEDERAL

A ORGANIZAÇÃO NÃO GOVERNAMENTAL ALFA, *pessoa jurídica de direito privado, inscrita no CNPJ sob n. ..., vem respeitosamente à presença de Vossa Excelência, por meio do seu advogado (documento anexo), com escritório profissional na... (ENDEREÇO), com fundamento no art. 5°, LXXI, da Constituição Federal c/c a Lei n. 13.300/2016 e aplicação subsidiária do CPC e da Lei n. 12.016/2009, propor* MANDADO DE INJUNÇÃO COLETIVO *em face do CONGRESSO NACIONAL, com sede funcional localizada na... (ENDEREÇO), e do PRESIDENTE DA REPÚBLICA, com sede funcional localizada na... (ENDEREÇO), ante* ausência de regulamentação dos direitos sociais assegurados pela Emenda Constitucional n. XX, pelos fundamentos de fato e de direito a seguir aduzidos:

I – DOS FATOS

A organização não governamental Alfa tinha como objetivo zelar pelos direitos fundamentais de primeira e de segunda dimensão dos seus associados.

Foi promulgada a Emenda Constitucional n. XX. Apesar das tentativas de que os direitos sociais fossem veiculados em normas de eficácia plena e aplicabilidade imediata, prevaleceu o entendimento, no âmbito do Poder Legislativo federal, de que deveriam ser previstos em normas programáticas, o que gerou grande dissabor para a organização não governamental Alfa.

A omissão desses direitos estava comprometendo a própria subsistência dessas pessoas, colocando em risco a sua existência por não disporem do mínimo para sobreviver, além de viverem de modo aviltante.

Apesar da omissão do Poder Legislativo federal em regulamentar a matéria, era necessário poder fruir dos direitos sociais, de natureza prestacional, previstos em norma programática da Emenda Constitucional n. XX, para a concretização do princípio da igualdade, previsto no art. 5º, "caput", da CRFB/88.

II – DO DIREITO

II.1 – DA COMPETÊNCIA

De acordo com o art. 102, I, "q", da Constituição Federal, a competência é definida pela atribuição na elaboração da norma regulamentadora. Como os impetrados são o Congresso Nacional e o Presidente da República, a presente ação foi ajuizada perante o Supremo Tribunal Federal. A Constituição da República Federativa do Brasil repartiu a competência para julgamento com base na fonte de onde deveria ter emanado a norma faltante e procurou concentrar a competência para processamento e julgamento do mandado de injunção nos Tribunais Superiores, de forma que no caso concreto, a petição deve ser endereçada ao Ministro Presidente do Supremo Tribunal Federal, órgão jurisdicional competente para processar e julgar a referida ação, conforme o art. 102, I, "q", da CRFB/88.

II.2 – DA LEGITIMIDADE PASSIVA

Na hipótese dos autos, a legitimidade do Presidente da República decorre do fato de participar do processo legislativo, podendo sancionar ou vetar a proposição (art. 66 da CRFB/88) e a do Congresso Nacional, por ser competente para apreciar as matérias de competência da União (art. 48, "caput", da CRFB/88), salientando que ambos os impetrados estão vinculados à União (art. 4º, "caput", da Lei n. 13.300/2016).

II.3 – DO MÉRITO

No caso em tela há a presença dos requisitos de cabimento do mandado de injunção:

a) Norma constitucional que preveja direitos e liberdades constitucionais e das prerrogativas inerentes à nacionalidade, à soberania e à cidadania: os direitos sociais assegurados pela Emenda Constitucional n. XX são necessários para a concretização do princípio da igualdade, previsto no art. 5º, "caput", da CRFB/88, de modo que o tratamento diferenciado permita a construção da igualdade material. A ausência de oferta desses direitos, no extremo, coloca em risco a vida, direito consagrado no art. 5º, "caput", da CRFB/88 ou a dignidade da pessoa humana, nos termos do art. 1º, III, da CRFB/88;

b) Falta de regulamentação da Norma constitucional que preveja direitos e liberdades constitucionais e das prerrogativas inerentes à nacionalidade, à soberania e à cidadania: inexistência de lei regulamentadora dos direitos sociais assegurados pela Emenda Constitucional n. XX são necessários para a concretização do princípio da igualdade, previsto no art. 5º, "caput", da CRFB/88;

c) Inviabilização do direito e liberdade constitucional e das prerrogativas inerentes à nacionalidade, à soberania e à cidadania pela falta de regulamentação: em razão dessa omissão total, já que a lei ainda não incursionou na temática, integrantes da minoria étnica associados à Impetrante veem-se, indistintamente, impossibilitados de fruir de direitos sociais previstos pela ordem constitucional, o que torna possível a impetração do mandado de injunção coletivo.

III – DO PEDIDO

Diante do exposto, requer-se:

a) notificação da autoridade coatora no endereço fornecido na inicial, para que, querendo, preste as informações no prazo de 10 dias, nos termos do art. 5º, I, da Lei n. 13.300/2016;

b) intimação do representante do Ministério Público para que opine dentro do prazo improrrogável de 10 dias, nos termos do art. 7º da Lei n. 13.300/2016;

c) no mérito, a procedência da presente demanda, com o reconhecimento da omissão e do estado de mora legislativa, a fim de que seja concedida a ordem de injunção coletiva para: (i) ser determinado prazo razoável para que seja promovida a edição da norma regulamentadora; (ii) seja suprida a omissão normativa garantindo-se os direitos sociais assegurados pela Emenda Constitucional n. XX, necessários para a concretização do princípio da igualdade, previsto no art. 5º, "caput", da CRFB/88;

d) juntada de documentos anexos;

e) condenação dos impetrados ao pagamento de honorários advocatícios, custas e despesas processuais.

IV – DAS PROVAS

O impetrante pretende provar o alegado por todos os meios de prova em Direito admitidos.

V – DO VALOR DA CAUSA

Dá-se à causa o valor de... para efeitos procedimentais.

Termos em que pede deferimento.

Local, ... de... de...

Advogado
OAB – sob n. ...

Acesse o Q*R Code* e veja mais modelos de peças sobre o tema que foram elaborados para você.

> *http://uqr.to/1wkm1*

18. AÇÃO POPULAR

18.1. Apresentação

A ação popular é uma ação constitucional (prevista no art. 5º, LXXIII, da Constituição Federal) de procedimento ordinário com adaptações. No Brasil, surgiu na Constituição de 1934, tendo sido regulamentada pela Lei n. 4.717/65.

A ação popular tem por fundamento axiológico a participação da sociedade civil nos afazeres estatais, direito cuja consagração ganhou contornos mais expansivos com a promulgação da atual Constituição da República. Notadamente, em seu art. 1º, parágrafo único, há a outorga aos membros do corpo social a prerrogativa de atuarem diretamente na tomada de decisões públicas, emprestando, assim, maior legitimidade às ações do Estado (*Informativo* n. 820/2024 do STJ).

18.2. Finalidade

É proposta por qualquer cidadão visando à anulação ou à declaração de nulidade de atos lesivos ao patrimônio da União, do Distrito Federal, dos estados, dos municípios, de entidades autárquicas, de sociedades de economia mista, de sociedades mútuas de seguro, nas quais a União represente os segurados ausentes, de empresas públicas, de serviços sociais autônomos, de instituições ou fundações para cuja criação ou custeio o tesouro público haja concorrido ou concorra com mais de 50% do patrimônio ou da receita ânua, de empresas incorporadas ao patrimônio da União, do Distrito Federal, dos estados e dos municípios, e de quaisquer pessoas jurídicas ou entidades subvencionadas pelos cofres públicos.

18.3. Características e requisitos

Instrumento processual de participação política do cidadão, destinado à defesa do patrimônio público, patrimônio de que o Estado participe, moralidade administrativa, meio ambiente e patrimônio histórico e cultural.

É uma garantia coletiva (o ajuizamento de ação popular, fundamentado no exercício da soberania do povo, deve ter por escopo imediato a defesa de interesses coletivos – *Informativo* n. 820/2024 do STJ).

Aplicam-se à ação popular as regras do CPC, naquilo em que não contrariem os dispositivos da Lei n. 4.717/65, nem a natureza específica da ação.

O pedido imediato na ação popular tem natureza dúplice, ou seja, desconstitutivo-condenatória, pois visa invalidar o ato ilegal e lesivo a qualquer um dos bens ou valores enumerados no inciso LXXIII do art. 5º da CRFB e a condenação dos responsáveis e dos beneficiários diretos ao ressarcimento ou às perdas e danos correspondentes. Na ação popular, tem-se como imprescindível a comprovação do binômio ilegalidade-lesividade, como pressuposto elementar para a procedência da ação popular e de consequente condenação dos requeridos a ressarcimento ao erário em face dos prejuízos comprovadamente atestados ou nas perdas e danos correspondentes (arts. 11 e 14 da Lei n. 4.717/65) – *Informativo* n. 557/2015.

São requisitos da ação popular: a) ser cidadão; b) ilegalidade ou imoralidade; c) lesão ou ameaça de lesão ao patrimônio público.

18.4. Objeto e espécies

Patrimônio público ou de entidade de que o Estado participe, a moralidade administrativa, o meio ambiente e o patrimônio histórico e cultural.

A Lei n. 4.717/65, em seu art. 1º, § 1º, define o patrimônio público como bens e direitos de valor econômico, artístico, estético, histórico ou turístico.

A ação popular é instrumento hábil na defesa da moralidade administrativa, ainda que não exista dano econômico material ao patrimônio público.

A ação popular pode ser preventiva, quando visa evitar danos, e repressiva, quando visa reparar os danos causados ao patrimônio público.

18.5. Competência

É definida conforme a origem do ato impugnado. Para fins de competência, equiparam-se atos da União, do Distrito Federal, do estado ou dos municípios, os atos das pessoas criadas ou mantidas por essas pessoas jurídicas de direito público, bem como os atos das sociedades de que elas sejam acionistas e os das pessoas ou entidades por elas subvencionadas ou em relação às quais tenham interesse patrimonial.

Quando o pleito interessar simultaneamente à União e a qualquer outra pessoa ou entidade, será competente o juiz das causas da União, se houver; quando interessar simultaneamente ao estado e ao município, será competente o juiz das causas do Estado, se houver.

A propositura da ação prevenirá a jurisdição do juízo para todas as ações que forem posteriormente intentadas contra as mesmas partes e sob os mesmos fundamentos.

Cabe ressaltar que, de acordo com o *Informativo* n. 433 do STF, é competência originária do STF para processar e julgar a ação popular nos seguintes casos:

a) as causas e os conflitos entre a União e os Estados, a União e o Distrito Federal, ou entre uns e outros, inclusive as respectivas entidades da Administração indireta (art. 102, I, *f*, da CRFB);

b) a ação em que todos os membros da magistratura sejam direta ou indiretamente interessados, e aquela em que mais da metade dos membros do tribunal de origem estejam impedidos ou sejam direta ou indiretamente interessados (art. 102, I, *n*, da CRFB).

Em face da magnitude econômica, social e ambiental do caso concreto, é possível a fixação do juízo do local do fato para o julgamento de ação popular que concorre com diversas outras ações individuais, populares e civis públicas decorrentes do mesmo dano ambiental, nos termos do *Informativo* n. 662/2020 do STJ.

18.6. Legitimidade das partes

a) **Ativa**: ser cidadão. No conceito de cidadão há divergência doutrinária: a) majoritária: é o que tem Título de Eleitor está em dia com as obrigações eleitorais e não está em situação de privação dos direitos políticos; b) minoritária: é qualquer pessoa.

A condição de eleitor é, tão somente, meio de prova da cidadania, essa sim relevante para a definição da legitimidade, mostrando-se desinfluente para tal desiderato o domicílio eleitoral do autor da ação, que condiz mesmo com a necessidade de organização e fiscalização eleitorais (*Informativo n.* 476/2011). Súmula 365 do STF: "Pessoa jurídica não tem legitimidade para propor ação popular".

b) **Passiva**: será proposta contra as pessoas públicas ou privadas, contra as autoridades, funcionários ou administradores que houverem autorizado, aprovado, ratificado ou praticado o ato impugnado, ou que, por omissas, tiverem dado oportunidade à lesão, seus beneficiários diretos e os responsáveis pela avaliação inexata.

A pessoa jurídica de direito público ou de direito privado, cujo ato seja objeto de impugnação, poderá abster-se de contestar o pedido, ou poderá atuar ao lado do autor, desde que isso se afigure útil ao interesse público, a juízo do respectivo representante legal ou dirigente.

18.7. Ministério Público

É parte pública autônoma, ou seja, acompanhará a ação, cabendo-lhe apressar a produção da prova e promover a responsabilidade, civil ou criminal, dos que nela incidirem, sendo-lhe vedado, em qualquer hipótese, assumir a defesa do ato impugnado ou dos seus autores.

18.8. Cabimento

a) **Liminar**: na defesa do patrimônio público, caberá a suspensão liminar do ato lesivo impugnado.

b) **Litisconsórcio**: é facultado a qualquer cidadão habilitar-se como litisconsorte ou assistente do autor da ação popular.

c) **Desistência do autor popular**: se o autor desistir da ação ou der motivo à absolvição da instância, serão publicados editais, ficando assegurado a qualquer cidadão, bem como ao representante do Ministério Público, dentro do prazo de 90 dias da última publicação feita, promover o prosseguimento da ação.

d) **Reexame necessário**: a sentença que concluir pela carência ou pela improcedência da ação está sujeita ao duplo grau de jurisdição, não produzindo efeito senão depois de confirmada pelo tribunal. Não se admite o cabimento da remessa necessária, tal como prevista no art. 19 da Lei n. 4.717/65, nas ações coletivas que versem sobre direitos individuais homogêneos – *Informativo* n. 612/2017 do STJ. A sentença que concluir pela carência ou pela improcedência de ação de improbidade administrativa não está sujeita ao reexame necessário previsto no art. 19 da Lei de Ação Popular (Lei n. 4.717/65), porque essa espécie de ação segue um rito próprio e tem objeto específico, disciplinado na Lei n. 8.429/92 (*Informativo* n. 546/2014 do STJ).

e) **Recursos**: embora o art. 19 da lei da ação popular preveja apelação e agravo de instrumento, a orientação que prevalece é de quem cabem os recursos do CPC, desde que preenchidos os requisitos de cabimento do recurso. Das sentenças e decisões proferidas contra o autor da ação e suscetíveis de recurso, poderá recorrer qualquer cidadão e também o Ministério Público.

f) **Prazo**: o prazo de 5 (cinco) anos para o ajuizamento da ação popular não se aplica às ações coletivas de consumo (*Informativo* n. 648/2019).

g) **Gratuidade**: a ação popular está isenta de custas judiciais e do ônus da sucumbência, salvo se comprovada má-fé.

h) **Coisa julgada**: a sentença terá eficácia de coisa julgada oponível *erga omnes*, exceto no caso de haver sido a ação julgada improcedente por deficiência de prova; neste caso, qualquer cidadão poderá intentar outra ação com idêntico fundamento, valendo-se de nova prova.

i) **Estrangeiro**: não pode entrar com ação popular, pois é inalistável, salvo português equiparado (originário de Portugal que tem residência permanente no Brasil, o qual pode exercer os mesmos direitos de brasileiro naturalizado, sem precisar se naturalizar, desde que haja reciprocidade em Portugal).

18.9. Rito

A ação obedecerá ao procedimento ordinário com regras específicas: além da citação dos réus, a intimação do representante do Ministério Público.

O prazo de contestação é de 20 dias, prorrogáveis por mais 20, a requerimento do interessado, se particularmente difícil a produção de prova documental, e será comum a todos os interessados, correndo da entrega em cartório do mandado cumprido, ou, quando for o caso, do decurso do prazo assinado em edital.

Caso não requerida, até o despacho saneador, a produção de prova testemunhal ou pericial, o juiz ordenará vista às partes por 10 dias, para alegações, sendo-lhe os autos conclusos, para sentença, 48 horas após a expiração desse prazo; havendo requerimento de prova, o processo tomará o rito ordinário.

A sentença, quando não prolatada em audiência de instrução e julgamento, deverá ser proferida dentro de 15 dias do recebimento dos autos pelo juiz. A sentença que, julgando procedente a ação popular, decretar a invalidade do ato impugnado, condenará ao pagamento de perdas e danos os responsáveis pela sua prática e os beneficiários dele, ressalvada a ação regressiva contra os funcionários causadores de dano, quando incorrerem em culpa.

Caso decorridos 60 dias da publicação da sentença condenatória de segunda instância, sem que o autor ou terceiro promova a respectiva execução, o representante do Ministério Público a promoverá nos 30 dias seguintes, sob pena de falta grave.

A sentença terá eficácia de coisa julgada oponível *erga omnes*, exceto no caso de haver sido a ação julgada improcedente por deficiência de prova; neste caso, qualquer cidadão poderá intentar outra ação com idêntico fundamento, valendo-se de nova prova.

18.10. Dicas da peça prática

ENDEREÇAMENTO

Juiz federal ou estadual, conforme a origem do ato lesado.

Cabe ressaltar que, de acordo com o *Informativo* n. 433 do STF, é competência originária do STF para processar e julgar a ação popular nos seguintes casos:

a) as causas e os conflitos entre a União e os Estados, a União e o Distrito Federal, ou entre uns e outros, inclusive as respectivas entidades da Administração indireta (art. 102, I, *f*, da CRFB);

b) a ação em que todos os membros da magistratura sejam direta ou indiretamente interessados, e aquela em que mais da metade dos membros do tribunal de origem estejam impedidos ou sejam direta ou indiretamente interessados (art. 102, I, *n*, da CRFB).

Órgão do Judiciário	Forma de endereçamento
Se for juiz estadual	Excelentíssimo Senhor Doutor Juiz de Direito da... Vara... do Foro... da Comarca de...
Se for juiz federal	Excelentíssimo Senhor Doutor Juiz Federal da... Vara... da Seção Judiciária de...
Se for STF	Excelentíssimo Senhor Doutor Ministro Presidente do Colendo Supremo Tribunal Federal

PREÂMBULO

É o parágrafo introdutório da peça prática da ação popular. Deve ser feito conforme modelo abaixo:

(NOME DO AUTOR), nacionalidade, estado civil, profissão, portador da cédula de identidade n. ..., inscrito no CPF/MF sob n. ..., residente e domiciliado na... (ENDEREÇO), cidadão inscrito na Justiça Eleitoral com o Título de Eleitor n. ..., vem respeitosamente à presença de Vossa Excelência, por meio do seu advogado, com escritório profissional na... (ENDEREÇO), com fundamento no art. 5º, LXXIII, da Constituição Federal c/c o artigo... da Lei n. 4.717/65, e aplicação subsidiária do CPC, propor AÇÃO POPULAR COM OU SEM PEDIDO DE LIMINAR em face de... (mencionar a pessoa jurídica, os responsáveis e os beneficiários do ato lesivo), qualificação de cada um, pelos fundamentos de fato e de direito a seguir aduzidos:

Em face do modelo, são os seguintes os requisitos do preâmbulo:

a) **nome e qualificação do autor**: (NOME DO AUTOR), nacionalidade, estado civil, profissão, portador da cédula de identidade n. ..., inscrito no CPF/MF sob n. ..., residente e domiciliado na... (ENDEREÇO);

b) **Mencionar a qualidade de cidadão do autor**: cidadão inscrito na Justiça Eleitoral com o Título de Eleitor n. ...;

c) **capacidade postulatória**: por meio do seu advogado (documento anexo), com escritório profissional na... (ENDEREÇO);

d) **fundamento legal da peça**: art. 5º, LXXIII, da Constituição Federal c/c o artigo... da Lei n. 4.717/65, com aplicação subsidiária do CPC;

e) **nome da peça**: AÇÃO POPULAR COM OU SEM PEDIDO DE LIMINAR;

f) **nome e qualificação do réu: se for pessoa física**: (NOME DO AUTOR), nacionalidade, estado civil, profissão, portador da cédula de identidade n. ..., inscrito no CPF/MF sob n. ..., residente e domiciliado na... (ENDEREÇO); **se for pessoa jurídica**: (NOME DA PESSOA JURÍDICA) com sede funcional localizada na... (ENDEREÇO). Se for pessoa jurídica de direito privado, acrescentar o CNPJ e afirmar que é nesse ato representado por seu (diretor, sócio...), conforme contrato social anexo, (qualificação completa do representante da pessoa jurídica);

g) **frase final**: "pelos fundamentos de fato e de direito a seguir aduzidos:".

DOS FATOS

O candidato deve realizar a leitura do enunciado e fazer um texto narrativo, sem inventar dados.

DA LIMINAR

O candidato deve afirmar a previsão normativa da liminar, além de demonstrar os requisitos do *fumus boni iuris e periculum in mora*, conforme modelo abaixo:

I – DA LIMINAR

A liminar em ação popular prevista no art. 7º da Lei n. 4.717/65 deve ser admitida, em razão da presença dos requisitos, a seguir demonstrados:

a) "fumus boni iuris" – está evidenciado pela existência de disposição legal e princípios constitucionais que (MENCIONAR A TESE);

b) "periculum in mora" – por sua vez, está caracterizado, pois, caso não seja decretada liminar em favor do impetrante, de forma urgente e imediata, ocorrerá lesão grave e de difícil reparação, consistente (ESPECIFICAR).

Dessa forma, presentes os requisitos do "fumus boni iuris" e "periculum in mora", como restou comprovado acima, a liminar deve ser concedida, como direito subjetivo do impetrante, para boa aplicação da lei e respeito aos valores supremos da sociedade.

DO DIREITO

I – DA JUSTIFICATIVA DA COMPETÊNCIA

De acordo com o art. 5º da Lei n. 4.717/65 ("Conforme a origem do ato impugnado, é competente para conhecer da ação, processá-la e julgá-la o juiz que, de acordo com a organização judiciária de cada Estado, o for para as causas que interessem à União, ao Distrito Federal, ao Estado ou ao Município"), a competência é definida pela origem do ato lesivo.

No caso, a origem do ato lesivo é..., o que justifica que a presente ação seja ajuizada perante a Justiça..., nos termos do... (indicar fundamento legal).

II – DA JUSTIFICATIVA DA LEGITIMIDADE DAS PARTES

DA LEGITIMIDADE ATIVA

De acordo com a Constituição Federal e o art. 1º, § 3º, da Lei n. 4.717/65 ("a prova da cidadania, para ingressar em juízo, será feita com o título eleitoral, ou com documento que a ele corresponda"), o legitimado ativo para propor ação popular é o cidadão, ou seja, nacional que esteja no pleno gozo dos direitos políticos.

No caso em tela, o(a) autor(a) da presente ação preenche o requisito subjetivo de ser cidadão, pois possui o Título de Eleitor (documento anexo), está em dia com as suas obrigações eleitorais (documento anexo) e não está numa situação de privação dos seus direitos políticos (documento anexo).

DA LEGITIMIDADE PASSIVA

De acordo com a Constituição Federal e o art. 6º da Lei n. 4.717/65, os legitimados passivos são as pessoas que dão causa ao dano, abrangendo a pessoa jurídica em nome de quem foi praticado o ato lesivo, os funcionários ou administradores que autorizaram, aprovaram, ratificaram ou praticaram os atos ilegais e lesivos, e os beneficiários do ato impugnado.

No caso em tela, ... (indicação dos réus demonstrando a participação e/ou responsabilidade de cada um).

III – DO MÉRITO

No caso em tela, ocorreu... (mencionar o ato ilegal e/ou imoral e lesivo ao patrimônio público), nos termos do artigo... (indicar o fundamento legal nos arts. 3º e 4º da Lei n. 4.717/65).

Mencionar que o referido ato ofendeu... (patrimônio público ou de entidade de que o Estado participe, moralidade administrativa, meio ambiente, patrimônio histórico ou patrimônio cultural).

Demonstrar por que o ato é contrário ao Direito. Mencionar a infração das normas específicas que regem sua prática ou o desvio dos princípios gerais que norteiam a Administração Pública.

Mencionar que o ato é lesivo ao patrimônio público e por quê.

Concluir afirmando que diante da ocorrência do ato ilegal/imoral e lesivo, deve ocorrer sua invalidação e consequente condenação pelos prejuízos causados ao patrimônio público.

DO PEDIDO

Diante do exposto, requer-se:

a) concessão da liminar, nos termos do art. 7º da Lei n. 4717/65, no sentido de _____ (especificar);

b) a citação do réu, para, querendo, contestar a presente ação, no prazo de 20 dias, sob pena de aplicação dos efeitos da revelia, nos termos do art. 7º da Lei n. 4.717/65;

c) intimação do representante do Ministério Público nos termos do art. 7º da Lei n. 4.717/65;

d) seja confirmada a liminar, com a consequente procedência da pretensão para decretar a invalidade do ato lesivo... (o que foi violado);

e) condenação dos responsáveis ao ressarcimento dos danos causados;

f) juntada de documentos anexos;

g) condenação da ré ao pagamento de honorários advocatícios, custas e despesas processuais e demais consectários legais.

DAS PROVAS

O candidato deve construir a seguinte frase: O autor pretende provar o alegado por todos os meios de prova em Direito admitidos, especialmente... (mencionar as que forem indicadas no enunciado). Se acaso houver indicação de prova testemunhal, o candidato não pode esquecer de indicar o rol de testemunhas.

VALOR DA CAUSA

Dá-se à causa o valor de...

ENCERRAMENTO

O candidato deve indicar o final da peça da seguinte forma:

Termos em que pede deferimento.

(2 linhas)

Local, ... de... de...

(2 linhas)

Advogado

OAB – sob n. ...

PRÁTICA CONSTITUCIONAL   141

18.11. Caso aplicado no Exame de Ordem

(37º Exame) O Município Sigma se notabilizou no território nacional em razão da exuberância das paisagens existentes em sua esfera territorial, entre as quais se destacava uma área de preservação ambiental localizada na área central do Município. Essa área foi criada há mais de uma década por força do Decreto n. XX, da lavra do então prefeito municipal, tendo tornado a região tão aprazível que, em poucos anos, foram erguidas construções em todas as demais áreas livres, valorizando-a sobremaneira.

Em razão desse quadro e da crescente especulação imobiliária, João Santos, recém-empossado prefeito do Município Sigma, foi visitado por Pedro Silva, conhecido construtor e principal doador de sua campanha eleitoral, e foi instado a cumprir uma promessa que fizera: João tinha afirmado que, caso fosse eleito, desafetaria a referida área de preservação ambiental e permitiria que Pedro ali construísse um conjunto habitacional e comercializasse as respectivas unidades.

Apesar da desaprovação de sua equipe e da importância atribuída à área de preservação ambiental pela população de Sigma, João achou que o desgaste seria ainda maior se descumprisse a promessa que fizera. Por essa razão, alegando a incidência do princípio da paridade das formas, editou o Decreto n. YY, no qual o art. 1º promoveu a desafetação da área de preservação ambiental, tornando-a bem dominical; o art. 2º transferiu sua propriedade a Pedro em caráter permanente, autorizando a construção do conjunto habitacional no local.

A medida adotada por João deu ensejo a um escândalo sem precedentes no Município Sigma, pois era de conhecimento público que a edição do Decreto n. YY tinha o objetivo de "retribuir" as doações realizadas por Pedro para a campanha de João. Além disso, era muito difundida a opinião de que a desafetação da área não poderia ser realizada por um ato infralegal.

Poucos dias após a publicação do decreto, começou a ser percebida a chegada de caminhões e retroescavadeiras ao centro do Município Sigma, todos de propriedade de Pedro, além do fluxo de trabalhadores vindos de outros municípios, já que os moradores de Sigma se negavam a atender às ofertas de emprego para a derrubada das árvores da área de preservação ambiental.

Estarrecida com o que está prestes a ocorrer, Joana Castro, vereadora no Município Delta que é limítrofe ao Município Sigma, decidiu procurar você, como advogado(a), para o ajuizamento da ação constitucional mais apropriada ao caso, visando a impedir a desafetação, a transferência de propriedade da área e a destruição da vegetação, considerando, ao seu ver, a manifesta nulidade do ato que antecedeu este trágico desfecho, que está a prestes a ocorrer.

A partir da narrativa acima, observados a capacidade política de Joana Castro e os remédios constitucionais do art. 5º da CRFB/88, elabore a petição inicial da medida judicial a ser proposta.

GABARITO

A peça adequada nesta situação é a petição inicial de ação popular.

A petição deve ser endereçada ao Juízo Cível da Comarca X (ou da Comarca Sigma) ou ao Juízo de Fazenda Pública da Comarca X (ou da Comarca Sigma), que abranja a esfera territorial do Município Sigma, já que os dados constantes do enunciado não permitem identificar a organização judiciária do local.

O examinando deve indicar, na qualificação das partes, a autora Joana Castro e, como demandados, João Santos, prefeito do Município Sigma, Pedro Silva e o Município Sigma. A legitimidade ativa de Joana Castro decorre do fato de ser cidadã, conforme dispõe o art. 5º, LXXIII, da CRFB/88 ou o art. 1º, *caput*, da Lei n. 4.717/65, qualidade intrínseca à sua condição de vereadora. A legitimidade passiva de João Santos decorre do fato de ser o responsável pela edição do Decreto n. YY, conforme dispõe o art. 6º, *caput*, da Lei n. 4.717/65; de Pedro Silva, pelo fato de ser beneficiado pelo ato praticado por João, (art. 6º, *caput*, da Lei n. 4.717/65); e a do Municipio Sigma, por se almejar impedir a produção de efeitos do Decreto n. YY (art. 6º, § 3º, da Lei n. 4.717/65).

É possível a declaração de nulidade do Decreto n. YY, via ação popular, por afrontar a legalidade (art. 2º, c, da Lei n. 4.771/65), a moralidade administrativa (art. 5º, LXXIII, da CRFB/88) e ainda ser lesivo ao patrimônio público (art. 5º, LXXIII, da CRFB/88 ou art. 1º, *caput*, da Lei n. 4.717/65). O examinando deve indicar, no mérito, que (i) a alteração/supressão/desafetação da área de preservação ambiental exigiria a edição de lei, nos termos do art. 225, § 1º, III, da CRFB/88; (ii) a doação de área pública a particular, como retribuição por doação eleitoral, afronta a moralidade administrativa, protegida pelo art. 37, *caput*, ou pelo art. 5º, LXXIII, ambos da CRFB/88; (iii) a atribuição de um bem público a uma pessoa em particular, sem motivo idôneo, também afronta a impessoalidade, protegida pelo art. 37, *caput*, da CRFB/88. Em consequência, o Decreto n. YY é nulo, nos termos do art. 2º, c e e, bem como o parágrafo único, c e e, da Lei n. 4.717/65, em razão do desvio de finalidade e de sua manifesta dissonância das normas constitucionais.

O examinando deve requerer a concessão de provimento liminar, para impedir a iminente destruição da vegetação da área de preservação permanente. O *fumus boni iuris* decorre da nítida ofensa aos comandos constitucionais, o que acarreta a nulidade do Decreto n. YY, e o *periculum in mora* da iminência de a vegetação ser destruída.

O examinando deve formular o pedido de declaração de nulidade do Decreto n. YY, impedindo--se, portanto, que produza efeitos.

O examinando deve

– juntar aos autos o título de eleitor de Joana;

– atribuir valor à causa; e

– qualificar-se como advogado.

18.12. **Elaboração da peça processual**

EXCELENTÍSSIMO SENHOR DOUTOR JUIZ DE DIREITO DA... VARA CÍVEL DA COMARCA X

JOANA CASTRO, nacionalidade, estado civil, vereadora, portadora da cédula de identidade n. ..., inscrita no CPF/MF sob n. ..., residente e domiciliada na... (ENDEREÇO), cidadã inscrita na Justiça Eleitoral com o Título de Eleitor n. ..., vem respeitosamente à presença de Vossa Excelência, por meio do seu advogado, com escritório profissional na... (ENDEREÇO), com fundamento no art. 5º, LXXIII, da Constituição Federal c/c o art. 6º da Lei n. 4.717/65, e aplicação subsidiária do CPC, propor AÇÃO POPULAR COM PEDIDO DE LIMINAR em face do prefeito municipal João Santos, com sede funcional (ENDEREÇO), do Município Sigma, com sede funcional (ENDEREÇO), e de Pedro Silva, nacionalidade, estado civil, portador da cédula de identidade n. ..., inscrito no CPF/MF sob n. ..., residente e domiciliado na... (ENDEREÇO), pelos fundamentos de fato e de direito a seguir aduzidos:

PRÁTICA CONSTITUCIONAL

143

I – DOS FATOS

João Santos, prefeito do Município Sigma editou o Decreto n. YY, no qual o art. 1º promoveu a desafetação da área de preservação ambiental localizada na área central do Município, tornando-a bem dominical; o art. 2º transferiu sua propriedade a Pedro em caráter permanente, autorizando a construção do conjunto habitacional no local.

A medida adotada por João tinha o objetivo de "retribuir" as doações realizadas por Pedro para a campanha de João. Além disso, era muito difundida a opinião de que a desafetação da área não poderia ser realizada por um ato infralegal. Poucos dias após a publicação do decreto, começou a ser percebida a chegada de caminhões e retroescavadeiras ao centro do Município Sigma, todos de propriedade de Pedro, além do fluxo de trabalhadores vindos de outros municípios, já que os moradores de Sigma se negavam a atender às ofertas de emprego para a derrubada das árvores da área de preservação ambiental.

Apesar da desaprovação de sua equipe e da importância atribuída à área de preservação ambiental pela população de Sigma, João achou que o desgaste seria ainda maior se descumprisse a promessa que fizera.

II – DA LIMINAR

A liminar em ação popular prevista no art. 7º da Lei n. 4.717/65 deve ser admitida, em razão da presença dos requisitos, a seguir demonstrados:

a) "fumus boni iuris" – decorre da legalidade (art. 2º, "c", da Lei n. 4.771/65) e da moralidade administrativa (art. 5º, LXXIII, da CRFB/88);

b) "periculum in mora" – por sua vez, está caracterizado, pois, caso não seja decretada liminar em favor do autor, de forma urgente e imediata, ocorrerá lesão grave e de difícil reparação, consistente da iminência de serem causados danos irreversíveis ao meio ambiente, considerando a vegetação ser destruída.

Dessa forma, presentes os requisitos do "fumus boni iuris" e "periculum in mora", como restou comprovado acima, a liminar deve ser concedida, como direito subjetivo do impetrante, para boa aplicação da lei e respeito aos valores supremos da sociedade.

III – DO DIREITO

III.1 – DA COMPETÊNCIA

De acordo com o art. 5º da Lei n. 4.717/65 ("Conforme a origem do ato impugnado, é competente para conhecer da ação, processá-la e julgá-la o juiz que, de acordo com a organização judiciária de cada Estado, o for para as causas que interessem à União, ao Distrito Federal, ao Estado ou ao Município"), a competência é definida pela origem do ato lesivo.

No caso, a origem do ato lesivo é estadual, o que justifica que a presente ação seja ajuizada perante a Justiça Estadual, nos termos do art. 5º da Lei n. 4.717/65.

III.2 – DA LEGITIMIDADE ATIVA

De acordo com a Constituição Federal e o art. 1º, § 3º, da Lei n. 4.717/65 ("a prova da cidadania, para ingressar em juízo, será feita com o título eleitoral, ou com documento que a ele corresponda"), o legitimado ativo para propor ação popular é o cidadão, ou seja, nacional que esteja no pleno gozo dos direitos políticos.

No caso em tela, o(a) autor(a) da presente ação preenche o requisito subjetivo de ser cidadão, pois possui o Título de Eleitor (documento anexo), está em dia com as suas obrigações eleitorais (documento anexo) e não está numa situação de privação dos seus direitos políticos (documento anexo).

A legitimidade ativa de Joana Castro decorre do fato de ser cidadã, conforme dispõe o art. 5º, LXXIII, da CRFB/88 ou o art. 1º, "caput", da Lei n. 4.717/65, qualidade intrínseca à sua condição de vereadora.

DA LEGITIMIDADE PASSIVA

De acordo com a Constituição Federal e o art. 6º da Lei n. 4.717/65, os legitimados passivos são as pessoas que dão causa ao dano, abrangendo a pessoa jurídica em nome de quem foi praticado o ato lesivo, os funcionários ou administradores que autorizaram, aprovaram, ratificaram ou praticaram os atos ilegais e lesivos, e os beneficiários do ato impugnado.

No caso em tela, a legitimidade passiva de João Santos decorre do fato de ser o responsável pela edição do Decreto n. YY, conforme dispõe o art. 6º, "caput", da Lei n. 4.717/65; de Pedro Silva, pelo fato de ser beneficiado pelo ato praticado por João (art. 6º, "caput", da Lei n. 4.717/65); e a do Município Sigma, por se almejar impedir a produção de efeitos do Decreto n. YY (art. 6º, § 3º, da Lei n. 4.717/65).

III.3 – DO MÉRITO

No caso em tela, é possível a declaração de nulidade do Decreto n. YY, via ação popular, por afrontar a legalidade (art. 2º, "c", da Lei n. 4.771/65), a moralidade administrativa (art. 5º, LXXIII, da CRFB/88) e ainda ser lesivo ao patrimônio público (art. 5º, LXXIII, da CRFB/88 ou art. 1º, "caput", da Lei n. 4.717/65).

A alteração/supressão/desafetação da área de preservação ambiental exigiria a edição de lei, nos termos do art. 225, § 1º, III, da CRFB/88, não podendo ter sido feito por decreto.

A doação de área pública a particular, como retribuição por doação eleitoral, afronta a moralidade administrativa, protegida pelo art. 37, "caput", ou pelo art. 5º, LXXIII, ambos da CRFB/88.

A atribuição de um bem público a uma pessoa em particular, sem motivo idôneo, também afronta a impessoalidade, protegida pelo art. 37, "caput", da CRFB/88.

Em consequência, o Decreto n. YY é nulo, nos termos do art. 2º, "c" e "e", bem como o parágrafo único, "c" e "e", da Lei n. 4.717/65, em razão do desvio de finalidade e de sua manifesta dissonância das normas constitucionais.

IV – DO PEDIDO

Diante do exposto, requer-se:

a) concessão da liminar, nos termos do art. 7º da Lei n. 4.717/65, para impedir a iminente destruição da vegetação da área de preservação permanente;

b) a citação do réu, para, querendo, contestar a presente ação, no prazo de 20 dias, sob pena de aplicação dos efeitos da revelia, nos termos do art. 7º da Lei n. 4.717/65;

c) intimação do representante do Ministério Público nos termos do art. 7º da Lei n. 4.717/65;

d) seja confirmada a liminar, com a consequente procedência da pretensão para a declaração de nulidade do Decreto n. YY, impedindo-se, portanto, que produza efeitos;

e) condenação dos responsáveis ao ressarcimento dos danos causados;

f) juntada de documentos anexos;

g) condenação da ré ao pagamento de honorários advocatícios, custas e despesas processuais e demais consectários legais.

V – DAS PROVAS

O autor pretende provar o alegado por todos os meios de prova em Direito admitidos.

VI – DO VALOR DA CAUSA

Dá-se à causa o valor de...

Termos em que pede deferimento.

Local, ... de... de...

Advogado
OAB – sob n. ...

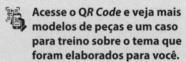

Acesse o QR Code e veja mais modelos de peças e um caso para treino sobre o tema que foram elaborados para você.

> http://uqr.to/1wkm2

19. MANDADO DE SEGURANÇA

19.1. Apresentação

O mandado de segurança está previsto no art. 5º, LXIX, da Constituição Federal, e regulamentado pela Lei n. 12.016, que entrou em vigor no dia 10 de agosto de 2009. No Brasil, o mandado de segurança é remédio constitucional criado com a Constituição de 1934, que visa proteger direito líquido e certo, não amparado por *habeas corpus* ou *habeas data*, quando o responsável pela ilegalidade ou abuso de poder for autoridade pública ou agente de pessoa jurídica no exercício de atribuições do Poder Público.

O mandado de segurança visa reparar, afastar ou corrigir ilegalidade (desconformidade com a lei) ou abuso de poder (revela-se pela omissão, desvio de poder – ato com finalidade diversa da prevista em lei; ou pelo excesso de poder – prática do ato além dos limites permitidos), praticado por autoridade ou agentes no exercício de função pública ao direito líquido e certo.

19.2. Características e requisitos

O mandado de segurança é uma ação constitucional de natureza civil, de caráter sumaríssimo e decisão exequível; possui caráter subsidiário, pois protege direito líquido e certo não amparado por *habeas corpus* e *habeas data*; ademais é instrumento de liberdade civil e política, pois é usado para que os indivíduos se defendam de atos ilegais ou praticados com abuso de poder.

A impetração do mandado de segurança depende do preenchimento dos seguintes requisitos: a) direito líquido e certo: comprovado de plano; b) ilegalidade ou abuso de poder; c) lesão ou ameaça de lesão; d) ato comissivo ou omissivo de autoridade pública ou agente no exercício de função pública.

O prazo para impetração do mandado de segurança repressivo é de 120 dias, a partir da ciência do ato impugnado. Pela Súmula 632 do STF é constitucional lei que fixa o prazo de decadência para a impetração do mandado de segurança. Cabe ressalvar que no mandado de segurança preventivo não há falar em prazo decadencial do direito de impetração do remédio.

No mandado de segurança, não há exame aprofundado de provas. Qualquer incerteza sobre os fatos decreta o descabimento da reparação da lesão por meio do mandado, devendo a parte pleitear seus direitos por meio de ação que comporte dilação probatória.

Os processos de mandado de segurança e os respectivos recursos terão prioridade sobre todos os atos judiciais, salvo *habeas corpus*.

19.3. Objeto e espécies

É direito não amparado por *habeas corpus* nem por *habeas data*. São espécies:

a) **preventivo**: serve para afastar ameaça ou justo receio de lesão a direito;

b) **repressivo**: serve para afastar constrangimento ou ato lesivo a direito.

19.4. Legitimidade de partes

a) **Ativa**: o legitimado a impetrar o mandado de segurança é o titular do direito individual ou coletivo líquido e certo, podendo ser pessoa física ou jurídica ou formal. É possível, também, impetrar mandado de segurança: 1) o Ministério Público, nos termos do art. 32 da Lei Orgânica n. 8.625/93, participa no mandado de segurança ora como parte, ora como fiscal da lei. O juiz ouvirá o representante do Ministério Público, que opinará, dentro do prazo improrrogável de 10 dias; 2) órgão com capacidade processual; 3) universalidade reconhecida por lei. É necessário capacidade postulatória. Quando o direito ameaçado ou violado couber a várias pessoas, qualquer delas poderá requerer o mandado de segurança.

b) **Passiva**: autoridade pública ou agente de pessoa jurídica no exercício de atribuições do Poder Público. Autoridade pública é pessoa física que desempenha função pública na qualidade de agente político ou administrativo. Será a superior que pratica ou ordena de forma concreta e específica a execução ou inexecução do ato impugnado. Não a que expediu normas ou recomendações gerais, nem o executor material da ordem. Considera-se autoridade coatora aquela que tenha praticado o ato impugnado ou da qual emane a ordem para a sua prática. O titular de direito líquido e certo decorrente de direito, em condições idênticas, de terceiro, poderá impetrar mandado de segurança a favor do direito originário, se o seu titular não o fizer, no prazo de 30 dias, quando notificado judicialmente.

i) **Ato complexo**: no caso de ato complexo, há dois posicionamentos: (a) autoridade inferior; (b) última autoridade que, com sua vontade, integrou o ato complexo.

ii) **Ato colegiado**: no caso de ato colegiado é o presidente do órgão. No caso de ato composto é a autoridade superior.

iii) **Equiparação**: equiparam-se às autoridades coatoras os representantes ou órgãos de partidos políticos e os administradores de entidades autárquicas, bem como os dirigentes de pessoas jurídicas ou as pessoas naturais no exercício de atribuições do Poder Público, somente no que disser respeito a essas atribuições.

iv) **Atos de gestão comercial**: não cabe mandado de segurança contra os atos de gestão comercial praticados pelos administradores de empresas públicas, de sociedade de economia mista e de concessionárias de serviço público.

PRÁTICA CONSTITUCIONAL

149

19.5. Cabimento no mandado de segurança

a) **Condenação em honorários advocatícios**: não cabe, nos termos da Súmula 512 do STF e 105 do STJ.

b) **Contra ato judicial**: é possível, desde que não haja recurso específico ou, havendo recurso, não tenha efeito suspensivo.

c) **Contra decisão judicial transitada em julgado**: não cabe diante do trânsito em julgado.

d) **Contra ato disciplinar**: é possível quando a autoridade for incompetente ou não houver observância das formalidades previstas em lei.

e) **Contra lei em tese**: não cabe, pois norma geral e abstrata não gera lesão a direitos subjetivos.

f) **Contra lei de efeitos concretos**: cabe, pois há providências concretas de execução de ato.

g) **Litisconsórcio**: é permitido o litisconsórcio no mandado de segurança, nos termos do CPC. Cabe ressaltar que o ingresso de litisconsorte ativo não será admitido após o despacho da petição inicial.

h) **Liminar**: é cabível sempre que houver relevância do fundamento do pedido e quando a demora puder acarretar dano irreparável para o impetrante, nos termos do art. 7º da Lei n. 12.016/2009. Da decisão do juiz de primeiro grau, que conceder ou denegar a liminar, caberá agravo de instrumento.

i) **Cabimento em matéria criminal**: algumas situações que admitem mandado de segurança (não é rol taxativo): vista de inquérito por advogado; acompanhar cliente na fase de inquérito; entrevista reservada do advogado com o cliente; obtenção de certidões; direito de juntada de documentos; obter efeito suspensivo de recurso; não admissibilidade do assistente de acusação; apreensão de objetos sem relação com o crime; processar correição parcial denegada; restituição de coisa apreendida por terceiro de boa-fé; acompanhar perícia; para oferecer quesitos em prova pericial; contra medida de sequestro; recusa de expedição de certidão negativa de antecedentes.

j) **Desistência**: admite desistência a qualquer tempo, sem depender do consentimento do impetrado.

k) **Recurso**: da sentença, denegando ou concedendo o mandado, cabe apelação. Concedida a segurança, a sentença estará sujeita obrigatoriamente ao duplo grau de jurisdição. Estende-se à autoridade coatora o direito de recorrer; das decisões em mandado de segurança proferidas em única instância pelos tribunais cabe recurso especial e extraordinário, nos casos legalmente previstos, e recurso ordinário, quando a ordem for denegada.

l) **Pagamento de vencimentos e vantagens pecuniárias**: assegurados em sentença concessiva de mandado de segurança a servidor público da Administração direta ou autárquica federal, estadual e municipal somente será efetuado relativamente às prestações que se vencerem a contar da data do ajuizamento da inicial.

m) **Suspensão de liminares**: quando, a requerimento de pessoa jurídica de direito público interessada ou do Ministério Público e para evitar grave lesão à ordem, à saúde, à segurança e à economia públicas, o presidente do tribunal ao qual couber o conhecimento do respectivo recurso suspender, em decisão fundamentada, a execução da liminar e da sentença, dessa decisão caberá agravo, sem efeito suspensivo.

n) **Teoria da encampação**: é aplicada no mandado de segurança quando presentes, cumulativamente, os seguintes requisitos: a) existência de vínculo hierárquico entre a autoridade que prestou informações e a que ordenou a prática do ato impugnado; b) manifestação a respeito do mérito nas informações prestadas; e c) ausência de modificação de competência estabelecida na Constituição Federal (Súmula 628 do STJ).

19.6. Competência

A competência é determinada pela categoria da autoridade coatora e sua sede funcional.

19.7. Processamento

a) Primeira instância:

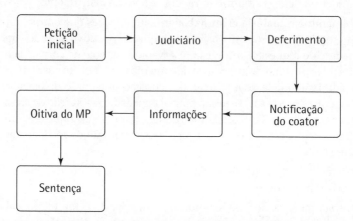

b) **Segunda instância**: na instância superior, deverão ser levados a julgamento na primeira sessão que se seguir à data em que forem conclusos ao relator. O prazo para a conclusão dos autos não poderá exceder a cinco dias. Nos casos de competência originária dos tribunais, caberá ao relator a instrução do processo, sendo assegurada a defesa oral na sessão do julgamento. Da decisão do relator que conceder ou denegar a medida liminar caberá agravo ao órgão competente do tribunal que integre. Nas decisões proferidas em mandado de segurança e nos respectivos recursos, quando não publicado, no prazo de 30 dias, contado da data do julgamento, o acórdão será substituído pelas respectivas notas taquigráficas, independentemente de revisão.

19.8. Dicas da peça prática

Na petição inicial do mandado de segurança, é necessário indicar, além da autoridade coatora, a pessoa jurídica que esta integra, à qual se acha vinculada ou na qual exerce atribuições, nos termos do art. 6º, *caput*, da Lei n. 12.016/2009.

No caso em que o documento necessário à prova do alegado se ache em repartição ou estabelecimento público ou em poder de autoridade que se recuse a fornecê-lo por certidão ou de terceiro, o juiz ordenará, preliminarmente, por ofício, a exibição desse documento em original ou em cópia autêntica e marcará, para o cumprimento da ordem, o prazo de 10 dias.

ENDEREÇAMENTO

Em primeiro lugar, o candidato deve verificar se é caso de competência originária (impetração direta em tribunal). Se não for caso de competência originária, o mandado de segurança será julgado por um juiz. Neste caso, verificar em primeiro lugar se é caso de juiz especial (trabalhista ou eleitoral). Se não for caso de juiz especial, verificar se o caso é enquadrado no art. 109 da CRFB (contra ato de autoridade federal, excetuados os casos de competência dos tribunais federais), caso em que será endereçado ao juiz federal. Verificado que não é caso de juiz federal, o mandado de segurança será julgado por juiz estadual.

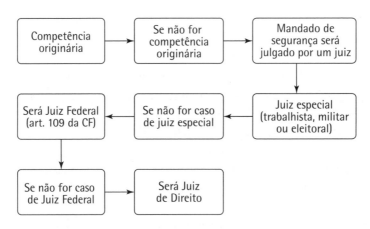

Órgão do Judiciário	Competência	Fundamento
Supremo Tribunal Federal	Atos do presidente da República, das Mesas da Câmara dos Deputados e do Senado Federal, do Tribunal de Contas da União, do procurador-geral da República e do próprio Supremo Tribunal Federal, Conselho Nacional de Justiça e Conselho Nacional do MP	Excelentíssimo Senhor Doutor Ministro Presidente do Colendo Supremo Tribunal Federal
Superior Tribunal de Justiça	Atos de ministro de Estado, dos comandantes da Marinha, do Exército e da Aeronáutica ou do próprio Tribunal	Excelentíssimo Senhor Doutor Ministro Presidente do Colendo Superior Tribunal de Justiça

Órgão do Judiciário	Competência	Fundamento
Tribunais Regionais Federais	Atos do próprio Tribunal ou de juiz federal	Excelentíssimo Senhor Doutor Desembargador Federal Presidente do Egrégio Tribunal Regional Federal da... Região
Tribunal de Justiça	Definição na Constituição de cada Estado	Excelentíssimo Senhor Doutor Desembargador Presidente do Egrégio Tribunal de Justiça do Estado de...

Juiz	Forma de endereçamento
Se for juiz estadual	Excelentíssimo Senhor Doutor Juiz de Direito da... Vara... do Foro... da Comarca de...
Se for juiz federal	Excelentíssimo Senhor Doutor Juiz Federal da... Vara... da Seção Judiciária de...

PREÂMBULO

É o parágrafo introdutório da peça prática do mandado de segurança. Deve ser feito conforme modelo abaixo:

(NOME DO AUTOR), nacionalidade, estado civil, profissão, portador da cédula de identidade n. ..., inscrito no CPF/MF sob n. ..., residente e domiciliado na... (ENDEREÇO), vem respeitosamente à presença de Vossa Excelência, por meio do seu advogado (documento anexo), com escritório profissional na... (ENDEREÇO), com fundamento no art. 5º, LXIX (se for mandado de segurança coletivo, LXX), da Constituição Federal c/c a Lei n. 12.016/2009 e aplicação subsidiária do CPC, propor MANDADO DE SEGURANÇA contra ato praticado por..., autoridade coatora, com endereço na..., pelos fundamentos de fato e de direito a seguir aduzidos:

Em face do modelo, são os seguintes os requisitos do preâmbulo:

a) **nome e qualificação do autor**: (NOME DO AUTOR), nacionalidade, estado civil, profissão, portador da cédula de identidade n. ..., inscrito no CPF/MF sob n. ..., residente e domiciliado na... (ENDEREÇO);

Pessoa Jurídica: NOME COMPLETO DA EMPRESA, pessoa jurídica de direito privado, Inscrição Estadual n. ..., CNPJ n. ..., com sede à rua..., n. ... – Bairro – Cidade/RN, neste ato representada pelo(a) Sr.(a)... portador(a) do CPF n. ..., RG n. ...;

b) **capacidade postulatória**: por meio do seu advogado (documento anexo), com escritório profissional na... (ENDEREÇO);

c) **fundamento legal da peça**: com fundamento no art. 5º, LXIX (se for mandado de segurança coletivo LXX), da Constituição Federal c/c a Lei n. 12.016/2009 e aplicação subsidiária do CPC;

d) **nome da peça**: MANDADO DE SEGURANÇA (COM PEDIDO DE LIMINAR, se for o caso);

e) **nome e qualificação do réu**: contra ato praticado por..., autoridade coatora, com endereço na... (ENDEREÇO);

f) **frase final**: "pelos fundamentos de fato e de direito a seguir aduzidos:".

DOS FATOS

O candidato deve realizar a leitura do enunciado e fazer um texto narrativo, sem inventar dados.

DA LIMINAR

A liminar prevista no art. 7º da Lei n. 12.016/2009 deve ser concedida, já que presentes os seus requisitos, a seguir demonstrados:

a) *fumus boni iuris* – está evidenciado pela existência de disposição legal e princípios constitucionais que... (mencionar a tese);

b) *periculum in mora* – por sua vez, está caracterizado, pois, caso não seja... (o que se pede em favor do impetrante), de forma urgente e imediata, ocorrerá lesão grave e de difícil reparação, consistente... (explicitar o dano que irá acontecer se não for obtida a liminar).

Dessa forma, presentes os requisitos do *fumus boni iuris* e *periculum in mora*, como restou comprovado anteriormente, a liminar deve ser concedida, como direito subjetivo do impetrante, para boa aplicação da lei e respeito aos valores supremos da sociedade.

DO DIREITO

É dividido em quatro partes: prazo, competência, legitimidade das partes e mérito.

a) **Prazo**: o candidato deve justificar que o mandado de segurança foi impetrado no prazo decadencial de 120 dias, nos termos do art. 23 da Lei n. 12.016/2009.

Do prazo

O impetrante foi cientificado do ato impugnado no dia _____, momento em que ocorreu a efetiva lesão ao direito líquido e certo do impetrante. E no dia___, após 120 dias, o termo final. Dessa forma, o prazo de propositura do mandado de segurança foi observado, já que foi impetrado dentro do prazo decadencial de 120 dias, nos termos do art. 23 da Lei n. 12.016/2009.

b) **Competência**: o candidato deve justificar endereçamento feito para órgão jurisdicional adequado, conforme modelo abaixo:

Da competência

No mandado de segurança, a competência é definida pela natureza da autoridade coatora. No caso, a autoridade coatora é..., o que justifica que a presente ação seja ajuizada perante a Justiça..., nos termos do... (indicar fundamento legal).

c) **Legitimidade das partes**: o candidato deve demonstrar que as partes que ocupam os polos (ativo e passivo) estão adequadas, conforme modelo abaixo:

Da legitimidade ativa

A legitimidade ativa para a impetração do mandado de segurança está prevista no art. 5º, LXIX, da Constituição da República Federativa do Brasil e no art. 1º da Lei n. 12.016/2009. Da leitura dos referidos artigos, o legitimado ativo para propor o mandado de segurança é qualquer pessoa física ou jurídica, titular do direito líquido e certo.

No caso em tela, o/a autor(a) da presente ação preenche o requisito subjetivo, pois é... impetrante, que visa assegurar o conhecimento de direito líquido e certo, em face de ter havido... (ilegalidade ou abuso de poder) praticado por ato de... (indicar autoridade coatora).

Da legitimidade passiva

De acordo com o art. 5º, LXIX, da Constituição Federal c/c os arts. 1º e 6º, § 3º, da Lei n. 12.016/2009, o legitimado passivo é a autoridade pública ou agente no exercício de função pública que tenha praticado o ato impugnado ou da qual emane a ordem para a sua prática.

No caso em tela, afirma-se que o legitimado passivo é... (identificar o(s) réu(s)), já que... (justificar).

A autoridade coatora está vinculada à _____ (mencionar a pessoa jurídica, nos termos do art. 6º, *caput*, da Lei n. 12.016/2009).

d) **Mérito**: demonstrar os requisitos que ensejam o mandado de segurança, relacionando-os ao caso concreto, conforme modelo abaixo:

Do mérito

No caso em tela, justifica-se o cabimento do presente mandado de segurança, pela presença dos requisitos, senão vejamos:

a) prática de ato omissivo ou comissivo pela autoridade coatora;

b) ilegalidade ou abuso de poder;

c) lesão ou ameaça de lesão;

d) direito líquido e certo.

Dessa forma, presentes os requisitos ensejadores do mandado de segurança, a ordem deve ser concedida no sentido de... (especificar de acordo com o caso concreto).

DO PEDIDO

Diante do exposto, requer-se:

a) que seja concedida a liminar no sentido de... (conforme o caso);

b) que seja notificada a autoridade coatora dos termos da presente ação para que sejam prestadas as informações, no prazo de 10 dias, nos termos do art. 7º da Lei n. 12.016/2009;

PRÁTICA CONSTITUCIONAL

c) que se dê ciência do feito ao órgão de representação judicial da pessoa jurídica interessada, enviando-lhe cópia da inicial sem documentos, para que, querendo, ingresse no feito, nos termos do art. 7º da Lei n. 12.016/2009;

d) a intimação do representante do Ministério Público para que seja ouvido dentro de 10 dias, nos termos do art. 12 da Lei n. 12.016/2009;

e) juntada de documentos anexos;

f) a procedência da pretensão do mandado de segurança, com confirmação da concessão da ordem, atribuindo-se caráter definitivo à tutela liminar, nos termos do art. 5º, LXIX;

g) condenação da ré nas custas e despesas processuais.

VALOR DA CAUSA

Dá-se à causa o valor de...

ENCERRAMENTO

O candidato deve indicar o final da peça da seguinte forma:

Termos em que pede deferimento.

(2 linhas)

Local, ... de... de...

(2 linhas)

Advogado

OAB – sob n. ...

19.9. Caso aplicado no Exame de Ordem

(XXXIV Exame) João, pessoa de muita fé, com estrita observância das regras legais vigentes, construiu um templo para que pudesse realizar as reuniões de oração afetas à religião que professava.

Em razão da seriedade de sua atividade, as reuniões passaram a ser frequentadas por um elevado quantitativo de pessoas, as quais também passaram a organizar, no interior do templo, no intervalo das orações, as denominadas "reuniões de civilidade". Nessas reuniões, eram discutidos temas de interesse geral, especialmente a qualidade dos serviços públicos, daí resultando a criação de um "boletim", editado pelo próprio João, no qual era descrita a situação desses serviços, principalmente a respeito de suas instalações, do nível do atendimento e do tempo de espera.

Na medida em que tanto as reuniões como o boletim passaram a ter grande influência junto à coletividade, ocorreu o aumento exponencial das cobranças sobre as autoridades constituídas. Em razão desse quadro e da grande insatisfação de alguns gestores, o Prefeito Municipal instaurou um processo administrativo para apurar as atividades desenvolvidas no templo. Por fim, decidiu cassar o alvará concedido a João, que deverá paralisar imediatamente todas as atividades, sob pena de aplicação de multa. Ao fundamentar sua decisão, ressaltou que: (i) o alvará de localização somente permitia a realização de atividades religiosas no local; (ii) as reuniões não foram antecedidas de autorização específica; e (iii) o boletim não fora legalizado junto ao Município, sendo, portanto, ilícito.

Ao ser formalmente notificado do inteiro teor da decisão, a ser imediatamente cumprida, João, que estava impedido de exercer suas atividades sob pena de receber uma multa, procurou você, como advogado(a), para ajuizar a ação constitucional cabível.

Elabore a peça processual cabível.

GABARITO

A peça adequada nesta situação é a petição inicial de mandado de segurança.

A petição deve ser endereçada ao Juízo Cível da Comarca X ou ao Juízo de Fazenda Pública da Comarca X, já que os dados constantes do enunciado não permitem identificar a organização judiciária do local, portanto, o X não indica uma localidade específica.

O examinando deve indicar, na qualificação das partes, o impetrante João e, como autoridade coatora, o Prefeito Municipal. A legitimidade ativa de João decorre do fato de ser o titular do direito de cuja proteção postula. A legitimidade passiva do Prefeito Municipal, por sua vez, é justificada pelo fato de ser o responsável pela decisão que afronta o direito de João.

O examinando deve indicar, no mérito, que a decisão proferida afrontou:

(I) o livre exercício dos cultos religiosos, amparado pelo art. 5°, VI, da CRFB/88, pois foi determinado o fechamento do templo;

(II) a liberdade de reunião, nos termos do art. 5°, XVI, da CRFB/88, que independe de qualquer autorização para a sua realização;

(III) a liberdade de expressão, consoante o art. 5°, IX, da CRFB/88, que independe de autorização; e

(IV) a liberdade de publicação de veículo impresso de comunicação, nos termos do art. 220, § 6°, da CRFB/88, que não é condicionada à licença de autoridade.

Essa base normativa justifica a escolha do instrumento processual (MS) previsto no art. 5°, LXIX, da CRFB ou no art. 1°, *caput*, da Lei n. 12.016/2009. Há direito líquido e certo lastreado em prova pré-constituída, o que decorre da notificação formal de João, realizada pelo Prefeito Municipal. O examinando deve sustentar que, além do fundamento relevante do direito de João, ele continuará a ser violado se a liminar não for deferida, tendo em vista que as reuniões foram paralisadas e o boletim não mais poderá ser editado.

A peça deve conter os requerimentos de

(I) concessão da medida liminar, para que João possa continuar a desenvolver as suas atividades e a autoridade coatora se abstenha de aplicar-lhe multa; e, ao final,

(II) procedência do pedido, com confirmação da concessão da ordem, atribuindo-se caráter definitivo à tutela liminar.

O examinando deve, ainda, qualificar-se como advogado e atribuir valor à causa.

19.10. Elaboração da peça processual

EXCELENTÍSSIMO SENHOR DOUTOR JUIZ DA... VARA CÍVEL DA COMARCA X

JOÃO, nacionalidade, estado civil, profissão, portador da cédula de identidade n. ..., inscrito no CPF/MF sob n. ..., residente e domiciliado na... (ENDEREÇO), vem respeitosamente à presença de Vossa Excelência, por meio do seu advogado (documento anexo), com escritório profissional na... (ENDEREÇO), com fundamento no art. 5º, LXIX, da Constituição Federal c/c a Lei n. 12.016/2009 e aplicação subsidiária do CPC, propor MANDADO DE SEGURANÇA COM PEDIDO DE LIMINAR contra ato praticado pelo Prefeito Municipal, com endereço na..., pelos fundamentos de fato e de direito a seguir aduzidos:

I – DOS FATOS

João, ora impetrante, pessoa de muita fé, com estrita observância das regras legais vigentes, construiu um templo para que pudesse realizar as reuniões de oração afetas à religião que professava.

Em razão da seriedade de sua atividade, as reuniões passaram a ser frequentadas por um elevado quantitativo de pessoas, as quais também passaram a organizar, no interior do templo, no intervalo das orações, as denominadas "reuniões de civilidade". Nessas reuniões, eram discutidos temas de interesse geral, especialmente a qualidade dos serviços públicos, daí resultando a criação de um "boletim", editado pelo próprio João, ora impetrante, no qual era descrita a situação desses serviços, principalmente a respeito de suas instalações, do nível do atendimento e do tempo de espera.

À medida que tanto as reuniões como o boletim passaram a ter grande influência junto à coletividade, ocorreu o aumento exponencial das cobranças sobre as autoridades constituídas. Em razão desse quadro e da grande insatisfação de alguns gestores, o Prefeito Municipal, ora autoridade coatora, instaurou um processo administrativo para apurar as atividades desenvolvidas no templo. Por fim, decidiu cassar o alvará concedido a João, ora impetrante, que deverá paralisar imediatamente todas as atividades, sob pena de aplicação de multa. Ao fundamentar sua decisão, ressaltou que: (i) o alvará de localização somente permitia a realização de atividades religiosas no local; (ii) as reuniões não foram antecedidas de autorização específica; e (iii) o boletim não fora legalizado junto ao Município, sendo, portanto, ilícito.

II – DA LIMINAR

A liminar prevista no art. 7º da Lei n. 12.016/2009 deve ser concedida, já que presentes os seus requisitos, a seguir demonstrados:

a) "fumus boni iuris" – está evidenciado pela existência da seguinte base normativa: (I) o livre exercício dos cultos religiosos, amparado pelo art. 5º, VI, da CRFB/88, pois foi determinado o fechamento do templo; (II) a liberdade de reunião, nos termos do art. 5º, XVI, da CRFB/88, que independe de qualquer autorização para a sua realização; (III) a liberdade de expressão, consoante o art. 5º, IX, da CRFB/88, que independe de autorização; e (IV) a liberdade de publicação de veículo impresso de comunicação, nos termos do art. 220, § 6º, da CRFB/88, que não é condicionada à licença de autoridade;

b) "periculum in mora" – por sua vez, está caracterizado, pois, João, ora impetrante, continuará a ser violado se a liminar não for deferida, tendo em vista que as reuniões foram paralisadas e o boletim não mais poderá ser editado.

Dessa forma, presentes os requisitos do "fumus boni iuris" e "periculum in mora", como restou comprovado anteriormente, a liminar deve ser concedida, como direito subjetivo do impetrante, para boa aplicação da lei e respeito aos valores supremos da sociedade.

III – DO DIREITO

a) Do prazo

O prazo de propositura do mandado de segurança foi observado, já que foi impetrado dentro do prazo decadencial de 120 dias, nos termos do art. 23 da Lei n. 12.016/2009.

b) Da competência

No mandado de segurança, a competência é definida pela natureza da autoridade coatora. No caso, a autoridade coatora é o Prefeito Municipal, o que justifica que a presente ação seja ajuizada perante a Justiça Estadual.

c) Da legitimidade ativa

A legitimidade ativa para impetração do mandado de segurança está prevista no art. 5º, LXIX, da Constituição da República Federativa do Brasil e no art. 1º da Lei n. 12.016/2009. Da leitura dos referidos artigos, o legitimado ativo para propor o mandado de segurança é qualquer pessoa física ou jurídica, titular do direito líquido e certo. No caso em tela, João, ora impetrante da presente ação, preenche o requisito subjetivo, pois é o titular do direito de cuja proteção postula direito líquido e certo.

d) Da legitimidade passiva

De acordo com o art. 5º, LXIX, da Constituição Federal c/c os arts. 1º e 6º, § 3º, da Lei n. 12.016/2009, o legitimado passivo é a autoridade pública ou agente no exercício de função pública que tenha praticado o ato impugnado ou da qual emane a ordem para a sua prática. No caso em tela, afirma-se que o legitimado passivo é o Prefeito Municipal, pelo fato de ser o responsável pela decisão que afronta o direito de João.

A autoridade coatora está vinculada ao Município Alfa, nos termos do art. 6º, caput, da Lei n. 12.016/2009.

e) Do mérito

No caso em tela, justifica-se o cabimento do presente mandado de segurança, pela presença dos requisitos, a seguir demonstrados:

1) prática de ato omissivo ou comissivo pela autoridade coatora: cassação do alvará concedido a João, que que teve que paralisar imediatamente todas as atividades, sob pena de aplicação de multa;

2) ilegalidade ou abuso de poder: a decisão proferida pelo Prefeito Municipal afrontou: (I) o livre exercício dos cultos religiosos, amparado pelo art. 5º, VI, da CRFB/88, pois foi determinado o fechamento do templo; (II) a liberdade de reunião, nos termos do art. 5º, XVI, da CRFB/88, que independe de qualquer autorização para a sua realização; (III) a liberdade de expressão, consoante o art. 5º, IX, da CRFB/88, que independe de autorização; e (IV) a liberdade de publicação de veículo impresso de comunicação, nos termos do art. 220, § 6º, da CRFB/88, que não é condicionada à licença de autoridade;

3) lesão ou ameaça de lesão: impedimento do João de continuar a desenvolver as suas atividades sem aplicação da multa;

4) direito líquido e certo: lastreado em prova pré-constituída, o que decorre da notificação formal de João, realizada pelo Prefeito Municipal. Além do fundamento relevante do direito de João, ele continuará a ser violado se a liminar não for deferida, tendo em vista que as reuniões foram paralisadas e o boletim não mais poderá ser editado.

Dessa forma, presentes os requisitos ensejadores do mandado de segurança, a ordem deve ser concedida no sentido de que João possa continuar a desenvolver as suas atividades e a autoridade coatora se abstenha de aplicar-lhe multa.

IV – DO PEDIDO

Diante do exposto, requer-se:

a) que seja concedida a liminar para que João possa continuar a desenvolver as suas atividades e a autoridade coatora se abstenha de aplicar-lhe multa;

b) que seja notificada a autoridade coatora dos termos da presente ação para que sejam prestadas as informações, no prazo de 10 dias, nos termos do art. 7º da Lei n. 12.016/2009;

c) que se dê ciência do feito ao órgão de representação judicial da pessoa jurídica interessada, enviando-lhe cópia da inicial sem documentos, para que, querendo, ingresse no feito, nos termos do art. 7º da Lei n. 12.016/2009;

d) a intimação do representante do Ministério Público para que seja ouvido dentro de 10 dias, nos termos do art. 12 da Lei n. 12.016/2009;

e) juntada de documentos anexos;

f) a procedência da pretensão do mandado de segurança, com confirmação da concessão da ordem, atribuindo-se caráter definitivo à tutela liminar, nos termos do art. 5º, LXIX;

g) condenação da ré nas custas e despesas processuais.

V – DO VALOR DA CAUSA

Dá-se à causa o valor de...

Termos em que pede deferimento.

Local, ... de... de...

Advogado(a)
OAB – sob n. ...

Acesse o *QR Code* e veja mais um modelo de peça e casos para treino sobre o tema que foram elaborados para você.

> http://uqr.to/1wkm3

19.11. Mandado de segurança coletivo

Pode ser impetrado por partido político com representação no Congresso Nacional, na defesa de seus interesses legítimos relativos a seus integrantes ou à finalidade partidária, ou por organização sindical, entidade de classe ou associação legalmente constituída e em funcionamento há, pelo menos, um ano, em defesa de direitos líquidos e certos da totalidade, ou de parte dos seus membros ou associados, na forma dos seus estatutos e desde que pertinentes às suas finalidades, dispensada, para tanto, autorização especial.

Os direitos protegidos pelo mandado de segurança coletivo podem ser: I – coletivos, assim entendidos os transindividuais, de natureza indivisível, de que seja titular grupo ou categoria de pessoas ligadas entre si ou com a parte contrária por uma relação jurídica básica; II – individuais homogêneos, assim entendidos os decorrentes de origem comum e da atividade ou situação específica da totalidade ou de parte dos associados ou membros do impetrante.

A sentença fará coisa julgada limitadamente aos membros do grupo ou categoria substituídos pelo impetrante. O mandado de segurança coletivo não induz litispendência para as ações individuais, mas os efeitos da coisa julgada não beneficiarão o impetrante a título individual se não requerer a desistência de seu mandado de segurança no prazo de 30 dias a contar da ciência comprovada da impetração da segurança coletiva.

A liminar só poderá ser concedida após a audiência do representante judicial da pessoa jurídica de direito público, que deverá se pronunciar no prazo de 72 horas.

19.12. Dicas da peça prática

Na petição inicial do mandado de segurança, é necessário indicar, além da autoridade coatora, a pessoa jurídica que esta integra, à qual se acha vinculada ou na qual exerce atribuições, nos termos do art. 6º, *caput*, da Lei n. 12.016/2009.

No caso em que o documento necessário à prova do alegado se ache em repartição ou estabelecimento público ou em poder de autoridade que se recuse a fornecê-lo por certidão ou de terceiro, o juiz ordenará, preliminarmente, por ofício, a exibição desse documento em original ou em cópia autêntica e marcará, para o cumprimento da ordem, o prazo de 10 dias.

ENDEREÇAMENTO

Em primeiro lugar, o candidato deve verificar se é caso de competência originária (impetração direta em tribunal). Se não for caso de competência originária, o mandado de segurança será julgado por um juiz. Neste caso, verificar em primeiro lugar se é caso de juiz especial (trabalhista ou eleitoral). Se não for caso de juiz especial, verificar se o caso é enquadrado no art. 109 da CRFB (contra ato de autoridade federal, excetuados os casos de competência dos tribunais federais), caso em que será endereçado ao juiz federal. Verificado que não é caso de juiz federal, o mandado de segurança será julgado por juiz estadual.

Órgão do Judiciário	Competência	Fundamento
Supremo Tribunal Federal	Atos do presidente da República, das Mesas da Câmara dos Deputados e do Senado Federal, do Tribunal de Contas da União, do procurador-geral da República e do próprio Supremo Tribunal Federal, Conselho Nacional de Justiça e Conselho Nacional do Ministério Público	Excelentíssimo Senhor Doutor Ministro Presidente do Colendo Supremo Tribunal Federal
Superior Tribunal de Justiça	Atos de ministro de Estado, dos comandantes da Marinha, do Exército e da Aeronáutica ou do próprio Tribunal	Excelentíssimo Senhor Doutor Ministro Presidente do Colendo Superior Tribunal de Justiça
Tribunais Regionais Federais	Atos do próprio Tribunal ou de juiz federal	Excelentíssimo Senhor Doutor Desembargador Federal Presidente do Egrégio Tribunal Regional Federal da... Região
Tribunal de Justiça	Definição na Constituição de cada Estado	Excelentíssimo Senhor Doutor Desembargador Presidente do Egrégio Tribunal de Justiça do Estado de...

Juiz	Forma de endereçamento
Se for juiz estadual	Excelentíssimo Senhor Doutor Juiz de Direito da... Vara... do Foro... da Comarca de...
Se for juiz federal	Excelentíssimo Senhor Doutor Juiz Federal da... Vara... da Seção Judiciária de...

PREÂMBULO

É o parágrafo introdutório da peça prática do mandado de segurança. Deve ser feito conforme modelo abaixo:

(NOME DO AUTOR), nacionalidade, estado civil, profissão, portador da cédula de identidade n. ..., inscrito no CPF/MF sob n. ..., residente e domiciliado na... (ENDEREÇO), vem respeitosamente à presença de Vossa Excelência, por meio do seu advogado (documento anexo), com escritório profissional na... (ENDEREÇO), com fundamento no art. 5º, LXIX (se for mandado de segurança coletivo, LXX), da Constituição Federal c/c a Lei n. 12.016/2009 e aplicação subsidiária do CPC, propor MANDADO DE SEGURANÇA COLETIVO contra ato praticado por..., autoridade coatora, com endereço na..., pelos fundamentos de fato e de direito a seguir aduzidos:

Em face do modelo, são os seguintes os requisitos do preâmbulo:

a) **nome e qualificação do autor**: (NOME DO AUTOR), nacionalidade, estado civil, profissão, portador da cédula de identidade n. ..., inscrito no CPF/MF sob n. ..., residente e domiciliado na... (ENDEREÇO);

Pessoa Jurídica: NOME COMPLETO DA EMPRESA, pessoa jurídica de direito privado, Inscrição Estadual n. ..., CNPJ n. ..., com sede à rua..., n. ... – Bairro – Cidade/RN, neste ato representada pelo(a) Sr.(a)... portador(a) do CPF n. ..., RG n. ...;

b) **capacidade postulatória**: por meio do seu advogado (documento anexo), com escritório profissional na... (ENDEREÇO);

c) **fundamento legal da peça**: com fundamento no art. 5º, LXIX (se for mandado de segurança coletivo LXX), da Constituição Federal c/c a Lei n. 12.016/2009 e aplicação subsidiária do CPC;

d) **nome da peça**: MANDADO DE SEGURANÇA COLETIVO;

e) **nome e qualificação do réu**: contra ato praticado por..., autoridade coatora, com endereço na... (ENDEREÇO);

f) **frase final**: "pelos fundamentos de fato e de direito a seguir aduzidos:".

DOS FATOS

O candidato deve realizar a leitura do enunciado e fazer um texto narrativo, sem inventar dados.

DA LIMINAR

A liminar prevista no art. 7º da Lei n. 12.016/2009 deve ser concedida, já que presentes os seus requisitos, a seguir demonstrados:

a) *fumus boni iuris* – está evidenciado pela existência de disposição legal e princípios constitucionais que... (mencionar a tese);

b) *periculum in mora* – por sua vez, está caracterizado, pois, caso não seja... (o que se pede em favor do impetrante), de forma urgente e imediata, ocorrerá lesão grave e de difícil reparação, consistente... (explicitar o dano que irá acontecer se não for obtida a liminar).

Dessa forma, presentes os requisitos do *fumus boni iuris* e *periculum in mora*, como restou comprovado acima, a liminar deve ser concedida, como direito subjetivo do impetrante, para boa aplicação da lei e respeito aos valores supremos da sociedade.

DO DIREITO

É dividido em quatro partes: prazo, competência, legitimidade das partes e mérito.

a) **Prazo**: o candidato deve justificar que o mandado de segurança foi impetrado no prazo decadencial de 120 dias, nos termos do art. 23 da Lei n. 12.016/2009.

Do prazo

O impetrante foi cientificado do ato impugnado no dia _____, momento em que ocorreu a efetiva lesão ao direito líquido e certo do impetrante. E no dia___, após 120 dias, o termo final. Dessa forma, o prazo de propositura do mandado de segurança foi observado, já que foi impetrado dentro do prazo decadencial de 120 dias, nos termos do art. 23 da Lei n. 12.016/2009.

b) **Competência**: o candidato deve justificar endereçamento feito para órgão jurisdicional adequado, conforme modelo abaixo:

Da competência

No mandado de segurança a competência é definida pela natureza da autoridade coatora. No caso, a autoridade coatora é..., o que justifica que a presente ação seja ajuizada perante a Justiça..., nos termos do... (indicar fundamento legal).

PRÁTICA CONSTITUCIONAL

c) **Legitimidade das partes**: o candidato deve demonstrar que as partes que ocupam os polos (ativo e passivo) estão adequadas, conforme modelo abaixo:

Da legitimidade ativa

A legitimidade ativa para a impetração do mandado de segurança coletivo está prevista no art. 5º, LXX, da Constituição da República Federativa do Brasil e no art. 21 da Lei n. 12.016/2009. Da leitura dos referidos artigos, o legitimado ativo para propor o mandado de segurança é _____ (mencionar o legitimado)

No caso em tela, o(a) autor(a) da presente ação preenche o requisito subjetivo, pois é... impetrante, que visa assegurar o conhecimento de direito líquido e certo, em face de ter havido... (ilegalidade ou abuso de poder) praticado por ato de... (indicar autoridade coatora).

* Se for associação, não se esquecer de afirmar a presença dos seus dois requisitos de legitimidade: estar legalmente constituída e em funcionamento há pelo menos um ano.

Da legitimidade passiva

De acordo com o art. 5º, LXIX, da Constituição Federal c/c os arts. 1º e 6º, § 3º, da Lei n. 12.016/2009, o legitimado passivo é a autoridade pública ou agente no exercício de função pública que tenha praticado o ato impugnado ou da qual emane a ordem para a sua prática.

No caso em tela, afirma-se que o legitimado passivo é... (identificar o(s) réu(s)), já que... (justificar).

A autoridade coatora está vinculada à _____ (mencionar a pessoa jurídica, nos termos do art. 6º, *caput*, da Lei n. 12.016/2009).

d) **Mérito**: demonstrar os requisitos que ensejam o mandado de segurança, relacionando-os ao caso concreto, conforme modelo abaixo:

Do mérito

No caso em tela, justifica-se o cabimento do presente mandado de segurança coletivo, pela presença dos requisitos, senão vejamos:

a) prática de ato omissivo ou comissivo pela autoridade coatora;

b) ilegalidade ou abuso de poder;

c) lesão ou ameaça de lesão;

d) direito líquido e certo.

Dessa forma, presentes os requisitos ensejadores do mandado de segurança coletivo, a ordem deve ser concedida no sentido de... (especificar de acordo com o caso concreto).

DO PEDIDO

Diante do exposto, requer-se:

a) que seja concedida a liminar no sentido de... (conforme o caso);

b) que seja notificada a autoridade coatora dos termos da presente ação para que sejam prestadas as informações, no prazo de 10 dias, nos termos do art. 7º da Lei n. 12.016/2009;

c) que se dê ciência do feito ao órgão de representação judicial da pessoa jurídica interessada, enviando-lhe cópia da inicial sem documentos, para que, querendo, ingresse no feito, nos termos do art. 7º da Lei n. 12.016/2009;

d) a intimação do representante do Ministério Público para que seja ouvido dentro de 10 dias, nos termos do art. 12 da Lei n. 12.016/2009;

e) juntada de documentos anexos;

f) a procedência da pretensão do mandado de segurança coletivo, com confirmação da concessão da ordem, atribuindo-se caráter definitivo à tutela liminar, nos termos do art. 5º, LXIX;

g) condenação da ré nas custas e despesas processuais.

VALOR DA CAUSA

Dá-se à causa o valor de...

ENCERRAMENTO

O candidato deve indicar o final da peça da seguinte forma:

Termos em que pede deferimento.

(2 linhas)

Local, ... de... de...

(2 linhas)

Advogado

OAB – sob n. ...

19.13. Caso aplicado no Exame de Ordem

(39º Exame) A área central do Município Alfa, cuja construção remonta a meados do século XVII, era mundialmente conhecida pela singularidade de sua arquitetura e pela beleza das obras de arte que ornavam tanto as fachadas como o interior de inúmeros prédios. Essas características, que se somavam ao título de patrimônio histórico da humanidade, em muito potencializavam o turismo no local, havendo grande procura por peças de artesanato.

Apesar do sucesso do artesanato local, verificou-se o surgimento de uma grande onda modernista, o que desagradou sobremaneira o Prefeito Municipal que via o risco de ser corrompida a identidade do Município. Por tal razão, proferiu decisão, por escrito, proibindo que os artesãos confeccionassem ou comercializassem obras de arte que não apresentassem compatibilidade com os padrões arquitetônicos e a história do Município, sabidamente vinculados ao Barroco. Caso a determinação não fosse atendida, o alvará de localização do Centro de Artesanato, mantido pela Associação dos Artesãos do Município Alfa, seria cassado, o que geraria enormes prejuízos para o próprio sustento dos artesãos, pois é nesse local que comercializam suas obras.

PRÁTICA CONSTITUCIONAL

165

A decisão do Prefeito, contra a qual não era cabível recurso administrativo com efeito suspensivo, foi proferida no dia 10 de janeiro do ano XX. Ao tomar conhecimento dos seus termos, a Associação dos Artesãos, regularmente constituída e que funcionava há décadas, e à qual estavam vinculados todos os artesãos em atividade, realizou, no dia 12 subsequente, uma assembleia geral extraordinária dos seus associados. Nessa assembleia, foi deliberado, por unanimidade, que a decisão do Prefeito era "inaceitável", de modo que a Associação deveria ingressar com a ação constitucional cabível para assegurar que todos os seus associados pudessem elaborar e comercializar suas obras de arte, independentemente do gênero em que fossem enquadradas.

Como havia a "ameaça" de que o alvará de localização fosse cassado, caso a determinação não fosse atendida, foi deliberado que seria ajuizada uma medida judicial, ainda no mês de janeiro do ano XX, para evitar que isso viesse a ocorrer, optando-se por uma via, cujo procedimento mais célere seja incompatível com dilação probatória, por ser toda a questão demonstrada pela via documental, que beneficiasse exclusivamente os associados da Associação dos Artesãos do Município Alfa, e não acarretasse o risco de condenação em honorários advocatícios.

Elabore, na condição de advogado(a) da Associação, a peça processual adequada ao caso concreto.

GABARITO

A peça adequada nessa situação é a petição inicial de mandado de segurança coletivo.

A petição deve ser endereçada ao Juízo da Comarca X, já que os dados constantes do enunciado não permitem identificar a organização judiciária do local.

O examinando deve indicar, na qualificação das partes, a Associação dos Artesãos do Município Alfa, impetrante e, como autoridade coatora, o Prefeito do Município Alfa. A legitimidade ativa da Associação decorre do fato de ser uma associação legalmente constituída e em funcionalmente há mais de 1 (um) ano, estando em defesa de direitos líquidos e certos dos artesãos associados, tal qual autorizado pelo art. 21 da Lei n. 12.016/2009 ou art. 5º, LXX, b, da CRFB/88. A legitimidade passiva do Prefeito Municipal decorre do fato de ter exarado a determinação de que não fossem elaboradas ou comercializadas obras de arte que não se ajustassem aos padrões indicados, daí a incidência do art. 5º, LXIX, ou do art. 1º da Lei n. 12.016/2009. Deve indicar, ademais, a pessoa jurídica a que está vinculada a autoridade coatora, nos termos do art. 6º, *caput*, da Lei n. 12.016/2009.

Como o mandado de segurança coletivo será impetrado no mesmo mês em que foi proferida a decisão, foi observado o prazo decadencial de 120 (cento e vinte) dias a que se refere o art. 23 da Lei n. 12.016/2009.

O examinando deve esclarecer que a Constituição da República ampara os direitos fundamentais à liberdade de expressão da atividade artística, independente de censura (art. 5º, IX); e ao dever de o Estado incentivar a valorização e a difusão das manifestações culturais (art. 215, *caput*). Além disso, a livre-iniciativa (art. 170, *caput*, da CRFB/88 ou art. 1º, IV, da CRFB/88) foi restringida de maneira desproporcional. Como estamos perante direitos coletivos, afetos a todos os artesãos associados, é cabível a impetração do mandado de segurança coletivo, nos termos do art. 21, parágrafo único, da Lei n. 12.016/2009, sendo certo que há prova pré-constituída, consistente no fato de a decisão do Prefeito Municipal estar documentada, incluindo o risco de cassação do alvará do Centro de Artesanato.

O examinando deve sustentar que, além do fundamento relevante do direito dos associados, há o risco de ineficácia da medida final se a liminar não for deferida, tendo em vista a urgência da situação, já que os artesãos estão prestes a ser submetidos a medidas francamente contrárias aos seus direitos fundamentais e ainda poderão ser impedidos de comercializar suas obras, com a cassação do alvará do Centro de Artesanato, daí decorrendo risco para a sua própria subsistência.

A peça deve conter os requerimentos de (i) concessão da medida liminar, para reconhecer a inconstitucionalidade da determinação e para que a autoridade coatora se abstenha de adotar qualquer medida que redunda em cassação do alvará de localização do Centro de Artesanato; e, ao final, (ii) procedência do pedido, com confirmação da concessão da ordem, atribuindo-se caráter definitivo à tutela liminar. O examinando ainda deve atribuir valor à causa.

A petição deve contar com o fechamento.

19.14. Elaboração da peça processual

EXCELENTÍSSIMO SENHOR DOUTOR JUIZ DA... VARA CÍVEL DA COMARCA X

ASSOCIAÇÃO DOS ARTESÃOS DO MUNICÍPIO ALFA, pessoa jurídica de direito privado, Inscrição Estadual n. ..., CNPJ n. ..., com sede à rua..., n. ... – Bairro – Cidade/RN, neste ato representada pelo(a) Sr(a)... portador(a) do CPF n. ..., RG n. ..., vem respeitosamente à presença de Vossa Excelência, por meio do seu advogado (documento anexo), com escritório profissional na... (ENDEREÇO), com fundamento no art. 5º, LXX, da Constituição Federal c/c a Lei n. 12.016/2009 e aplicação subsidiária do CPC, propor MANDADO DE SEGURANÇA COLETIVO COM PEDIDO DE LIMINAR contra ato praticado pelo Prefeito do Município Alfa, com endereço na... pelos fundamentos de fato e de direito a seguir aduzidos:

I – DOS FATOS

Prefeito do Município Alfa, ora autoridade coatora, na área central do Município Alfa, cuja construção remonta a meados do século XVII, mundialmente conhecida pela singularidade de sua arquitetura e pela beleza das obras de arte, com o título de patrimônio histórico da humanidade, proferiu decisão, por escrito, proibindo que os artesãos confeccionassem ou comercializassem obras de arte que não apresentassem compatibilidade com os padrões arquitetônicos e a história do Município, sabidamente vinculados ao Barroco.

Na determinação, o Prefeito especificou que, caso sua determinação não fosse atendida, o alvará de localização do Centro de Artesanato, mantido pela Associação dos Artesãos do Município Alfa, seria cassado, o que geraria enormes prejuízos para o próprio sustento dos artesãos.

A decisão do Prefeito, contra a qual não era cabível recurso administrativo com efeito suspensivo, foi proferida no dia 10 de janeiro do ano XX.

Ao tomar conhecimento dos seus termos, a Associação dos Artesãos, regularmente constituída e que funcionava há décadas, e à qual estavam vinculados todos os artesãos em atividade, realizou, no dia 12 subsequente, uma assembleia geral extraordinária dos seus associados. Nessa assembleia, foi deliberado, por unanimidade, que a decisão do Prefeito era "inaceitável", já que que todos os seus associados deveriam poder elaborar e comercializar suas obras de arte, independentemente do gênero em que fossem enquadradas.

II – DA LIMINAR

A liminar prevista no art. 7º da Lei n. 12.016/2009 deve ser concedida, já que presentes os seus requisitos, a seguir demonstrados:

PRÁTICA CONSTITUCIONAL

167

a) "fumus boni iuris" – está evidenciado pela existência da seguinte base normativa: (I) a liberdade de expressão da atividade artística, independentemente de censura, direito amparado pelo art. 5º, IX, da CRFB/88; (II) a liberdade de iniciativa, nos termos do art. 1º, IV, c/c o art. 170, caput, ambos da CRFB/88, que foi restringida de maneira desproporcional; e o dever do Estado de incentivar a valorização e a difusão das manifestações culturais, nos termos do art. 215 da CRFB/88;

b) "periculum in mora" – por sua vez, está caracterizado, pois, há o risco de ineficácia da medida final se a liminar não for deferida, tendo em vista a urgência da situação, já que os artesãos estão prestes a ser submetidos a medidas francamente contrárias aos seus direitos fundamentais e ainda poderão ser impedidos de comercializar suas obras, com a cassação do alvará do Centro de Artesanato, daí decorrendo risco para a sua própria subsistência.

Dessa forma, presentes os requisitos do "fumus boni iuris" e "periculum in mora", como restou comprovado anteriormente, a liminar deve ser concedida, como direito subjetivo do impetrante, para boa aplicação da lei e respeito aos valores supremos da sociedade.

III – DO DIREITO

a) Do prazo

A Associação dos Artesãos do Município Alfa, ora impetrante, foi cientificada do ato impugnado no mesmo mês em que foi proferida a decisão do Prefeito (janeiro do ano XX), ora autoridade coatora, momento em que ocorreu a efetiva lesão ao direito líquido e certo do impetrante. Dessa forma, o prazo de propositura do mandado de segurança foi observado, já que foi impetrado dentro do prazo decadencial de 120 dias, nos termos do art. 23 da Lei n. 12.016/2009.

b) Da competência

No mandado de segurança, a competência é definida pela natureza da autoridade coatora. No caso, a autoridade coatora é o Prefeito Municipal, o que justifica que a presente ação seja ajuizada perante a Justiça Estadual.

c) Da legitimidade ativa

A legitimidade ativa para impetração do mandado de segurança está prevista no art. 5º, LXX, "b", da Constituição da República Federativa do Brasil e no art. 21 da Lei n. 12.016/2009. Da leitura dos referidos artigos, o legitimado ativo para propor o mandado de segurança é a Associação dos Artesãos do Município Alfa. No caso em tela, trata-se de uma associação legalmente constituída e em funcionamento há mais de um ano, estando em defesa de direitos líquidos e certos dos artesãos associados.

d) Da legitimidade passiva

De acordo com o art. 5º, LXIX, da Constituição Federal c/c os arts. 1º e 6º, § 3º, da Lei n. 12.016/2009, o legitimado passivo é a autoridade pública ou agente no exercício de função pública que tenha praticado o ato impugnado ou da qual emane a ordem para a sua prática. No caso em tela, afirma-se que o legitimado passivo é o Prefeito Municipal, pelo fato de ter exarado a determinação de que não fossem elaboradas ou comercializadas obras de artes que não se ajustassem aos padrões indicados.

A autoridade coatora está vinculada ao Município Alfa, nos termos do art. 6º, caput, da Lei n. 12.016/2009.

e) Do mérito

No caso em tela, justifica-se o cabimento do presente mandado de segurança, pela presença dos requisitos, a seguir demonstrados:

1) prática de ato omissivo ou comissivo pela autoridade coatora: cassação do alvará de localização do Centro de Artesanato, mantido pela Associação dos Artesãos do Município Alfa, o que geraria enormes prejuízos para o próprio sustento dos artesãos, pois é nesse local que comercializam suas obras;

2) ilegalidade ou abuso de poder: a decisão proferida pelo Prefeito Municipal afrontou: (I) a liberdade de expressão da atividade artística, independentemente de censura, direito amparado pelo art. 5º, IX, da CRFB/88; (II) a liberdade de iniciativa, nos termos do art. 1º, IV, c/c o art. 170, caput, ambos da CRFB/88, que foi restringida de maneira desproporcional; e o dever do Estado de incentivar a valorização e a difusão das manifestações culturais, nos termos do art. 215 da CRFB/88;

3) lesão ou ameaça de lesão: os artesãos estão prestes a ser submetidos a medidas francamente contrárias aos seus direitos fundamentais e ainda poderão ser impedidos de comercializar suas obras, com a cassação do alvará do Centro de Artesanato, daí decorrendo risco para a sua própria subsistência;

4) direito líquido e certo: direitos coletivos, afetos a todos os artesãos associados, sendo certo que há prova pré-constituída, consistente no fato de a decisão do Prefeito Municipal estar documentada, incluindo o risco de cassação do alvará do Centro de Artesanato.

Dessa forma, presentes os requisitos ensejadores do mandado de segurança, a ordem deve ser concedida no sentido de que todos os seus associados possam elaborar e comercializar suas obras de arte, independentemente do gênero em que enquadradas.

IV – DO PEDIDO

Diante do exposto, requer-se:

a) que seja concedida a liminar para reconhecer a inconstitucionalidade da determinação e para que a autoridade coatora se abstenha de adotar qualquer medida que redunda em cassação do alvará de localização do Centro de Artesanato;

b) que seja notificada a autoridade coatora dos termos da presente ação para que sejam prestadas as informações, no prazo de 10 dias, nos termos do art. 7º da Lei n. 12.016/2009;

c) que se dê ciência do feito ao órgão de representação judicial da pessoa jurídica interessada, enviando-lhe cópia da inicial sem documentos, para que, querendo, ingresse no feito, nos termos do art. 7º da Lei n. 12.016/2009;

d) a intimação do representante do Ministério Público para que seja ouvido dentro de 10 dias, nos termos do art. 12 da Lei n. 12.016/2009;

e) juntada de documentos anexos;

f) a procedência da pretensão do mandado de segurança, com confirmação da concessão da ordem, atribuindo-se caráter definitivo à tutela liminar, nos termos do art. 5º, LXX;

g) condenação da ré nas custas e despesas processuais.

V – DO VALOR DA CAUSA

Dá-se à causa o valor de...

Termos em que pede deferimento.

Local, ... de... de...

Advogado(a)

OAB – sob n. ...

PRÁTICA CONSTITUCIONAL

Acesse o *QR Code* e veja um caso para treino sobre o tema.

> *http://uqr.to/1wkm4*

*Consulte também as **Tutelas Provisórias nos Remédios Constitucionais.***

20. AÇÃO DE IMPUGNAÇÃO DE MANDATO ELETIVO

20.1. Características e objeto

Ação (pedido ao Estado-juiz) constitucional (prevista na Constituição Federal), pública (dirigida em face do Estado), eleitoral (visa assegurar a legitimidade das eleições) e de natureza desconstitutiva (mecanismo processual para cassação de mandatos).

É uma ação que possui a sigla AIME prevista no art. 14, § 10, da Constituição Federal, que tem por objeto o mandado eletivo.

20.2. Legitimidade das partes

a) **Ativa**: candidatos, partido político, coligações e Ministério Público. É posição prevalecente na jurisprudência a ilegitimidade do eleitor.

b) **Passiva**: limita-se aos candidatos eleitos ou diplomados, porque o resultado da procedência do pedido deduzido restringe-se à desconstituição do mandato. Nesse contexto, não tem legitimidade para figurar no polo passivo da AIME terceiro que não detém mandato eletivo, ainda que seja o responsável pela prática dos atos ilícitos.

20.3. Competência

A ação é julgada pela Justiça Eleitoral.

Competência	Endereçamento	Cabimento	Tipo de eleição
Tribunal Superior Eleitoral	Excelentíssimo Senhor Doutor Ministro do Colendo Tribunal Superior Eleitoral	Presidente da República; Vice-presidente da República	Nacional
Tribunal Regional Eleitoral	Excelentíssimo Senhor Doutor Desembargador Presidente do Egrégio Tribunal Regional Eleitoral do Estado de...	Governador; Vice-governador; Deputado estadual; Deputado distrital; Senador	Estadual
Junta Eleitoral	Excelentíssimo Senhor Doutor Juiz Eleitoral da... Zona Eleitoral da Comarca de...	Prefeito; Vice-prefeito; Vereador	Municipal

20.4. Prazo

Quinze dias contados da diplomação. O prazo tem natureza decadencial, não é interrompido nos sábados, domingos e feriados; exclui o dia do começo e inclui o do vencimento. Pode ser prorrogado se o termo final cair em dia sem expediente forense.

20.5. Cabimento

A ação de impugnação de mandato eletivo não exige para o seu ajuizamento prova pré-constituída, mas tão somente indícios idôneos do cometimento de abuso do poder econômico, corrupção ou fraude.

É necessário demonstrar a potencialidade lesiva no caso concreto objeto da AIME.

A prova que se impõe seja produzida com a inicial são os documentos disponíveis, sem prejuízo da juntada de documentos novos, nos casos permitidos em lei, e de toda a dilação probatória facultada pelo procedimento ordinário, com a utilização de todos os meios lícitos de demonstração da veracidade dos fatos relevantes alegados, a requerimento das partes ou iniciativa do juiz.

Garantido o exercício do contraditório e da ampla defesa, é perfeitamente viável o uso da prova emprestada de um processo para instruir outro, mesmo que apenas uma das partes tenha participado daquele em que a prova fora produzida.

Os fundamentos da ação são as provas de abuso do poder econômico, corrupção ou fraude:

a) **abuso do poder econômico**: utilização excessiva, antes ou durante a campanha eleitoral, de recursos materiais ou humanos que representem valor econômico, buscando beneficiar candidato, partido ou coligação, afetando assim a normalidade e a legitimidade das eleições (TSE);

b) **corrupção**: condutas relacionadas a dar, oferecer, prometer, solicitar ou receber, para si ou para outrem, dinheiro, dádiva, ou qualquer outra vantagem, para obter ou dar voto e para conseguir ou prometer abstenção, ainda que a oferta não seja aceita, nos termos do art. 299 do Código Eleitoral;

c) **fraude**: é burlar o processo eleitoral para favorecer um candidato em detrimento de outros, de forma a comprometer a legitimidade do pleito. A fraude eleitoral a ser apurada na ação de impugnação de mandato eletivo não se deve restringir àquela sucedida no exato momento da votação ou da apuração dos votos, podendo-se configurar, também, por qualquer artifício ou ardil que induza o eleitor a erro, com possibilidade de influenciar sua vontade no momento do voto, favorecendo candidato ou prejudicando seu adversário (Agravo de Instrumento n. 4.661).

No caso de abuso de poder político, só pode ser considerado fundamento da AIME quando ocorrer em conjunto com o abuso do poder econômico. A caracterização da prática do abuso do poder político exige a presença de um robusto conjunto probatório nos autos apto a demonstrar que o investigado utilizou-se indevidamente do seu cargo público para angariar vantagens para si ou para outrem.

É firme a Jurisprudência do Tribunal Superior eleitoral no sentido de admitir a propositura de ação de impugnação de mandato eletivo para apurar violação à cota de gênero. A fraude à cota de gênero de candidaturas femininas representa afronta aos princípios da igualdade, da cidadania e do pluralismo político, na medida em que a *ratio* do art. 10, § 3º, da Lei n. 9.504/97 é ampliar a participação das mulheres no processo político-eleitoral (Ac. de 12-8-2022 no REspEl 060000120, rel. Min. Alexandre de Moraes).

20.6. Procedimento

Previsto na Lei Complementar n. 64/90 para o registro de candidaturas, com a aplicação subsidiária, conforme o caso, das disposições do Código de Processo Civil.

Deve ser realizada em segredo de justiça, mas o seu julgamento deve ser público, respondendo o autor, na forma da lei, se temerária ou de manifesta má-fé.

Em consulta, o TSE manifestou que a nova redação do art. 93, IX, da CRFB, dada pela EC n. 45/2004, não determina que todos os processos tramitem publicamente, mas apenas que os julgamentos sejam públicos.

Embora a regra seja a publicidade dos processos judiciais, é possível que exceções sejam previstas, mormente no próprio texto constitucional. Permanece em vigor o disposto no art. 14, § 11, da CRFB que impõe o segredo de justiça ao trâmite da ação de impugnação de mandato (Res. n. 23.210, de 11-2-2010, rel. Min. Felix Fischer).

A decisão proferida na ação de impugnação de mandato eletivo tem eficácia imediata, não se lhe aplicando a regra do art. 216 do Código Eleitoral ("Art. 216. Enquanto o Tribunal Superior não decidir o recurso interposto contra a expedição do diploma, poderá o diplomado exercer o mandato em toda a sua plenitude").

20.7. Dicas da peça prática

ENDEREÇAMENTO

O candidato deve identificar a competência para processar e julgar a ação de impugnação de acordo com o juízo de diplomação, nos termos do art. 2.º da Lei Complementar n. 64/90.

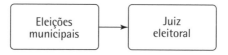

EXCELENTÍSSIMO SENHOR DOUTOR JUIZ ELEITORAL DA... ZONA ELEITORAL DA COMARCA DE...

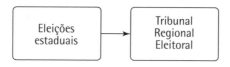

EXCELENTÍSSIMO SENHOR DOUTOR JUIZ PRESIDENTE DO EGRÉGIO TRIBUNAL REGIONAL ELEITORAL DE...

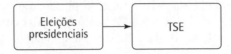

EXCELENTÍSSIMO SENHOR DOUTOR MINISTRO DO TRIBUNAL SUPERIOR ELEITORAL

PREÂMBULO

No parágrafo introdutório da peça prática de ação de impugnação do mandato eletivo, é necessário mencionar os seguintes requisitos: a) nome e qualificação das partes; b) capacidade postulatória; c) fundamento legal (art. 14, § 10, da Constituição Federal c/c os arts. 3º a 6º da Lei Complementar n. 64/90 e Resolução do TSE n. 23.218); d) nome da peça (ação de impugnação de mandato eletivo); e) frase final ("pelos motivos de fato e de direito a seguir aduzidos").

(NOME DO AUTOR), nacionalidade, estado civil, profissão, portador da cédula de identidade n. ..., inscrito no CPF/MF sob n. ..., residente e domiciliado na... (ENDEREÇO), cidadão inscrito na Justiça Eleitoral com o Título de Eleitor n. ..., vem respeitosamente à presença de Vossa Excelência, por meio do seu advogado, com escritório profissional na... (ENDEREÇO), com fundamento no art. 14, § 10, da Constituição Federal c/c os arts. 3º a 6º da Lei Complementar n. 64/90 e Resolução do TSE n. 23.218, propor AÇÃO DE IMPUGNAÇÃO DE MANDATO ELETIVO em face de... (NOME DO CANDIDATO DIPLOMADO), nacionalidade, estado civil, profissão, portador da cédula de identidade n. ..., inscrito no CPF/MF sob n., residente e domiciliado na... (ENDEREÇO), pelos fundamentos de fato e de direito a seguir aduzidos:

DOS FATOS

Narrar os acontecimentos, sem inventar dados ou copiar o problema.

DO DIREITO

Na parte Do Direito, o candidato deve justificar não apenas a competência e a legitimidade das partes, indicando os fundamentos legais respectivos, mas também, demonstrar a presença do abuso do poder econômico, corrupção ou fraude durante o processo eleitoral. O candidato ao exame da OAB não pode esquecer de finalizar o tópico do direito mencionando que a ação de impugnação de mandato eletivo deve ser concedida para invalidar o diploma do candidato, no sentido de garantir a normalidade e legitimidade do pleito eleitoral.

DO DIREITO

I – Da Competência

A competência na ação de impugnação do mandato eletivo é determinada pelo juízo de diplomação. No presente caso concreto, a competência é do..., pois é responsável pela expedição do diploma de... (mencionar o cargo).

II – Da Tempestividade

A presente ação é tempestiva, pois foi ajuizada no prazo de 15 dias contados da diplomação, nos termos do art. 14, §§ 10 e 11, c/c a LC n. 64/90, conforme documento anexo (documento 2).

III – Da Legitimidade das Partes

(Nome do autor) possui legitimidade ativa, já que é... (candidato, partido político, coligações e Ministério Público) (documento 3).

(Nome do réu) é réu, pois é (o agente público responsável diretamente pela prática do ato e/ou o(s) candidato(s) beneficiado(s) pelo mesmo).

IV – Do Mérito

Fulano de Tal, diplomado no dia... pelo... (mencionar Juízo eleitoral da Diplomação), sendo eleito ao cargo de..., pelo partido...

Ocorre que o referido diploma eleitoral foi obtido de... (explicar o abuso do poder econômico e/ou fraude e/ou corrupção; deve demonstrar comprometimento da legitimidade da eleição, por vício de abuso do poder econômico, corrupção ou fraude).

O candidato deve utilizar fundamentos jurídicos no sentido de reforçar sua tese, como, por exemplo, o art. 21, III, da Declaração Universal dos Direitos da ONU: a vontade do povo será a base da autoridade do governo, esta vontade será expressa em eleições periódicas e legítimas, por sufrágio universal, por voto secreto ou processo equivalente que assegure a liberdade de voto;

Dessa forma, conforme restou comprovado, é necessário retirar o mandato eletivo do candidato vencedor que se utilizou de fraude, corrupção ou abuso do poder econômico.

PEDIDO

O candidato não deve esquecer de mencionar os dispositivos legais que fundamentam o pedido alegado na ação de impugnação do mandato eletivo. O pedido principal é que seja invalidado o diploma do candidato, no sentido de garantir sua lisura do pleito.

DIANTE DO EXPOSTO, requer:

a) recebimento da presente ação de impugnação de mandato eletivo;

b) seja notificado o réu, nos termos do art. 39 da Res. TSE n. 23.221 c/c o art. 4º da LC n. 64/90, para, querendo, contestá-la no prazo de sete dias;

c) intimação do Ministério Público;

d) a produção de todos os meios de prova em direito admitidas para comprovar o alegado;

e) a juntada dos documentos e mídia juntados com esta petição;

f) notificação das testemunhas abaixo arroladas (se houver) e outras provas que se fizerem necessárias e oportunamente requeridas;

g) ao final, instruído o feito e ouvido o órgão do Ministério Público, seja acolhida a presente impugnação para cassar o mandato eletivo, em razão da ocorrência de...;

h) condenação do réu em honorários advocatícios e custas judiciais.

DAS PROVAS

O candidato deve construir a seguinte frase: o autor pretende provar o alegado por todos os meios de prova em direito admitidos, especialmente... (mencionar as que forem indicadas no enunciado). Se acaso houver indicação de prova testemunhal, o candidato não pode esquecer de indicar o rol de testemunhas.

VALOR DA CAUSA

Dá-se à causa o valor de...

ENCERRAMENTO

O candidato deve indicar o final da peça da seguinte forma:

Termos em que pede deferimento.

(2 linhas)

Local, ... de... de...

(2 linhas)

Advogado

OAB – sob n. ...

20.8. Caso prático

Tício, candidato do partido JJ ao cargo de Prefeito da Cidade de Papas distribuiu camisetas aos eleitores do Município de Papas em troca de votos. A distribuição foi feita na presença do outro candidato Caio, pretendente ao mesmo cargo de Tício, e documentada em planilhas. Em outubro de 2015 foi feita a eleição e Tício restou vencedor, tendo sido diplomado no cargo de Prefeito da Cidade de Papas. Como advogado do candidato Caio, adversário do candidato "X" na eleição, tome a providência cabível para invalidar a diplomação de Tício.

20.9. Elaboração da peça processual

EXCELENTÍSSIMO SENHOR DOUTOR JUIZ ELEITORAL DA... ZONA ELEITORAL DA COMARCA DE PAPAS

Caio, nacionalidade, estado civil, profissão, portador da cédula de identidade n. ..., inscrito no CPF/MF sob n. ..., residente e domiciliado na... (ENDEREÇO), cidadão inscrito na Justiça Eleitoral com o Título de Eleitor n. ..., vem respeitosamente à presença de Vossa Excelência, por meio do seu advogado, com escritório profissional na... (ENDEREÇO), com fundamento no art. 14, § 10, da Constituição Federal c/c os arts. 3º a 6º da Lei Complementar n. 64/90 e a Resolução do TSE n. 23.218, propor AÇÃO DE IMPUGNAÇÃO DE MANDATO ELETIVO em face de Tício, nacionalidade, estado civil, profissão, portador da cédula de identidade n. ..., inscrito no CPF/MF sob n. ..., residente e domiciliado na... (ENDEREÇO), pelos fundamentos de fato e de direito a seguir aduzidos:

I – DOS FATOS

Tício, candidato do partido JJ ao cargo de prefeito da cidade de Papas distribuiu camisetas aos eleitores do município de Papas em troca de votos.

A distribuição foi feita na presença do outro candidato Caio, pretendente ao mesmo cargo de Tício, e documentada em planilhas.

Em outubro de 2015, foi feita a eleição e Tício restou vencedor, tendo sido diplomado no cargo de prefeito da cidade de Papas.

II – DO DIREITO

II.1 – Da Competência

A competência na ação de impugnação do mandato eletivo é determinada pelo juízo de diplomação. No presente caso concreto, a competência é do juiz eleitoral, pois é responsável pela expedição do diploma de prefeito municipal.

II.2 – Da Tempestividade

A presente ação é tempestiva, pois foi ajuizada no prazo de 15 dias contados da diplomação, nos termos do art. 14, §§ 10 e 11, c/c a LC n. 64/90, conforme documento anexo (documento 2).

II.3 – Da Legitimidade das Partes

O candidato Caio possui legitimidade ativa, já que é candidato à eleição de prefeito da cidade de Papas.

O candidato Tício é réu, pois é o agente público responsável diretamente pela prática do ato de oferecer valor pecuniário, de forma a perturbar o livre exercício do direito ao voto.

II.4 – Do Mérito

Tício, diplomado no dia... pelo juiz eleitoral, sendo eleito ao cargo de prefeito municipal, pelo partido JJ.

Ocorre que o referido diploma eleitoral foi obtido com corrupção, já que o candidato diplomado ofereceu dinheiro para obter voto, comprometendo a legitimidade da eleição, por vício de corrupção.

Neste sentido o art. 21, III, da Declaração Universal dos Direitos da ONU: a vontade do povo será a base da autoridade do governo, esta vontade será expressa em eleições periódicas e legítimas, por sufrágio universal, por voto secreto ou processo equivalente que assegure a liberdade de voto.

Desta forma, conforme restou comprovado, é necessário retirar o mandato eletivo do candidato vencedor que se utilizou de fraude, corrupção ou abuso do poder econômico.

III – DO PEDIDO

DIANTE DO EXPOSTO, requer:

a) recebimento da presente ação de impugnação de mandato eletivo;

b) seja notificado o réu, nos termos do art. 39 da Res. TSE n. 23.221 c/c o art. 4º da LC n. 64/90, para querendo contestá-la no prazo de sete dias;

c) intimação do Ministério Público;

d) a produção de todos os meios de prova em direito admitidos para comprovar o alegado;

e) a juntada dos documentos e mídia anexados a esta petição;

f) notificação das testemunhas abaixo arroladas (se houver) e outras provas que se fizerem necessárias e oportunamente requeridas;

g) ao final, instruído o feito e ouvido o órgão do Ministério Público, seja acolhida a presente impugnação para cassar o mandato eletivo, em razão da ocorrência de corrupção, já que o candidato diplomado ofereceu dinheiro para obter voto, comprometendo a legitimidade da eleição, por vício de corrupção;

h) condenação do réu em honorários advocatícios e custas judiciais.

IV – DAS PROVAS

O autor pretende provar o alegado por todos os meios de prova em Direito admitidos.

V – VALOR DA CAUSA

Dá-se à causa o valor de...

Termos em que pede deferimento.

Local, ... de... de...

OAB – sob n. ...

21. AÇÃO CIVIL PÚBLICA

21.1. Apresentação

É uma ação coletiva, disciplinada pela Lei n. 7.347/85, que possui duas espécies: a) **preventiva**: ajuizada antes da ocorrência da lesão ao bem jurídico tutelado; b) **repressiva**: ajuizada após consumação da lesão ao bem jurídico tutelado.

Aplica-se à ação civil pública, prevista nesta lei (n. 7.347/85), o Código de Processo Civil, aprovado pela Lei n. 13.105, de 16 de março de 2015, naquilo em que não contrarie suas disposições.

Na ação civil pública, não haverá adiantamento de custas, emolumentos, honorários periciais e quaisquer outras despesas, nem condenação da associação autora, salvo comprovada má-fé, em honorários de advogado, custas e despesas processuais.

21.2. Legitimidade das partes

a) **Ativa:** I – o Ministério Público; II – a Defensoria Pública; III – a União, os Estados, o Distrito Federal e os Municípios; IV – a autarquia, empresa pública, fundação ou sociedade de economia mista; V – a associação. Cada um dos legitimados pode impetrar a ação como litisconsorte ou isoladamente.

No caso da associação, para propor a ação civil pública, necessita reunir dois requisitos cumulativos: a) esteja constituída há pelo menos um ano nos termos da lei civil (o requisito da pré-constituição poderá ser dispensado pelo juiz, quando haja manifesto interesse social evidenciado pela dimensão ou característica do dano, ou pela relevância do bem jurídico a ser protegido); b) inclua, entre suas finalidades institucionais, a proteção ao patrimônio público e social, ao meio ambiente, ao consumidor, à ordem econômica, à livre concorrência, aos direitos de grupos raciais, étnicos ou religiosos ou ao patrimônio artístico, estético, histórico, turístico e paisagístico.

Em caso de desistência infundada ou abandono da ação por associação legitimada, o Ministério Público ou outro legitimado assumirá a titularidade ativa.

b) **Passiva:** qualquer pessoa física ou jurídica, que por ação ou omissão contribuíram para ocorrência da lesão ao bem jurídico tutelado.

21.3. Objeto e finalidade

A ação civil pública visa à condenação em dinheiro ou ao cumprimento de obrigação de fazer ou não fazer, e tem como objeto de proteção: I – meio ambiente; II – consumidor; III – bens e direitos de valor artístico, estético, histórico, turístico e paisagístico;

IV – qualquer outro interesse difuso ou coletivo; V – infração da ordem econômica; VI – ordem urbanística; VII – honra e dignidade de grupos raciais, étnicos ou religiosos; VIII – patrimônio público e social.

21.4. Não cabimento

Para veicular pretensões que envolvam tributos, contribuições previdenciárias, o Fundo de Garantia do Tempo de Serviço – FGTS ou outros fundos de natureza institucional cujos beneficiários podem ser individualmente determinados.

21.5. Competência

Local onde ocorrer o dano, cujo juízo terá competência funcional para processar e julgar a causa.

21.6. Ministério Público

O Ministério Público, se não intervier no processo como parte, atuará obrigatoriamente como fiscal da lei. Em caso de dissolução, por decisão judicial, da associação autora, de ação civil pública, é possível a substituição processual pelo Ministério Público (*Informativo* n. 764/2023 do STJ).

21.7. Litisconsórcio

Fica facultado ao Poder Público e a outras associações legitimadas nos termos deste artigo habilitar-se como litisconsortes de qualquer das partes; é possível litisconsórcio facultativo entre os Ministérios Públicos da União, do Distrito Federal e dos Estados na defesa dos interesses e direitos difusos e coletivos.

21.8. Prazo

Em cinco anos, por analogia ao prazo previsto no art. 21 da Lei da Ação Popular.

21.9. Concessão de liminar

Poderá o juiz conceder mandado liminar, com ou sem justificação prévia, em decisão sujeita a agravo.

21.10. Ação cautelar

Poderá ser ajuizada ação cautelar objetivando, inclusive, evitar dano ao patrimônio público e social, ao meio ambiente, ao consumidor, à honra e à dignidade de grupos raciais, étnicos ou religiosos, à ordem urbanística ou aos bens e direitos de valor artístico, estético, histórico, turístico e paisagístico.

21.11. Termo de ajustamento de conduta

Os órgãos públicos legitimados poderão tomar dos interessados compromisso de ajustamento de sua conduta às exigências legais, mediante cominações, que terá eficácia de título executivo extrajudicial.

21.12. Inquérito civil

O Ministério Público poderá instaurar, sob sua presidência, inquérito civil, ou requisitar, de qualquer organismo público ou particular, certidões, informações, exames ou perícias, no prazo que assinalar, o qual não poderá ser inferior a 10 dias úteis. Somente nos casos em que a lei impuser sigilo, poderá ser negada certidão ou informação, hipótese em que a ação poderá ser proposta desacompanhada daqueles documentos, cabendo ao juiz requisitá-los.

Se o órgão do Ministério Público, esgotadas todas as diligências, se convencer da inexistência de fundamento para a propositura da ação civil, promoverá o arquivamento dos autos do inquérito civil ou das peças informativas, fazendo-o fundamentadamente.

Os autos do inquérito civil ou das peças de informação arquivadas serão remetidos, sob pena de se incorrer em falta grave, no prazo de três dias, ao Conselho Superior do Ministério Público. Até que, em sessão do Conselho Superior do Ministério Público, seja homologada ou rejeitada a promoção de arquivamento, poderão as associações legitimadas apresentar razões escritas ou documentos, que serão juntados aos autos do inquérito ou anexados às peças de informação.

A promoção de arquivamento será submetida a exame e deliberação do Conselho Superior do Ministério Público, conforme dispuser o seu Regimento. Deixando o Conselho Superior de homologar a promoção de arquivamento, designará, desde logo, outro órgão do Ministério Público para o ajuizamento da ação.

21.13. Decisão

Poderá ser declaratória, constitutiva ou condenatória, conforme o pedido, mas na maioria das vezes ela é condenatória.

21.14. Efeito suspensivo

O juiz poderá conferir efeito suspensivo aos recursos, para evitar dano irreparável à parte.

21.15. Coisa julgada

A sentença civil fará coisa julgada *erga omnes*, nos limites da competência territorial do órgão prolator, exceto se o pedido for julgado improcedente por insuficiência de provas, hipótese em que qualquer legitimado poderá intentar outra ação com idêntico fundamento, valendo-se de nova prova.

21.16. Controle de constitucionalidade

Não é possível controle concentrado, pois há meios próprios, nem é possível obter declaração incidental de inconstitucionalidade de lei ou ato normativo, pois a sentença prolatada na ação civil pública tem efeitos *erga omnes* ou *ultra partes*.

21.17. Execução

É promovida pelo autor da ação civil pública. No caso do MP, deve promover a execução, em razão do princípio da obrigatoriedade. Decorridos 60 dias do trânsito em julgado da sentença condenatória, sem que a associação autora lhe promova a execução, deverá fazê-lo o Ministério Público, facultada igual iniciativa aos demais legitimados. Embora mencione associação, inclui qualquer colegitimado.

A execução será julgada pelo juízo que processou a causa no primeiro grau de jurisdição ou o Tribunal que a processou no caso de competência originária. O procedimento da execução depende da espécie da obrigação a ser cumprida, nos termos do CPC.

É de cinco anos o prazo prescricional para ajuizamento da execução individual de sentença proferida em ação civil pública (*Informativo* n. 756/2022 do STJ).

21.18. Dicas da peça prática

ENDEREÇAMENTO

EXCELENTÍSSIMO SENHOR DOUTOR JUIZ DE DIREITO DA... VARA CÍVEL DA COMARCA DE...

EXCELENTÍSSIMO SENHOR DOUTOR JUIZ FEDERAL DA... VARA CÍVEL DA SEÇÃO JUDICIÁRIA DE...

PREÂMBULO

No parágrafo introdutório da peça prática de ação civil pública, é necessário mencionar os seguintes requisitos: a) nome e qualificação das partes; b) capacidade postulatória; c) fundamento legal; d) nome da peça; e) frase final ("pelos motivos de fato e de direito a seguir aduzidos").

(NOME DO AUTOR), nacionalidade, estado civil, profissão, portador da cédula de identidade n. ..., inscrito no CPF/MF sob n. ..., residente e domiciliado na... (ENDEREÇO), vem respeitosamente à presença de Vossa Excelência, por meio do seu advogado, com escritório profissional na... (ENDEREÇO), com fundamento no artigo... da Lei n. 7.347/85, propor AÇÃO CIVIL PÚBLICA em face de... (NOME DO RÉU), nacionalidade, estado civil, profissão, portador da cédula de identidade n. ..., inscrito no CPF/MF sob n. ..., residente e domiciliado na... (ENDEREÇO), pelos fundamentos de fato e de direito a seguir aduzidos:

DOS FATOS

Narrar os acontecimentos, sem inventar dados ou copiar o problema.

DA LIMINAR

O candidato deve mencionar a liminar, demonstrando os requisitos, conforme modelo abaixo:

Da Liminar

A liminar deve ser concedida, já que presentes os seus requisitos, a seguir demonstrados:

a) "fumus boni iuris" – está evidenciado pela existência de disposição legal e princípios constitucionais que... (mencionar a tese);

b) "periculum in mora" – por sua vez, está caracterizado, pois, caso não seja... (o que se pede em favor do impetrante), de forma urgente e imediata, ocorrerá lesão grave e de difícil reparação, consistente... (explicitar o dano que irá acontecer se não for obtida a liminar).

Dessa forma, presentes os requisitos do "fumus boni iuris" e "periculum in mora", como restou comprovado acima, a liminar deve ser concedida, como direito subjetivo do impetrante, para boa aplicação da lei e respeito aos valores supremos da sociedade.

DO DIREITO

O candidato deve justificar não apenas a competência e a legitimidade das partes, mas argumentar no mérito a violação aos interesses transindividuais.

I – Da Competência

A competência na ação civil pública é determinada pelo foro do local onde ocorrer o dano, nos termos do art. 2º da Lei n. 7.347/85. No presente caso concreto, a competência é do..., pois é...

II – Da Legitimidade das Partes

(Nome do autor) possui legitimidade ativa, já que é... (documento 3).

(Nome do réu) é réu, pois é...

III – Do Mérito

É cabível a propositura da presente ação civil pública nos termos do art. 1º e s. da Lei n. 7.347/85, por se tratar de ato lesivo... (especificar o bem jurídico lesado).

PEDIDO

Diante do exposto, requer:

a) recebimento da presente ação civil pública;

b) a citação do réu (na pessoa de seu representante legal – mencionar se for pessoa jurídica), para contestar a presente ação, no prazo que lhe faculta a lei, cientificando-lhe que a ausência de defesa implicará revelia e reputar-se-ão como verdadeiros os fatos articulados nesta inicial;

c) intimação do Ministério Público para atuar como fiscal da lei;

d) a juntada dos documentos anexos;

e) a procedência da pretensão formulada pelo autor determinando... e ressarcimento ao erário dos eventuais prejuízos causados;

f) condenação do réu em honorários advocatícios e custas judiciais.

DAS PROVAS

O candidato deve construir a seguinte frase: O autor pretende provar o alegado por todos os meios de prova em Direito admitidos, especialmente... (mencionar as que forem indicadas no enunciado). Se acaso houver indicação de prova testemunhal, o candidato não pode esquecer de indicar o rol de testemunhas.

VALOR DA CAUSA

Dá-se à causa o valor de...

ENCERRAMENTO

O candidato deve indicar o final da peça da seguinte forma:

Termos em que pede deferimento.

(2 linhas)

Local, ... de... de...

(2 linhas)

Advogado

OAB – sob n. ...

21.19. Caso aplicado no Exame de Ordem

(XXI Exame) A Associação Alfa, constituída há 3 (três) anos, cujo objetivo é a defesa do patrimônio social e, particularmente, do direito à saúde de todos, mostrou-se inconformada com a negativa do Posto de Saúde Gama, gerido pelo Município Beta, de oferecer atendimento laboratorial adequado aos idosos que procuram esse serviço. O argumento das autoridades era o de que não havia profissionais capacitados e medicamentos disponíveis em quantitativo suficiente. Em razão desse estado de coisas e do elevado número de idosos correndo risco de morte, a Associação resolveu peticionar ao Secretário municipal de Saúde, requerendo providências imediatas para a regularização do serviço público de Saúde.

O Secretário respondeu que a situação da Saúde é realmente precária e que a comunidade precisa ter paciência e esperar a disponibilização de repasse dos recursos públicos federais, já que a receita prevista no orçamento municipal não fora integralmente realizada. Reiterou, ao final e pelas razões já aventadas, a negativa de atendimento laboratorial aos idosos. Apesar disso, as

PRÁTICA CONSTITUCIONAL

185

obras públicas da área de lazer do bairro em que estava situado o Posto de Saúde Gama, nos quais eram utilizados exclusivamente recursos públicos municipais, continuaram a ser realizadas.

Considerando os dados acima, na condição de advogado(a) contratado(a) pela Associação Alfa, elabore a medida judicial cabível para o enfrentamento do problema, inclusive com providências imediatas, de modo que seja oferecido atendimento adequado a todos os idosos que venham a utilizar os serviços do Posto de Saúde. A demanda exigirá dilação probatória.

GABARITO

A peça adequada nesta situação é a petição inicial de uma ação civil pública.

A petição deve ser endereçada ao Juízo Cível da Comarca X ou ao Juízo de Fazenda Pública da Comarca X, já que os dados constantes do enunciado não permitem identificar a organização judiciária do local.

O examinando deve indicar, na qualificação das partes, a Associação Alfa como demandante e o Município Beta como demandado.

A legitimidade ativa da Associação Alfa decorre do fato de ter sido constituída há mais de 1 ano e destinar-se à defesa do patrimônio social e do direito à saúde de todos, atendendo ao disposto no art. 5º, V, *a* e *b*, da Lei n. 7.347/85. A legitimidade passiva do Município Beta é justificada por ser o responsável pela gestão do Posto de Saúde Gama.

O cabimento da ação civil pública decorre do fato de o objetivo da demanda judicial ser a defesa de todos os idosos que procuram o atendimento do Posto de Saúde Gama, nos termos das finalidades estatutárias da Associação – defesa do patrimônio social e, particularmente, do direito à saúde de todos –, e não eventual defesa de direito ou interesse individual. Como se discute a qualidade do serviço público oferecido à população e esses idosos não podem ser individualizados, trata-se de típico interesse difuso, enquadrando-se no art. 1º, IV e VIII, da Lei n. 7.347/85.

O que se verifica, na hipótese, é a necessidade de defesa do direito à vida e à saúde dos idosos que procuram os serviços do Posto de Saúde Gama, bem como de sua dignidade, amparados pelo art. 1º, III, pelo art. 5º, *caput*, pelo art. 6º e pelo art. 196, todos da CRFB/88. Na fundamentação, deve ser indicado que esses direitos estão sendo preteridos para a realização de obras públicas na área de lazer, o que é constitucionalmente inadequado em razão da maior importância dos referidos direitos. Afinal, sem vida e saúde, não há possibilidade de lazer. O município tem o dever de assegurar o direito à saúde dos idosos e de cumprir a competência constitucional conferida para fins de prestação do serviço público de saúde (art. 30, VII, art. 196 e art. 230, todos da CRFB/88).

É importante que o examinando formule pedido de concessão de medida liminar, a fim de compelir o município a regularizar o sistema de saúde e prestar o atendimento laboratorial adequado aos idosos na localidade abrangida pelo posto de saúde. O examinando deve indicar a proteção constitucional dos direitos à vida e à saúde, bem como da dignidade humana, e o risco de ineficácia da medida final, se a liminar não for deferida, tendo em vista a urgência da situação, uma vez que os idosos estão sujeitos a complicações de saúde e a risco de morte, caso não recebam o tratamento de saúde adequado.

Deve ser demonstrada, portanto, a presença do *fumus boni iuris* e do *periculum in mora*.

Ao final, deve ser formulado pedido para que a medida pleiteada em caráter liminar seja tornada definitiva.

Deve ser requerida a produção das provas necessárias à demonstração da narrativa inaugural.

Por fim, deve-se apontar o valor da causa.

21.20. Elaboração da peça processual

EXCELENTÍSSIMO SENHOR DOUTOR JUIZ DE DIREITO DA... VARA CÍVEL DA COMARCA DE

ASSOCIAÇÃO ALFA, pessoa jurídica de direito privado, inscrita no CNPJ sob n., com sede na Rua (ENDEREÇO), neste ato representada por seu presidente, vem respeitosamente à presença de Vossa Excelência, por meio do seu advogado, com escritório profissional na... (ENDEREÇO), com fundamento no na Lei n. 7.347/85, propor AÇÃO CIVIL PÚBLICA em face do MUNICÍPIO BETA, pessoa jurídica de direito público, com sede na Rua (ENDEREÇO), pelos fundamentos de fato e de direito a seguir aduzidos:

I – DOS FATOS

A Associação Alfa, constituída há 3 (três) anos, cujo objetivo é a defesa do patrimônio social e, particularmente, do direito à saúde de todos, mostrou-se inconformada com a negativa do Posto de Saúde Gama, gerido pelo Município Beta, de oferecer atendimento laboratorial adequado aos idosos que procuram esse serviço.

O argumento das autoridades era o de que não havia profissionais capacitados e medicamentos disponíveis em quantitativo suficiente. Em razão desse estado de coisas e do elevado número de idosos correndo risco de morte, a Associação resolveu peticionar ao Secretário municipal de Saúde, requerendo providências imediatas para a regularização do serviço público de Saúde.

O Secretário respondeu que a situação da Saúde é realmente precária e que a comunidade precisa ter paciência e esperar a disponibilização de repasse dos recursos públicos federais, já que a receita prevista no orçamento municipal não fora integralmente realizada. Reiterou, ao final e pelas razões já aventadas, a negativa de atendimento laboratorial aos idosos. Apesar disso, as obras públicas da área de lazer do bairro em que estava situado o Posto de Saúde Gama, nos quais eram utilizados exclusivamente recursos públicos municipais, continuaram a ser realizadas.

II – DA LIMINAR

A liminar deve ser concedida, já que presentes os seus requisitos, a seguir demonstrados:

a) "fumus boni iuris" – está evidenciado na proteção constitucional dos direitos à vida e à saúde, bem como da dignidade humana;

b) "periculum in mora" – por sua vez, está caracterizado, pois se a liminar deve ser deferida, tendo em vista a urgência da situação, uma vez que os idosos estão sujeitos a complicações de saúde e a risco de morte, caso não recebam o tratamento de saúde adequado.

Dessa forma, presentes os requisitos do "fumus boni iuris" e do "periculum in mora", como restou comprovado acima, a liminar deve ser concedida, como direito subjetivo do impetrante, para boa aplicação da lei e respeito aos valores supremos da sociedade.

III – DO DIREITO
III.1 – Da Competência

A competência na ação civil pública é determinada pelo foro do local onde ocorrer o dano, nos termos do art. 2º da Lei n. 7.347/85. No presente caso concreto, a competência é juiz de direito da Vara cível.

III.2 – Da Legitimidade das Partes

A legitimidade ativa da Associação Alfa decorre do fato de ter sido constituída há mais de 1 ano e destinar-se à defesa do patrimônio social e do direito à saúde de todos, atendendo ao disposto no art. 5º, V, "a" e "b", da Lei n. 7.347/85.

A legitimidade passiva do Município Beta é justificada por ser o responsável pela gestão do Posto de Saúde Gama. O cabimento da ação civil pública decorre do fato de o objetivo da demanda judicial ser a defesa de todos os idosos que procuram o atendimento do Posto de Saúde Gama, nos termos das finalidades estatutárias da Associação – defesa do patrimônio social e, particularmente, do direito à saúde de todos –, e não eventual defesa de direito ou interesse individual

III.3 – Do Mérito

A propositura da presente ação civil pública nos termos do art. 1º e s. da Lei n. 7.347/85 decorre do fato de o objetivo da demanda judicial ser a defesa de todos os idosos que procuram o atendimento do Posto de Saúde Gama, nos termos das finalidades estatutárias da Associação – defesa do patrimônio social e, particularmente, do direito à saúde de todos –, e não eventual defesa de direito ou interesse individual.

Como se discute a qualidade do serviço público oferecido à população e esses idosos não podem ser individualizados, trata-se de típico interesse difuso, enquadrando-se no art. 1º, IV e VIII, da Lei n. 7.347/85. O que se verifica, na hipótese, é a necessidade de defesa do direito à vida e à saúde dos idosos que procuram os serviços do Posto de Saúde Gama, bem como de sua dignidade, amparados pelo art. 1º, III, pelo art. 5º, "caput", pelo art. 6º e pelo art. 196, todos da CRFB/88. Esses direitos estão sendo preteridos para a realização de obras públicas na área de lazer, o que é constitucionalmente inadequado em razão da maior importância dos referidos direitos. Afinal, sem vida e saúde, não há possibilidade de lazer. O município tem o dever de assegurar o direito à saúde dos idosos e de cumprir a competência constitucional conferida para fins de prestação do serviço público de saúde (art. 30, VII, art. 196 e art. 230, todos da CRFB/88).

IV – DO PEDIDO

Diante do exposto, requer:

a) seja concedida liminar a fim de compelir o município a regularizar o sistema de saúde e prestar o atendimento laboratorial adequado aos idosos na localidade abrangida pelo posto de saúde;

b) a citação do réu na pessoa de seu representante legal, para contestar a presente ação, no prazo que lhe faculta a lei, cientificando-lhe que a ausência de defesa implicará revelia e reputar-se-ão como verdadeiros os fatos articulados nesta inicial;

c) intimação do Ministério Público para atuar como fiscal da lei;

d) a juntada dos documentos anexos;

e) a procedência da pretensão formulada pelo autor para que a medida pleiteada em caráter liminar seja tornada definitiva;

f) condenação do réu em honorários advocatícios e custas judiciais.

V – DAS PROVAS

O autor pretende provar o alegado por todos os meios de prova em Direito admitidos.

| VI – DO VALOR DA CAUSA |

Dá-se à causa o valor de...

Termos em que pede deferimento.

Local, ... de... de...

Advogado
OAB – sob n. ...

Acesse o Q*R Code* e veja mais um modelo de peça sobre o tema que foi elaborado para você.

> *http://uqr.to/1wkm5*

22. AÇÃO ORDINÁRIA

22.1. Linha básica da jurisdição

O princípio da separação de poderes, previsto no art. 2º da Constituição Federal, além de reconhecer a divisão funcional e orgânica do Poder, cria um sistema de freios e contrapesos, que evita a predominância de um poder sobre o outro, contendo o arbítrio estatal.

A Constituição Federal, ao prever o princípio da separação de poderes, reconhece a existência dos três órgãos constitucionais, quais sejam o Legislativo, o Executivo e o Judiciário.

A função típica do Judiciário é a jurisdição, que tem como característica a inércia, ou seja, depende de provocação da parte ou interessado. Noutros termos, o Judiciário analisa um caso a partir do exercício do direito de ação.

Flávio Luiz Yarshell diferencia jurisdição da tutela jurisdicional: a jurisdição é função estatal; já a tutela jurisdicional é a proteção que se proporciona como exercício da função estatal[1].

A propositura da ação viabiliza o princípio dispositivo previsto na Constituição Federal no art. 5º, XXXV (a lei não excluirá da apreciação do Poder Judiciário lesão ou ameaça a direito), e no art. 3º do CPC (não se excluirá da apreciação jurisdicional ameaça ou lesão a direito).

A propositura da ação no Judiciário dá origem ao processo, uma relação jurídica que se desenvolverá por meio de uma sequência de atos processuais (procedimento) até culminar na sentença.

O procedimento será desenvolvido por meio de uma sequência de atos que culminará na sentença de pronunciamento por meio da qual o juiz põe fim à fase cognitiva do procedimento comum, bem como extingue a execução. A sentença pode ser definitiva (com a resolução do mérito) ou terminativa (sem resolução do mérito).

Os fundamentos da sentença definitiva estão previstos no art. 487 do CPC: quando o juiz acolher ou rejeitar o pedido formulado na ação ou na reconvenção; decidir, de ofício ou a requerimento, sobre a ocorrência de decadência ou prescrição; homologar: a) o reconhecimento da procedência do pedido formulado na ação ou na reconvenção; b) a transação; c) a renúncia à pretensão formulada na ação ou na reconvenção.

Os fundamentos da sentença terminativa estão previstos no art. 485 do CPC: I – indeferir a petição inicial; II – o processo ficar parado durante mais de um ano por negligência das partes; III – por não promover os atos e as diligências que lhe incumbir, o autor aban-

---

[1] YARSHELL, Flávio Luiz. *Tutela jurisdicional*. São Paulo: Atlas, 1999.

donar a causa por mais de 30 dias; IV – verificar a ausência de pressupostos de constituição e de desenvolvimento válido e regular do processo; V – reconhecer a existência de perempção, de litispendência ou de coisa julgada; VI – verificar ausência de legitimidade ou de interesse processual; VII – acolher a alegação de existência de convenção de arbitragem ou quando o juízo arbitral reconhecer sua competência; VIII – homologar a desistência da ação; IX – em caso de morte da parte, a ação for considerada intransmissível por disposição legal; e X – nos demais casos prescritos no Código de Processo Civil.

Se for sentença terminativa, o juiz antes de proferir decisão sem resolução de mérito deverá conceder à parte oportunidade para, se possível, corrigir o vício, nos termos do art. 317 do CPC.

Uma vez proferida a sentença, a parte pode interpor recurso, que dá continuidade à relação processual já instaurada com a propositura da ação. Após o esgotamento dos recursos, opera-se o trânsito em julgado.

Com o trânsito em julgado, pode a parte, se for sentença de mérito que contenha vício grave, ajuizar ação rescisória, nos termos do art. 966 e s. do CPC, no prazo de dois anos contados do trânsito em julgado da última decisão proferida no processo.

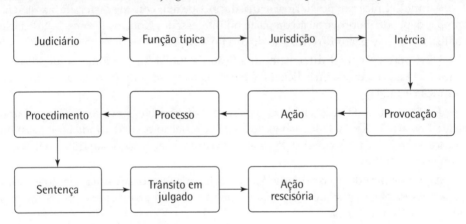

22.2. Processo e procedimento

O processo possui três aspectos: intrínseco (relação jurídica entre juiz, autor e réu), extrínseco (procedimento) e o substancial (contraditório e ampla defesa no debate da causa). Não há processo sem procedimento e não há processo que não se refira a um procedimento. Os tipos de processo variam conforme o tipo de tutela jurisdicional postulada pelo autor da ação.

Itens	Processo de conhecimento	Processo de execução	Processo cautelar
Pretensão	Reconhecimento do direito	Satisfação do direito	Resguardo do direito
Tipo de tutela	Cognitiva	Satisfativa	Protetiva
Objeto	Crise de certeza	Crise de inadimplemento	Crise de segurança

22.3. Ação

Em face da inércia da jurisdição, a atividade de julgar é provocada, pois não há jurisdição sem ação (*nemo judex sine actore*), ou ainda o juiz não pode proceder de ofício (*ne procedat ex officio*). O direito de provocar a jurisdição é a demanda. A materialização desta provocação se dá pelo exercício do direito de ação, previsto no art. 5º, XXXV, da CRFB.

A ação é um direito autônomo (desvinculada do direito material), abstrato (independe da obtenção de um provimento favorável), público (exercido em face do Estado) e instrumental (serve para efetivar direito material).

A ação é identificada pelas partes (pessoas que participam do contraditório perante o Estado-Juiz), causa de pedir (fatos e fundamentos jurídicos) e pedido (bem da vida e o tipo provimento jurisdicional).

O exercício do direito de ação depende do preenchimento de requisitos: a) possibilidade jurídica do pedido (a pretensão deduzida em juízo precisa estar prevista no ordenamento jurídico), b) interesse de agir (necessidade, adequação e utilidade); c) legitimidade *ad causam*. A falta das condições da ação gera carência de ação, e por consequência extinção do processo sem resolução do mérito.

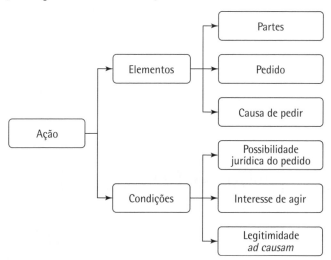

22.4. Ação de conhecimento

É uma ação em que o autor pede ao juiz o reconhecimento de um direito. O juiz examinará o caso concreto, verificando o acertamento do direito, no sentido de estar ou não o autor da ação com a razão alegada.

Se o juiz verificar que o autor está com a razão, dará a sentença julgando procedente a pretensão do autor, outorgando-lhe o provimento jurisdicional solicitado. Se o juiz verificar que o autor não está com a razão, dará a sentença julgando improcedente a pretensão do autor, não lhe outorgando o provimento jurisdicional solicitado.

Na ação de conhecimento em que a atividade do juiz é uma tutela cognitiva, é possível identificar três espécies, conforme o tipo de tutela postulada: a) ação declaratória: é a que visa a declaração da existência ou inexistência de uma relação jurídica; seu objeto é a obtenção da certeza jurídica; b) ação constitutiva: é a que visa modificar, extinguir ou criar uma relação jurídica. Se criar é positiva; se desconstituir é negativa; seu objeto é a modificação de algo; c) ação condenatória: é a que visa obrigar alguém ao cumprimento de uma obrigação não adimplida; seu objeto é a formação de um título executivo judicial. Se condenar impondo ordem, sob pena de no descumprimento impor providências de satisfação do direito, é ação mandamental; se a determinação da sentença for cumprida pelo devedor, é ação executiva *lato sensu*.

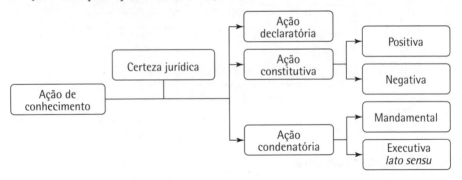

22.5. Procedimentos no processo de conhecimento

No processo de conhecimento, os procedimentos podem ser comuns ou especiais. O procedimento comum é aplicado a todas as causas, salvo disposição em contrário do Código de Processo Civil ou de lei. O procedimento comum aplica-se subsidiariamente aos demais procedimentos especiais e ao processo de execução.

O procedimento comum é dividido, de acordo com o ato predominante, em quatro fases: a) fase postulatória: abrange a petição inicial e a resposta do réu; b) fase de saneamento: o juiz coloca o processo em ordem com o despacho saneador; c) instrutória: fase da produção de provas; d) fase decisória: é a decisão do caso concreto.

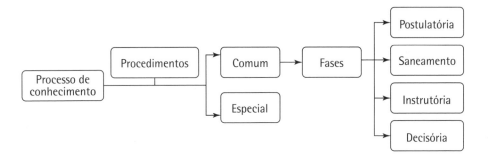

22.6. Dicas da peça prática

ENDEREÇAMENTO

É a indicação do juízo a que é dirigida a petição inicial. A identificação do juízo depende de um raciocínio por exclusão: a) verificar se é caso da Justiça Especial (trabalhista, militar ou eleitoral); b) se não for caso de Justiça Especial, verificar se é caso da Justiça Federal comum, nos termos do art. 109 da CRFB; c) se não for caso de Justiça Federal, a ação será julgada pela Justiça Estadual.

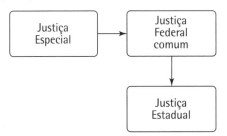

Após verificada a Justiça competente, o candidato deve verificar se a competência é originária (tribunal) ou não originária (juiz). Não esquecer que as hipóteses de competência originária estão previstas na Constituição Federal.

PREÂMBULO

É o parágrafo introdutório da peça prática da ação ordinária. Deve ser feito conforme o modelo abaixo:

(NOME DO AUTOR), nacionalidade, estado civil, profissão, portador da cédula de identidade n. ..., inscrito no CPF/MF sob n. ..., residente e domiciliado na... (ENDEREÇO), vem respeitosamente à presença de Vossa Excelência, por meio do seu advogado (documento anexo), com escritório profissional na... (ENDEREÇO), com fundamento no art. 5º, XXXV, da Constituição Federal c/c o CPC, propor... (AÇÃO ORDINÁRIA OU AÇÃO DE PROCEDIMENTO ORDINÁRIO) em face de... (NOME DO RÉU), nacionalidade, estado civil, profissão, portador da cédula de identidade n. ..., inscrito no CPF/MF sob n. ..., residente e domiciliado na... (ENDEREÇO), pelos fundamentos de fato e de direito a seguir aduzidos:

Em face do modelo, são os seguintes os requisitos do preâmbulo:

a) **nome e qualificação do autor**: (NOME DO AUTOR), nacionalidade, estado civil, profissão, portador da cédula de identidade n. ..., inscrito no CPF/MF sob n. ..., residente e domiciliado na... (ENDEREÇO);

b) **capacidade postulatória**: por meio do seu advogado (documento anexo), com escritório profissional na... (ENDEREÇO);

c) **fundamento legal da peça**: art. 5º, XXXV, da Constituição Federal c/c o CPC;

d) **nome da peça**: AÇÃO ORDINÁRIA OU AÇÃO DE PROCEDIMENTO ORDINÁRIO;

e) **nome e qualificação do réu**: (NOME DO RÉU), nacionalidade, estado civil, profissão, portador da cédula de identidade n. ..., inscrito no CPF/MF sob n. ..., residente e domiciliado na... (ENDEREÇO);

f) **frase final**: "pelos fundamentos de fato e de direito a seguir aduzidos:".

DOS FATOS

É a narrativa dos acontecimentos que envolveram o caso concreto.

DO DIREITO

São os fundamentos jurídicos. O candidato deve demonstrar que sua pretensão tem respaldo no ordenamento jurídico. Para facilitar, o candidato deverá observar o seguinte modelo:

a) apontar a tese: identificar a violação à ordem jurídica: por exemplo, se houve ato ilícito, descrever, de acordo com as circunstâncias do caso concreto, a ação ou omissão voluntária, negligência ou imprudência, que violou o direito e causou prejuízo;

b) justificar a tese: apontar a violação aos princípios jurídicos e às regras legais que fundamentam a violação à ordem jurídica;

c) conclusão: afirma que, diante da violação, deve ocorrer uma tutela jurisdicional específica que varia conforme o tipo de ação de conhecimento:

- Ação declaratória: procedência para que seja declarado... (especificar o conteúdo da declaração).

- Na ação declaratória, o objetivo é a existência ou inexistência de relação jurídica, ou ainda a autenticidade ou falsidade de documento. O interesse de agir, na ação declaratória, envolve a necessidade, concretamente demonstrada, de eliminar ou resolver a incerteza do direito ou relação jurídica. A incerteza deve resultar do próprio conflito de interesses (v. *RSTJ* 54/354).

- Ação constitutiva: procedência para que seja constituída ou desconstituída... (especificar o conteúdo);

- Ação condenatória: procedência para que seja condenada a reparação dos prejuízos causados... (especificar o conteúdo).

PEDIDO

Com as suas especificações, inclusive o das provas com que o autor pretende demonstrar a verdade dos fatos alegados.

Diante do exposto, requer:

a) recebimento da presente ação ordinária;

b) declarar a opção pela audiência de conciliação ou mediação nos termos do art. 319 do CPC;

c) juntada dos documentos em anexo;

d) procedência da ação, com a consequente... (conforme o caso concreto);

e) condenação nas verbas da sucumbência.

VALOR DA CAUSA

É a indicação do valor da causa, conforme modelo abaixo: Dá-se à causa o valor de...

AUDIÊNCIA DE CONCILIAÇÃO OU MEDIAÇÃO

Deve ser mencionada a opção do autor pela realização ou não de audiência de conciliação ou de mediação.

DAS PROVAS

O candidato deve construir a seguinte frase: O autor pretende provar o alegado por todos os meios de prova em Direito admitidos, especialmente... (mencionar as que forem indicadas no enunciado). Se acaso houver indicação de prova testemunhal, o candidato não pode esquecer de indicar o rol de testemunhas.

ENCERRAMENTO

O candidato deve indicar o final da peça da seguinte forma:

Termos em que pede deferimento.

(2 linhas)

Local, ... de... de...

(2 linhas)

Advogado

OAB – sob n. ...

22.7. Caso aplicado no Exame de Ordem

(V Exame) Mévio, brasileiro, solteiro, estudante universitário, domiciliado na capital do Estado W, requereu o seu ingresso em programa de bolsas financiado pelo Governo Federal, estando matriculado em Universidade particular. Após apresentar a documentação exigida, é surpreendido com a negativa do órgão federal competente, que aduz o não preenchimento de requisitos legais. Entre eles, está a exigência de pertencer a determinada etnia, uma vez que o programa é exclusivo de inclusão social para integrantes de grupo étnico descrito no edital, podendo, ao arbítrio da Administração, ocorrer integração de outras pessoas, caso ocorra saldo no orçamento do programa. Informa, ainda, que existe saldo financeiro e que, por isso, o seu requerimento ficará no aguardo do prazo estabelecido em regulamento. O referido prazo não consta na lei que instituiu o programa, e o referido ato normativo também não especificou a limitação do financiamento para grupos étnicos. Com base na negativa da Administração Federal, a matrícula na Universidade particular ficou suspensa, prejudicando a continuação do curso superior. O valor da mensalidade por ano corresponde a R$ 20.000,00, sendo o curso de quatro anos de duração. O estudante pretende produzir provas de toda a espécie, receoso de que somente a prova documental não seja suficiente para o deslinde da causa. Isso foi feito em atendimento à consulta respondida pelo seu advogado Tício, especialista em Direito Público, que indicou a possibilidade de prova pericial complexa, bem como depoimentos de pessoas para comprovar a sua necessidade financeira e outros depoimentos para indicar possíveis beneficiários não incluídos no grupo étnico referido pela Administração. Aduz ainda que o pleito deve restringir-se no reconhecimento do seu direito constitucional e que eventuais perdas e danos deveriam ser buscadas em outro momento. Há urgência, diante da proximidade do início do semestre letivo.

Na qualidade de advogado contratado por Mévio, elabore a peça cabível ao tema, observando: a) competência do juízo; b) legitimidade ativa e passiva; c) fundamentos de mérito constitucionais e legais vinculados; d) os requisitos formais da peça inaugural.

GABARITO

O tema envolve, de início, o exame da competência para julgamento da causa que envolve a União Federal e Universidade particular havendo fatos encadeados que indicam a atuação conjunta dessas pessoas no polo passivo da demanda, o que indica a competência por atração da Justiça Federal da capital do Estado W, domicílio do autor (CRFB, art. 109, § 2ª).

Por outro lado, atuará no polo ativo o estudante Mévio e no polo passivo a União Federal, que negou o financiamento e a Universidade que suspendeu a matrícula, por força do primeiro ato. Esse litisconsórcio se afigura necessário para solver a situação do autor, de forma definitiva, condenando ambos os sujeitos passivos, nos limites das suas responsabilidades.

A petição inicial será obediente ao rito ordinário pela complexidade da questão envolvida e por envolver a possibilidade de prova pericial complexa.

Quanto aos fundamentos que devem servir de supedâneo para a peça exordial deve o candidato indicar: a) ofensa ao princípio da isonomia pois esse tipo de financiamento não pode beneficiar somente determinado grupo étnico; b) ofensa ao princípio da legalidade vez que há confronto entre o regulamento e o texto legal; c) ofensa aos princípios constitucionais da Administração Pública pois o ato da Administração não pode ser arbitrário podendo ser discricionário; d) ofensa ao direito constitucional à educação.

No caso em exame, o valor da causa corresponderá ao benefício econômico postulado, que será de 20.000,00 vezes 4, devendo ser fixado em 80.000,00.

Diante da urgência da medida, deverá o autor apresentar requerimento de tutela antecipada caracterizando os requisitos do art. 273 do CPC.

Alternativamente, aceitando a ideia de que a atitude do novo advogado seria recusar a produção de provas, caberia mandado de segurança.

22.8. Elaboração da peça

EXCELENTÍSSIMO SENHOR DOUTOR JUIZ FEDERAL DA... VARA FEDERAL CÍVEL DA SEÇÃO JUDICIÁRIA DE...

Mévio, nacionalidade, estado civil, profissão, portador da cédula de identidade n. ..., inscrito no CPF/MF sob n. ..., residente e domiciliado na... (ENDEREÇO), vem respeitosamente à presença de Vossa Excelência, por meio do seu advogado (documento anexo), com escritório profissional na... (ENDEREÇO), com fundamento no art. 5º, XXXV, da CRFB c/c o CPC, propor AÇÃO ORDINÁRIA em face da União Federal, pessoa jurídica de direito público interno, com sede na... (ENDEREÇO), podendo ser citada na pessoa do... (identificar o representante legal), pelos fundamentos de fato e de direito a seguir aduzidos:

I – DOS FATOS

Mévio requereu o seu ingresso em programa de bolsas financiado pelo Governo Federal, estando matriculado em Universidade particular.

Após apresentar a documentação exigida, é surpreendido com a negativa do órgão federal competente, que aduz o não preenchimento de requisitos legais.

Entre eles, está a exigência de pertencer a determinada etnia, uma vez que o programa é exclusivo de inclusão social para integrantes de grupo étnico descrito no edital, podendo, ao arbítrio da Administração, ocorrer integração de outras pessoas, caso ocorra saldo no orçamento do programa.

Informa, ainda, que existe saldo financeiro e que, por isso, o seu requerimento ficará no aguardo do prazo estabelecido em regulamento. O referido prazo não consta na lei que instituiu o programa, e o referido ato normativo também não especificou a limitação do financiamento para grupos étnicos.

Com base na negativa da Administração Federal, a matrícula na Universidade particular ficou suspensa, prejudicando a continuação do curso superior.

II – DO DIREITO

Na hipótese dos autos, houve negativa de financiamento que, por sua vez, violou princípios jurídicos considerados essenciais na ordem jurídica, em prejuízo ao direito constitucional à educação.

É flagrante a violação ao princípio da isonomia, pilar do Estado Democrático de Direito, já que um tipo de financiamento não pode beneficiar somente determinado grupo étnico. A prática de atos preconceituosos em razão da etnia ofende não só a Constituição em face de seu princípio da isonomia, mas também ofende a essência do próprio ser humano.

Além da violação ao princípio da isonomia, houve, no caso concreto, ofensa ao princípio da legalidade, vez que há confronto entre o regulamento e o texto legal, já que na lei não há previsão de limitação ao financiamento de grupos étnicos.

O regulamento cria limitações não previstas em lei, violando o princípio da legalidade consagrado no inciso II do art. 5º da Constituição Federal, dispondo que ninguém será obrigado a fazer ou deixar de fazer alguma coisa senão em virtude de lei.

Por fim, há flagrante violação aos princípios constitucionais da Administração Pública, pois o ato da Administração não pode ser arbitrário podendo ser discricionário, respeitando os limites jurídicos em prol da defesa do interesse da coletividade.

III – DO PEDIDO

Diante do exposto, requer:

a) recebimento da presente ação ordinária;

b) declarar a opção em realizar audiência de conciliação nos termos do art. 319 do CPC;

c) juntada dos documentos em anexo;

d) procedência da ação, com a consequente concessão do financiamento da bolsa financiada pelo Governo Federal;

e) condenação nas verbas da sucumbência.

IV – DAS PROVAS

O autor pretende provar o alegado por todos os meios de prova em Direito admitidos, especialmente... (mencionar as que forem indicadas no enunciado). Se acaso houver indicação de prova testemunhal, o candidato não pode esquecer de indicar o rol de testemunhas.

V – DO VALOR DA CAUSA

Atribui-se à causa o valor de R$ 80.000,00.

Termos em que pede deferimento.

Local, ... de... de...

OAB – sob n. ...

23. CONTESTAÇÃO

23.1. Fundamento constitucional

É o princípio do contraditório e da ampla defesa previsto no art. 5º, LV, da CRFB (aos litigantes, em processo judicial ou administrativo, e aos acusados em geral são assegurados o contraditório e ampla defesa, com os meios e recursos a ela inerentes).

23.2. Natureza jurídica

Além de modalidade de resposta do réu, a contestação é um ônus a ser praticado pela defesa para ver seu interesse atendido.

23.3. Não apresentação da contestação

Se o réu não contestar a ação, será considerado revel e presumir-se-ão verdadeiras as alegações de fato formuladas pelo autor, nos termos do art. 344 do CPC. De acordo com a jurisprudência, a não apresentação de contestação enseja apenas presunção relativa de veracidade dos fatos narrados na inicial pelo autor da ação, podendo ser infirmada pelos demais elementos dos autos, motivo pelo qual não acarreta a procedência automática dos pedidos iniciais (*Informativo n. 546/2014 do STJ*).

23.4. Conceito

É a resistência do réu em face da pretensão alegada pelo autor na inicial. É a contraposição ao pedido formulado pelo autor na inicial.

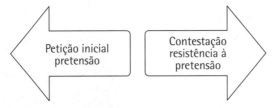

23.5. Natureza da pretensão na contestação

O réu quer o não atendimento ao pedido formulado pelo autor na inicial. Dessa forma, afirma-se que a pretensão do réu na contestação é de resistência com característica declaratória negativa.

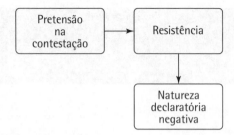

23.6. Princípio da eventualidade

Incumbe ao réu alegar, na contestação, toda a matéria de defesa, expondo as razões de fato e de direito com que impugna o pedido do autor e especificando as provas que pretende produzir.

Defesas que podem ser apresentadas após contestação: a) alegações relativas a direito ou a fato superveniente; b) matérias que o juiz possa conhecer de ofício (matérias de ordem pública); c) alegações que por expressa autorização legal, puderem ser formuladas em qualquer tempo e grau de jurisdição.

23.7. Defesas processuais

São as que dizem respeito ao processo e às condições da ação. Devem ser alegadas como preliminar na contestação. Essas preliminares podem ser conhecidas de ofício pelo juiz, excetuadas a convenção de arbitragem e a incompetência relativa, nos termos do art. 337, § 5º, do CPC. Podem ser: a) peremptórias: uma vez acolhidas resultam na extinção do processo sem resolução do mérito; b) dilatórias: uma vez acolhidas implicam na dilação do processo.

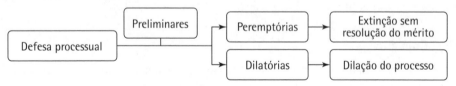

23.8. Conteúdo da defesa processual

A lei processual civil indica no art. 337 as matérias que podem ser alegadas como defesa processual, em preliminar. Trata-se de um rol não taxativo: I – inexistência ou nulidade da citação; II – incompetência absoluta e relativa; III – incorreção do valor da causa; IV – inépcia da petição inicial; V – perempção; VI – litispendência; VII – coisa julgada; VIII – conexão; IX – incapacidade da parte, defeito de representação ou falta de autorização; X – convenção de arbitragem; XI – ausência de legitimidade ou de interesse processual; XII – falta de caução ou de outra prestação que a lei exige como preliminar; XIII – indevida concessão do benefício de gratuidade de justiça. Verifica-se a litispendência ou a coisa julgada quando se reproduz ação anteriormente ajuizada. Uma ação é idêntica a outra quando possui as mesmas partes, a mesma causa de pedir e o mesmo pedido. Há litispendência quando se repete ação que está em curso. Há coisa julgada quando se repete ação que já foi decidida por decisão transitada em julgado.

23.9. Defesa preliminar de mérito

São as questões prejudiciais: a) externa: quando a sentença de mérito depender do julgamento de outra causa ou da declaração de existência ou de inexistência de relação jurídica que constitua o objeto principal de outro processo pendente; b) interna: quando a sentença de mérito tiver de ser proferida somente após a verificação de determinado fato ou a produção de certa prova, requisitada a outro juízo; c) solução prévia de eventuais intervenções de terceiros.

23.10. Defesa de mérito

É a defesa substancial alegada após preliminares. Pode ser de duas espécies:

a) **direta**: é a negativa do réu em relação aos fatos, fundamentação jurídica e/ou pedido;

b) **defesa de mérito indireta**: a apresentação pelo réu de fato impeditivo, modificativo ou extintivo do direito do autor.

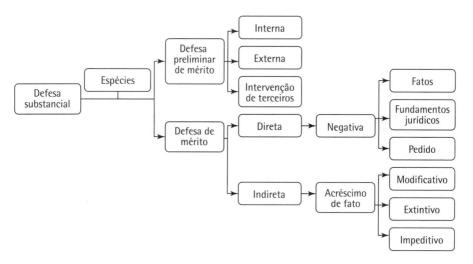

23.11. Ônus da impugnação específica

Incumbe ao réu manifestar-se precisamente sobre as alegações de fato constantes da petição inicial, presumindo-se verdadeiras as não impugnadas.

Ônus de **impugnação genérica**: a) se não for admissível, a seu respeito, a confissão; b) quando a petição inicial não estiver acompanhada de instrumento que a lei considerar da substância do ato; c) quando estiverem em contradição com a defesa, considerada em seu conjunto. O ônus da impugnação especificada dos fatos não se aplica ao defensor público, ao advogado dativo e ao curador especial.

23.12. Alegação de ilegitimidade de parte

Incumbe ao réu indicar o sujeito passivo da relação jurídica discutida sempre que tiver conhecimento, sob pena de arcar com as despesas processuais e de indenizar o autor pelos prejuízos decorrentes da falta de indicação. O autor, diante da indicação do réu pode:

a) **aceitar a indicação**: neste caso, o autor tem 15 dias, para alterar a petição inicial e realizar a substituição do réu (realizada a substituição, o autor reembolsará as despesas e pagará os honorários ao procurador do réu excluído, que serão fixados entre três e cinco por cento do valor da causa ou, sendo este irrisório ainda, o juiz fixará o valor dos honorários por apreciação equitativa). No prazo de 15 dias, o autor pode optar por alterar a petição inicial para incluir, como litisconsorte passivo, o sujeito indicado pelo réu;

b) **não aceitar a indicação**: o juiz pode tomar duas decisões: 1) se o juiz decidir pela ilegitimidade de parte profere sentença de extinção do processo sem resolução do mérito; 2) se o juiz rejeitar a ilegitimidade de parte, o processo segue o seu curso regular.

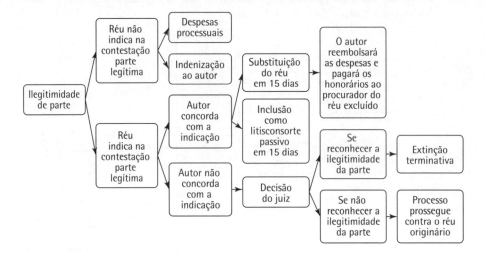

23.13. Alegação de incompetência

a) **Forma**: a incompetência será alegada como questão preliminar de contestação, nos termos do art. 64 do CPC.

b) **Conteúdo**: pode ser alegada a incompetência absoluta ou relativa.

c) **Não alegação da incompetência em preliminar de contestação**: no caso da incompetência absoluta, não haverá prejuízo, já que esta pode ser alegada em qualquer tempo e grau de jurisdição e deve ser declarada de ofício; no caso de incompetência relativa, ocorre a prorrogação da competência.

PRÁTICA CONSTITUCIONAL

d) **Apresentação da contestação**: ao juiz da causa ou poderá ser protocolada no foro de domicílio do réu.

e) **Contestação apresentada no foro do domicílio do réu**: temos os seguintes efeitos: 1) comunicação imediata ao juiz da causa: a apresentação será imediatamente comunicada ao juiz da causa, preferencialmente por meio eletrônico; 2) suspensão da audiência designada: se o juiz da causa tiver designado audiência de conciliação ou mediação, sua realização será suspensa em virtude de o réu ter optado por apresentar a contestação em outro juízo.

f) **Decisão judicial**: após apresentada a contestação com a alegação da incompetência, o juiz ouve a parte contrária e depois decide ("Art. 64. (...) § 2º Após manifestação da parte contrária, o juiz decidirá imediatamente a alegação de incompetência"). A decisão pode ser de duas espécies:

- **Acolher a preliminar de incompetência**: os autos serão remetidos ao juízo competente. Salvo decisão judicial em sentido contrário, serão conservados os efeitos de decisão proferida pelo juízo incompetente até que outra seja proferida, se for o caso, pelo juízo competente;

- **Não acolher a preliminar de incompetência**: o processo prossegue.

23.14. Incorreção do valor da causa

O réu poderá impugnar, em preliminar da contestação, o valor atribuído à causa pelo autor, sob pena de preclusão, e o juiz decidirá a respeito, impondo, se for o caso, a complementação das custas.

Ação	Valor da causa
Ação de cobrança de dívida	Soma monetariamente corrigida do principal, dos juros de mora vencidos e de outras penalidades, se houver, até a data de propositura da ação
Ação que tiver por objeto a existência, a validade, o cumprimento, a modificação, a resolução, a resilição ou a rescisão de ato jurídico	O valor do ato ou o de sua parte controvertida
Ação de alimentos	Soma de 12 prestações mensais pedidas pelo autor
Ação de divisão, de demarcação e de reivindicação	Valor de avaliação da área ou do bem objeto do pedido
Ação indenizatória, inclusive a fundada em dano moral	Valor pretendido
Ação em que há cumulação de pedidos	Quantia correspondente à soma dos valores de todos eles
Ação em que os pedidos são alternativos	O de maior valor
Ação em que houver pedido subsidiário	Valor do pedido principal

23.15. Indevida concessão do benefício de gratuidade de justiça

O réu alega em preliminar de contestação quando constatar falta dos pressupostos legais para a concessão de gratuidade.

23.16. Prazo

a) **Regra**: o réu poderá oferecer contestação, por petição, no prazo de 15 dias.

b) **Contagem do prazo**: em dias úteis, nos termos do art. 219 do CPC.

c) **Termo inicial**: da data da audiência de conciliação ou de mediação, ou da última sessão de conciliação, quando qualquer parte não comparecer ou, comparecendo, não houver autocomposição. No caso de ambas as partes manifestarem, expressamente, desinteresse na composição consensual, o termo inicial será a data do protocolo do pedido de cancelamento da audiência de conciliação ou de mediação apresentado pelo réu.

Forma da citação ou intimação	Termo inicial
Pelo correio	Data de juntada aos autos do aviso de recebimento
Pelo oficial de justiça	Data de juntada aos autos do mandado cumprido
Por ato do escrivão ou do chefe de secretaria	Data de ocorrência da citação ou da intimação
Por edital	Dia útil seguinte ao fim da dilação assinada pelo juiz
Eletrônica	Dia útil seguinte à consulta ao teor da citação ou da intimação ou ao término do prazo para que a consulta se dê
Quando a intimação se der pelo *Diário da Justiça* impresso ou eletrônico	Data de publicação
Quando a intimação se der por meio da retirada dos autos, em carga, do cartório ou da secretaria	Dia da carga
Quando a citação ou a intimação se realizar em cumprimento de carta	Data de juntada do comunicado de que trata o art. 232 do CPC (Nos atos de comunicação por carta precatória, rogatória ou de ordem, a realização da citação ou da intimação será imediatamente informada, por meio eletrônico, pelo juiz deprecado ao juiz deprecante) ou, não havendo essa, a data de juntada da carta aos autos de origem devidamente cumprida

d) **Prazo de contestação da Fazenda Pública**: a União, os estados, o Distrito Federal, os municípios e suas respectivas autarquias e fundações de direito público gozarão de prazo em dobro para todas as suas manifestações processuais, cuja contagem terá início a partir da intimação pessoal (carga, remessa ou meio eletrônico). Não se aplica o benefício da contagem em dobro quando a lei estabelecer, de forma expressa, prazo próprio para o ente público.

e) **Prazo em litisconsórcio com vários procuradores**: os litisconsortes que tiverem diferentes procuradores, de escritórios de advocacia distintos, terão prazos contados em dobro para todas as suas manifestações, em qualquer juízo ou tribunal, independentemente de requerimento. Cessa a contagem do prazo em dobro se, havendo apenas dois réus, é oferecida defesa por apenas um deles. A previsão do prazo não é aplicada para processo eletrônico.

23.17. Concentração da resposta

É possível a propositura da reconvenção na própria contestação, em homenagem aos princípios da economia e da celeridade processual, nos termos do art. 343 do CPC (Na contestação, é lícito ao réu propor reconvenção para manifestar pretensão própria, conexa com a ação principal ou com o fundamento da defesa).

23.18. Compensação de dívida

Pode ser alegada em contestação como matéria de defesa, independentemente da propositura de reconvenção, em obediência aos princípios da celeridade e da economia processual, nos termos do *Informativo* n. 567/2015.

23.19. Dicas da peça prática

ENDEREÇAMENTO

Juiz da causa

Juiz	Forma de endereçamento
Se for juiz estadual	Excelentíssimo Senhor Doutor Juiz de Direito da... Vara... do Foro... da Comarca de...
Se for juiz federal	Excelentíssimo Senhor Doutor Juiz Federal da... Vara... da Seção Judiciária de...

ENTRE O ENDEREÇAMENTO E O PREÂMBULO

Autos do Processo n. ...

PREÂMBULO

É o parágrafo introdutório da peça prática da contestação. Deve ser feito conforme modelo abaixo:

(NOME DO RÉU), nacionalidade, estado civil, profissão, portador da cédula de identidade n. ..., inscrito no CPF/MF sob n. ..., residente e domiciliado na... (ENDEREÇO), vem respeitosamente à presença de Vossa Excelência, por meio do seu advogado (documento anexo), com escritório profissional na... (ENDEREÇO), nos autos do processo da ação..., tendo em vista que foi citado para resposta aos termos da presente ação, com fundamento no art. 5º, LV, da Constituição Federal c/c os arts. 335 e s. do CPC, apresentar CONTESTAÇÃO, pelos fundamentos de fato e de direito a seguir aduzidos:

Em face do modelo, são os seguintes os requisitos do preâmbulo:

a) **nome e qualificação do réu**: (NOME DO RÉU), nacionalidade, estado civil, profissão, portador da cédula de identidade n. ..., inscrito no CPF/MF sob n., residente e domiciliado na... (ENDEREÇO);

b) **capacidade postulatória**: por meio do seu advogado (documento anexo), com escritório profissional na... (ENDEREÇO);

c) **localização**: nos autos do processo da ação...;

d) **mencionar que foi citado**: tendo em vista que foi citado para resposta aos termos da presente ação;

e) **fundamento legal da peça**: art. 5º, LV, da Constituição Federal c/c os arts. 335 e s. do CPC;

f) **nome da peça**: CONTESTAÇÃO;

g) **frase final**: "pelos fundamentos de fato e de direito a seguir aduzidos:".

DOS FATOS

O candidato deve realizar a leitura do enunciado e fazer um texto narrativo, sem inventar dados.

DO DIREITO

O candidato deve seguir a ordem de alegação das defesas: 1º) defesa processual; 2º) defesa do mérito.

DO PEDIDO

O candidato deve separar os pedidos da defesa processual e da de mérito da seguinte forma:

Diante do exposto, requer-se:

a) em preliminar...;

b) no Mérito, a improcedência da presente demanda, no sentido de...;

c) juntada de documentos anexos;

d) admissão de todos os meios de prova admitidos pelo Direito;

e) condenação da autora ao pagamento de honorários advocatícios, custas e despesas processuais e demais consectários legais.

ENCERRAMENTO

O candidato deve indicar o final da peça da seguinte forma:

Termos em que pede deferimento.

(2 linhas)

Local, ... de... de...

(2 linhas)

Advogado

OAB – sob n. ...

INDICAÇÃO DO ROL DE TESTEMUNHAS

Rol de testemunhas:

1. ... (nome), ... (profissão), ... (RG) e ... (endereço);

2. ... (nome), ... (profissão), ... (RG) e ... (endereço);

3. ... (nome), ... (profissão), ... (RG) e ... (endereço).

23.20. Caso aplicado no Exame de Ordem

(**X Exame – Administrativo**) Francisco, servidor público que exerce o cargo de motorista do Ministério Público Federal da 3ª Região, localizada em São Paulo, há tempo vinha alertando o setor competente de que alguns carros oficiais estavam apresentando constantes problemas na pane elétrica e no sistema de frenagens, razão pela qual deveriam ser retirados temporariamente da frota oficial até que tais problemas fossem solucionados.

Contudo, nesse ínterim, durante uma diligência oficial, em razão de tais problemas, Francisco perdeu o controle do veículo que dirigia e acabou destruindo completamente a moto de Mateus, estudante do 3º período de Direito, que estava estacionada na calçada.

Mateus, por essa razão, assim que obteve sua inscrição como advogado nos quadros da Ordem dos Advogados, ingressou, em causa própria, perante o Juízo da Vara Federal da Seção Judiciária de São Paulo, com ação de responsabilidade civil, com fulcro no art. 37, § 6º, da CRFB/88 em face de Francisco e da União Federal, com o intuito de ser ressarcido pelos danos causados à sua moto.

Na referida ação, Mateus alega que (i) não há que se falar em prescrição da pretensão ressarcitória, tendo em vista que não decorreram mais de cinco anos do evento danoso, nos termos do Dec. n. 20.910/32; (ii) que, nos termos do art. 37, § 6º, da CRFB/88, as pessoas jurídicas de direito público responderão pelos danos que seus agentes, nessa qualidade, causarem a terceiros, com fulcro na teoria do risco administrativo; (iii) que estão presentes todos os elementos necessários para configuração da responsabilidade civil.

Considerando as informações acima mencionadas e que, de fato, decorreram apenas quatro anos do evento danoso, apresente a peça pertinente para a defesa dos interesses de Francisco, sem criar dados ou fatos não informados.

23.21. Elaboração da peça processual

EXCELENTÍSSIMO SENHOR DOUTOR JUIZ FEDERAL DA... VARA CÍVEL DA SEÇÃO JUDICIÁRIA DE SÃO PAULO

Autos do Processo n. ...

FRANCISCO, nacionalidade, estado civil, profissão, portador da cédula de identidade n. ..., inscrito no CPF/MF sob n. ..., residente e domiciliado na... (ENDEREÇO), vem respeitosamente à presença de Vossa Excelência, por meio do seu advogado (documento anexo), com escritório profissional na... (ENDEREÇO), nos autos do processo da ação de responsabilidade civil em epígrafe movida por MATEUS, já qualificado (fls.), tendo em vista que foi citado para resposta aos termos da presente ação, com fundamento no art. 5º, LV, da Constituição Federal c/c os arts. 335 e s. do CPC, apresentar CONTESTAÇÃO, pelos fundamentos de fato e de direito a seguir aduzidos:

I – DOS FATOS

Durante uma diligência oficial, Francisco, servidor público que exerce cargo de motorista do Ministério Público Federal da 3ª Região, localizada em São Paulo, perdeu o controle do veículo que dirigia e acabou destruindo completamente a moto de Mateus, estudante do 3º período de Direito, que estava estacionada na calçada.

Francisco, há tempo vinha alertando o setor competente de que alguns carros oficiais estavam apresentando constantes problemas na pane elétrica e no sistema de frenagens, razão pela qual deveriam ser retirados temporariamente da frota oficial até que tais problemas fossem solucionados.

Em razão do acidente, Mateus assim que obteve sua inscrição como advogado nos quadros da Ordem dos Advogados, ingressou, em causa própria, perante o Juízo da Vara Federal da Seção Judiciária de São Paulo, com ação de responsabilidade civil, com fulcro no art. 37, § 6º, da CRFB/88 em face de Francisco e da União Federal, com o intuito de ser ressarcido pelos danos causados à sua moto.

Na ação proposta Mateus alega que não há que se falar em prescrição da pretensão ressarcitória, tendo em vista que não decorreram mais de cinco anos do evento danoso, nos termos do Dec. n. 20.910/32: que, nos termos do art. 37, § 6º, da CRFB/88, as pessoas jurídicas de direito público responderão pelos danos que seus agentes, nessa qualidade, causarem a terceiros, com fulcro na teoria do risco administrativo: que estão presentes todos os elementos necessários para configuração da responsabilidade civil.

II – DO DIREITO
II.1 – Defesa Processual

1. Ilegitimidade Passiva

Na hipótese dos autos, o polo passivo da presente demanda é integrado por Francisco, servidor público que exerce cargo de motorista do Ministério Público Federal da 3.a Região, localizada em São Paulo.

Acontece que Mateus, ora prejudicado, deveria ter proposto a ação de responsabilidade civil contra a pessoa jurídica que causou o dano e não contra o servidor público.

No caso de responsabilidade civil motivada por dano causado por servidor público, quem responde é a pessoa jurídica causadora do dano, a qual tem direito de regresso contra o seu agente, desde que tenha agido com dolo ou culpa, nos termos do art. 37, § 6º, da Constituição Federal.

II.2 – Defesa de Mérito

1. Defesa Preliminar de Mérito: Prescrição da Pretensão Ressarcitória

Na hipótese dos autos, ocorreu prescrição da pretensão ressarcitória, pois as ações por responsabilidade civil contra o Estado prescrevem em três anos, nos termos do art. 206, § 3º, V, do Código Civil.

Assim, mister se faz afirmar que o diploma legislativo que regula o prazo prescricional para a pretensão de reparação civil é o Código Civil, e não o Decreto n. 20.910/32.

O prazo prescricional é contado a partir do evento danoso. No caso concreto, decorreram quatro anos do evento danoso. Desta forma, ocorreu a prescrição da pretensão indenizatória de Mateus.

2. Defesa de Mérito

No caso em tela, não incide a responsabilidade de Francisco, pois não estão presentes os elementos configuradores exigidos pela Constituição Federal.

PRÁTICA CONSTITUCIONAL

209

A responsabilidade do Estado (no caso, a União) é objetiva, que se caracteriza pela necessidade de serem comprovados, apenas, a ação do agente, o dano e o nexo causal entre ambos.

No entanto, Francisco não responde de forma objetiva pelos danos causados, tendo em vista que a teoria do risco administrativo somente é aplicada às pessoas jurídicas de direito público e às de direito privado prestadoras de serviços públicos, nos termos do art. 37, § 6º, da CRFB.

Desse modo, a responsabilidade de Francisco é subjetiva, que é aquela segundo a qual deve ser comprovada, além da ação, dano e nexo causal, a culpa em sentido amplo, devendo ser comprovado que ele agiu com negligência, imprudência, imperícia (culpa em sentido estrito) ou com intenção de causar o dano (dolo).

Inexistência do elemento subjetivo no caso concreto, tendo em vista que Francisco causou o acidente em razão dos problemas mecânicos que, inclusive, já tinham sido alertados ao setor competente.

III – DO PEDIDO

Diante do exposto, requer-se:

a) em preliminar, o reconhecimento da ilegitimidade passiva do réu, nos termos do art. 37, § 6º, da CRFB c/c o art. 337, XI, com a consequente extinção do processo sem resolução do mérito, nos termos do art. 485, VI, do CPC;

b) em preliminar, o reconhecimento da prescrição da pretensão indenizatória tendo em vista decorridos mais de três anos do evento danoso, nos termos do art. 206, § 3º, V, do Código Civil;

c) no Mérito, seja julgada a improcedência da presente demanda, em razão da manifesta ausência do elemento subjetivo, necessário para configurar o dever de indenizar de Francisco;

d) juntada de documentos anexos;

e) admissão de todos os meios de prova admitidos pelo Direito;

f) condenação da autora ao pagamento de honorários advocatícios, custas e despesas processuais e demais consectários legais.

Termos em que pede deferimento.

Local, ... de... de...

Advogado
OAB – sob n. ...

Rol de testemunhas:

1. ... (nome), ... (profissão), ... (RG) e ... (endereço):

2. ... (nome), ... (profissão), ... (RG) e ... (endereço):

3. ... (nome), ... (profissão), ... (RG) e ... (endereço).

24. QUESTÕES DISCURSIVAS

24.1. Princípios constitucionais

(XXXII Exame – Adaptada) O Governador do Estado Alfa foi convocado pela Comissão de Trabalho e Cidadania da Assembleia Legislativa para prestar esclarecimentos a respeito de notícias de que os servidores públicos vinculados ao Poder Executivo estavam sendo submetidos a condições insalubres no ambiente de trabalho. Por perceber, na iniciativa, uma forma de comprometer a sua popularidade, pois liderava as pesquisas para o pleito vindouro, ocasião em que buscaria a reeleição, o Governador do Estado formulou, à sua Assessoria, os questionamentos a seguir.

A) A convocação pela Comissão de Trabalho e Cidadania da Assembleia Legislativa é compatível com a Constituição da República?

B) Qual ação constitucional poderia ser utilizada para se buscar um provimento jurisdicional que o desobrigasse de atender à convocação?

GABARITO

A) Não. A convocação do Chefe do Poder Executivo, pelo Legislativo, é incompatível com a separação dos poderes, nos termos do art. 2º ou art. 50 ou art. 58, § 2º, III, todos da CRFB/88, o que, por simetria, deve ser observado pelos Estados (art. 25, *caput*, da CRFB/88).

B) Consultar o gabarito no item 24.5.2. Remédios constitucionais.

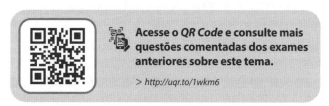

Acesse o *QR Code* e consulte mais questões comentadas dos exames anteriores sobre este tema.
> http://uqr.to/1wkm6

24.2. Classificação das Constituições

(XXV Exame – Reaplicação em Porto Alegre – Adaptada) Em certo país (República Teta), o poder constituinte originário, ao produzir uma nova Constituição, insere no respectivo texto os seguintes artigos:

"Art. 28. A produção, alteração e revogação de leis ordinárias se dará por manifestação da maioria simples no Parlamento da República, em um único turno. (...)

Art. 63. No que se refere às normas materialmente constitucionais, a manifestação do poder constituinte derivado reformador somente será reconhecida se o processo de votação for aprovado pela maioria de 4/5 do total de membros do Parlamento da República, em votação a ser realizada em dois turnos.

Art. 64. No que se refere às normas meramente formais da presente Constituição, a manifestação do poder constituinte derivado reformador se dará por intermédio de manifestação de maioria simples dos membros do Parlamento da República, em um único turno. (...)

Art. 100 do ADCT (Ato das Disposições Constitucionais Transitórias) – Ficam integralmente revogadas as normas da Constituição anterior".

Diante do exposto e seguindo o quadro teórico adotado no sistema jurídico-constitucional brasileiro, responda às questões a seguir.

A) Quanto à estabilidade, é possível considerar que a nova Constituição deve ser classificada como rígida? Justifique.

B) A nova Constituição deu origem ao fenômeno conhecido, no âmbito do direito constitucional intertemporal, como "desconstitucionalização"?

GABARITO

A) A Constituição somente pode ser classificada como "rígida" quando exige, no processo de modificação pelo poder constituinte derivado reformador, solenidades e exigências formais especiais, diferentes e mais difíceis que aquelas exigidas para a formação e modificação de leis comuns (ordinárias e complementares). No caso em tela, em razão do disposto nos arts. 63 e 64 da Constituição da República Teta, temos uma Constituição semirrígida (ou semiflexível), assim considerada aquela em que alguns dispositivos podem ser modificados livremente pelo legislador, segundo o mesmo processo de elaboração e modificação das leis ordinárias (conforme art. 28 da Constituição da República Teta), enquanto outros são modificáveis por meio de solenidades e exigências formais especiais, diferentes e mais difíceis que aquelas exigidas para a formação e modificação de leis comuns (ordinárias e complementares).

B) Consultar o gabarito no item 24.3. O impacto da nova Constituição e a ordem jurídica anterior.

24.3. O impacto da nova Constituição e a ordem jurídica anterior

(XXV Exame – Reaplicação em Porto Alegre – Adaptada) Em certo país (República Teta), o poder constituinte originário, ao produzir uma nova Constituição, insere no respectivo texto os seguintes artigos:

"Art. 28. A produção, alteração e revogação de leis ordinárias se dará por manifestação da maioria simples no Parlamento da República, em um único turno. (...)

Art. 63. No que se refere às normas materialmente constitucionais, a manifestação do poder constituinte derivado reformador somente será reconhecida se o processo de votação for aprovado pela maioria de 4/5 do total de membros do Parlamento da República, em votação a ser realizada em dois turnos.

Art. 64. No que se refere às normas meramente formais da presente Constituição, a manifestação do poder constituinte derivado reformador se dará por intermédio de manifestação de maioria simples dos membros do Parlamento da República, em um único turno. (...)

PRÁTICA CONSTITUCIONAL

213

Art. 100 do ADCT (Ato das Disposições Constitucionais Transitórias) – Ficam integralmente revogadas as normas da Constituição anterior".

Diante do exposto e seguindo o quadro teórico adotado no sistema jurídico-constitucional brasileiro, responda às questões a seguir.

A) Quanto à estabilidade, é possível considerar que a nova Constituição deve ser classificada como rígida? Justifique.

B) A nova Constituição deu origem ao fenômeno conhecido, no âmbito do direito constitucional intertemporal, como "desconstitucionalização"?

GABARITO

A) Consultar o gabarito no item 24.2. Classificação das constituições.

B) A desconstitucionalização é um fenômeno que se manifesta quando uma nova Constituição é promulgada, e as normas formalmente constitucionais da Constituição anterior, que não tenham sido repetidas ou contrariadas, adentram no novo sistema com status de lei ordinária. No caso em tela, tendo em vista que o art. 100 do ADCT da Constituição da República Teta estabeleceu a integral revogação das normas da Constituição anterior, não há que se falar em uma suposta vigência das normas da Constituição anterior – mesmo que com "status mitigado" de lei ordinária – no âmbito do atual ordenamento constitucional. Portanto, a nova Constituição não deu origem ao fenômeno da "desconstitucionalização".

24.4. Controle de constitucionalidade

(39º Exame) A Lei Complementar Federal n. XX condicionou o exercício de determinada atividade econômica, não mencionada expressamente na ordem constitucional, à prévia autorização do órgão público competente. Poucos anos depois, a Lei Ordinária Federal n. YY dispôs que a autorização somente seria concedida com o preenchimento de requisitos diversos, o que se mostrava mais restritivo para os interessados. Acresça-se que tanto a Lei Complementar Federal n. XX como a Lei Ordinária Federal n. YY foram editadas sob a égide da Constituição da República de 1988.

A sociedade empresária Alfa contratou você, como advogado(a), e formulou os seguintes questionamentos:

A) É compatível com a ordem constitucional a alteração, pela Lei Ordinária Federal n. YY, dos requisitos exigidos pela Lei Complementar Federal n. XX? Justifique.

B) A sociedade empresária pode ajuizar uma ação, a fim de submeter a questão ao controle concentrado de constitucionalidade perante o Tribunal competente, pedindo que seja reconhecida a incompatibilidade da Lei Ordinária Federal n. YY com a ordem constitucional? Justifique. (Valor: 0,60)

GABARITO

A) Consultar o gabarito no item 24.12. Ordem econômica e financeira.

B) Não. A sociedade empresária Alfa não tem legitimidade para submeter a Lei Ordinária Federal n. YY ao controle concentrado de constitucionalidade, nos termos do art. 103 da CRFB/88.

(39º Exame) A Lei Federal n. XX disciplinou um programa de concessão de subsídios agrícolas a serem preferencialmente fornecidos nos períodos de entressafra. Alguns aspectos do programa, por expressa determinação legal, deveriam ser regulamentados pelo chefe do Poder Executivo Federal. Ao ser publicado o decreto regulamentar, o deputado federal João Silva constatou que algumas de suas normas dispunham em sentido diametralmente oposto àquele estabelecido na Lei Federal n. XX. Por tal razão, João solicitou que sua assessoria jurídica respondesse aos seguintes questionamentos:

A) Há alguma medida que possa ser adotada, no âmbito do Poder Legislativo, para impedir que os dispositivos do decreto regulamentar que colidem com a Lei Federal n. XX continuem a produzir efeitos? Justifique. (Valor: 0,65)

B) O decreto regulamentar, em razão da colidência com a Lei Federal n. XX, pode ser objeto de ação direta de inconstitucionalidade? Justifique. (Valor: 0,60)

GABARITO

A) Sim. O Congresso Nacional pode sustar os atos normativos que exorbitem do poder regulamentar, nos termos do art. 49, V, da CRFB/88.

B) Não. O cotejo do decreto regulamentar com a lei importa em controle de legalidade, não de constitucionalidade *ou* pois não se trata de matéria afeta ao controle de constitucionalidade, conforme o art. 102, I, *a*, da CRFB/88.

(**38º Exame**) O Município Alfa, situado na região de fronteira, e cujos munícipes mantinham estreita relação com os moradores da cidade vizinha, situada no país Beta, editou a Lei n. XX, dispondo que o idioma a ser utilizado em todos os órgãos públicos municipais, na linguagem falada ou escrita, seria o espanhol. A medida, segundo a justificativa que acompanhou o projeto, tinha por objetivo desenvolver a cultura da população, de modo a facilitar as relações com o país vizinho, que oferecia inúmeros postos de trabalho. Sobre a hipótese apresentada, responda aos questionamentos a seguir.

A) A Lei n. XX, do Município Alfa, é compatível com a ordem constitucional? Justifique.

B) Qual é a ação que possibilita a submissão da Lei n. XX ao controle concentrado de constitucionalidade perante o Supremo Tribunal Federal? Justifique.

GABARITO

A) Não. A língua portuguesa é o idioma oficial da República Federativa do Brasil, nos termos do art. 13, *caput*, da CRFB/88.

B) A ação é a arguição de descumprimento de preceito fundamental, nos termos do art. 1º, parágrafo único, I, da Lei n. 9.882/99 ou art. 102, § 1º, da CRFB/88.

(**XXXII Exame**) Determinado legitimado à deflagração do controle abstrato de constitucionalidade no âmbito do Estado Alfa ajuizou representação de inconstitucionalidade perante o respectivo Tribunal de Justiça. O pedido formulado é o de que seja declarada a inconstitucionalidade do art. 1º da Lei do Estado Alfa n. 123/2018, por afrontar o art. 66, § 2º, da CRFB/88, já que o Governador do Estado, ao vetar apenas o vocábulo "não", inverteu o sentido do texto normativo aprovado pela Assembleia Legislativa. Ressalte-se que o referido preceito da CRFB/88 não foi reproduzido na Constituição do Estado Alfa. Sobre o caso apresentado, responda aos itens a seguir.

A) A representação de inconstitucionalidade pode ser conhecida?

PRÁTICA CONSTITUCIONAL

B) O posterior ajuizamento de ação direta de inconstitucionalidade, perante o Supremo Tribunal Federal, impugnando a Lei do Estado Alfa n. 123/2018, produzirá algum reflexo na representação de inconstitucionalidade em tramitação?

GABARITO

A) Sim. Como as normas constitucionais sobre o processo legislativo são de reprodução obrigatória pelas constituições estaduais, em observância ao princípio da simetria, previsto no art. 25, *caput*, da CRFB/88 ou no art. 11 do ADCT e o art. 66, § 2º, da CRFB/88, pode ser utilizado como paradigma de confronto.

B) Sim. Acarretará a suspensão da tramitação da representação por inconstitucionalidade, de modo a resguardar a competência do Supremo Tribunal Federal para conhecer da ação direta de inconstitucionalidade, nos termos do art. 102, I, *a*, da Constituição da República.

(XXVIII Exame) O Partido Político Alfa, com representação no Congresso Nacional, ajuizou ação direta de inconstitucionalidade impugnando a Medida Provisória n. 123/2017, a qual, no seu entender, seria dissonante da Constituição da República Federativa do Brasil, de 1988. No curso do processo objetivo, a referida medida provisória foi convertida na Lei Federal n. 211/2018.

À luz dessa narrativa, responda aos questionamentos a seguir.

A) Com a conversão da Medida Provisória n. 123/2017 na Lei Federal n. 211/2018, que medida deve ser adotada pelo autor para o prosseguimento do processo de controle concentrado de constitucionalidade? Justifique.

B) Se a Medida Provisória n. 123/2017 tivesse, antes da conversão, sido integralmente revogada por lei superveniente, qual seria a consequência para o processo de controle concentrado de constitucionalidade? Justifique.

GABARITO

A) A situação prevista no enunciado já foi objeto de manifestação do STF, que se posicionou no sentido de que, quando a medida provisória for convertida em Lei, caberá ao autor da ADI aditar a petição inicial para que se estenda à lei – nova espécie normativa – a impugnação originariamente perpetrada.

B) O caso também já foi objetivo de discussão no âmbito do STF que se manifestou no sentido de que, se a medida provisória é revogada integralmente, a ADI perde seu objeto, e o autor consequentemente perde seu interesse de agir. Este seria o desfecho da ADI proposta contra a MP n. 123/2017 se ela fosse revogada.

(XXVI Exame) O Congresso Nacional estabeleceu novas regras gerais sobre o regime dos portos brasileiros. Imediatamente, a Assembleia Legislativa do Estado Alfa, interessada na temática, posto estar em fase final a construção de um grande porto no Estado, legislou sobre questões específicas da matéria. Inconformado com o teor das normas específicas estabelecidas pela Lei n. Y, de autoria do Estado Alfa, que poderiam causar grande prejuízo aos interesses econômicos e políticos do Estado Beta, o governador de Beta solicitou que sua assessoria jurídica respondesse, com base no que informa o sistema jurídico-constitucional brasileiro, às indagações a seguir.

A) Pode o Estado Alfa produzir a normatização específica a que se refere o enunciado? Justifique.

B) Está o governador do Estado Beta legitimado a questionar a constitucionalidade da Lei n. Y, do Estado Alfa, por meio de Ação Direta de Inconstitucionalidade (ADI)? Justifique.

216 ANA FLÁVIA MESSA ■ KARINA JAQUES

GABARITO

A) A legislação acerca de regime dos portos é de competência privativa da União, nos termos do art. 22, X, da CRFB/88. Portanto a Assembleia Legislativa somente pode legislar sobre questões específicas afetas ao tema, por meio da Lei Estadual n. Y, caso haja a devida autorização pelo Congresso Nacional, pela via legal complementar, conforme disciplina constante no art. 22, parágrafo único, da Constituição da República. Caso contrário, a Lei Estadual n. Y é formalmente inconstitucional, posto estar presente uma inconstitucionalidade formal orgânica.

B) O governador do Estado Beta, como legitimado pelo art. 103, V, da CRFB/88, em princípio, pode atacar a Lei n. Y (ato normativo estadual), por via de ação direta de inconstitucionalidade, nos termos do que preceitua o art. 102, I, *a*, da Constituição da República. Porém, de acordo com a consolidada jurisprudência do Supremo Tribunal Federal, sendo sua legitimidade especial, terá que demonstrar a devida pertinência temática, ou seja, no caso, evidenciar que a Lei n. Y do Estado Alfa afeta os interesses do seu Estado, o Beta.

(XXV Exame – Reaplicação em Porto Alegre) Devidamente autorizado pela Constituição do Estado Alfa, o Procurador-Geral de Justiça ajuizou, perante o Tribunal de Justiça, Representação de Inconstitucionalidade (RI) contra a Lei Municipal n. 1.234/2017, sob a alegação de que a referida lei municipal violou, frontalmente, determinado dispositivo da Constituição do Estado Alfa, cujo conteúdo tinha predominante coeficiente de federalidade, sendo, pois, uma norma de reprodução obrigatória pelo poder constituinte estadual. No julgamento final de mérito da representação de inconstitucionalidade, o Tribunal de Justiça do Estado Alfa julgou improcedente o pedido formulado na ação em tela, declarando que não houve nenhum tipo de ofensa à Constituição Estadual de Alfa. Com base no fragmento acima, responda, de forma fundamentada às seguintes perguntas.

A) Considerando a natureza do ato normativo impugnado, que recurso pode ser interposto pelo Procurador-Geral de Justiça?

B) Quais serão os efeitos da decisão final da instância superior que venha a reconhecer a inconstitucionalidade da Lei Municipal n. 1.234/2017?

GABARITO

A) Cabe recurso extraordinário ao Supremo Tribunal Federal. Com efeito, no caso em tela, a decisão do Tribunal de Justiça Estadual envolveu norma de reprodução obrigatória pelo poder constituinte estadual, ensejando, assim, o manejo do recurso extraordinário de que trata o art. 102, III, *a*, da CRFB/88. Além disso, o fato de a norma impugnada ser municipal não prejudica o recurso, pois não estamos perante Ação Direta de Inconstitucionalidade (ADI) para controlar a validade de lei municipal em face da CRFB/88.

B) A resposta do examinando deve ser no sentido de que, nesse caso, os efeitos da decisão final de mérito do STF, em sede de recurso extraordinário, serão vinculantes, *erga omnes* e *ex tunc*. Deve-se observar que a decisão do STF, no recurso extraordinário, não foi tomada em controle difuso de constitucionalidade, cujos efeitos seriam apenas *inter partes* e *ex tunc*. Na verdade, trata-se de controle abstrato no âmbito dos estados-membros. Nessa linha, a decisão do STF nesse recurso extraordinário produzirá os mesmos efeitos da ação direta de inconstitucionalidade, não se aplicando a regra do art. 52, X, da CRFB/88, ou seja, o Senado Federal não tem nenhuma participação.

(XXV Exame – Reaplicação em Porto Alegre) Após anos sem terem os seus vencimentos reajustados, os servidores da Administração direta do Poder Executivo do Estado Ômega entraram em greve, reivindicando uma solução para esse estado de coisas, que já colocava em risco sua subsis-

PRÁTICA CONSTITUCIONAL

217

tência e a de sua família. Sensibilizado com a situação, um grupo de parlamentares apresentou projeto de lei de reajuste dos servidores públicos, o qual veio a ser aprovado pela Assembleia Legislativa e sancionado pelo Governador do Estado, dando origem à Lei n. X. Apesar do benefício gerado para os servidores, o partido político Sigma, com representação no Senado Federal, mas que não contava com nenhum representante na Assembleia Legislativa do Estado Ômega, entendeu que a medida, além de injusta, já que os servidores de outros entes federativos não receberam ajuste similar, era inconstitucional. À luz desse quadro, responda aos questionamentos a seguir.

A) Utilizando a Constituição da República como paradigma de análise, a Lei n. X do Estado Ômega apresenta algum vício de constitucionalidade? Justifique.

B) No caso concreto, o partido político Sigma teria legitimidade para deflagrar o controle concentrado de constitucionalidade perante o Supremo Tribunal Federal? Justifique.

GABARITO

A) Consultar o gabarito no item 24.7. Processo legislativo.

B) Como o partido político Sigma possui representação no Congresso Nacional, como exigido pelo art. 103, VIII, da CRFB/88, pode ajuizar a ação direta de inconstitucionalidade perante o Supremo Tribunal Federal, sendo considerado legitimado universal.

(XXV Exame) O presidente da República editou o Decreto n. X, que regulamentou a Lei Federal n. Z. Ocorre que o Congresso Nacional, ao examinar o teor do Decreto n. X, entendeu que ele criava direitos não previstos na Lei Federal n. Z, ferindo, portanto, o princípio da legalidade. Considerando a situação hipotética apresentada, responda, de forma fundamentada, aos itens a seguir.

A) Que medida poderia ser adotada pelo Congresso Nacional para retirar os efeitos do Decreto n. X?

B) Caso o presidente da República entenda que essa medida não tem qualquer fundamento, terminando por restringir a competência constitucional do chefe do Executivo, é possível submetê-la ao controle concentrado de constitucionalidade realizado pelo Supremo Tribunal Federal?

GABARITO

A) O presidente da República ao editar decretos regulamentares limita-se ao fiel cumprimento da lei, podendo sofrer controle do Congresso Nacional que, com base no art. 49, V, da CRFB/88 sustará os atos normativos do Poder Executivo que exorbitem do poder regulamentar. Esta é a medida a ser adotada pelo Congresso Nacional.

B) Sendo um ato normativo emanado pelo Congresso Nacional, o decreto legislativo que sustou um decreto regulamentar executivo tem presunção relativa de constitucionalidade e por isso pode ser impugnado a qualquer momento pela via genérica da ação direta de inconstitucionalidade, conforme prescreve o art. 102, I, *a*, da CRFB/88. Como o art. 103, I, do texto constitucional posiciona o presidente da República como um dos legitimados à propositura das ações do controle concentrado de constitucionalidade, ele, insurgindo-se contra o referido decreto legislativo, poderá ajuizar a ADI com o intuito de prevalecer seu decreto regulamentar.

(XXV Exame) O Município Alfa, com o objetivo de solucionar a falta de profissionais dedicados à saúde pública, após o regular processo legislativo, altera a Lei Orgânica Municipal (LOM), de modo a permitir a acumulação remunerada de 3 (três) cargos de profissionais da área de saúde. No que tange à acumulação de cargos, as normas da Constituição do Estado em questão reproduzem as normas da Constituição da República Federativa do Brasil, de 1988. Dito isso, a associação municipal de enfermeiros resolve tomar providências, com o objetivo de afastar o novo regramento conferido pela LOM, pois entende que a referida acumulação acarretará desgaste à saúde dos profissionais e comprometerá a eficiência dos serviços prestados na área de saúde pública municipal. A partir da situação narrada, responda aos itens a seguir.

A) Diante da autonomia federativa do Município Alfa, a referida norma da Lei Orgânica Municipal é constitucional? Justifique.

B) A Lei Orgânica Municipal que permitiu a acumulação de cargos pode ser objeto de ação de representação por inconstitucionalidade, ajuizada por um dos legitimados ativos previstos na Constituição Estadual? Justifique.

GABARITO

A) Não, a norma contida na Lei Orgânica Municipal é materialmente inconstitucional, pois desobedece à regra expressamente contida no art. 37, XVI, c, da CRFB/88. A regra é a não acumulação de cargos, com restritas e expressas exceções, entre elas, a de dois cargos ou empregos públicos (nunca três) de profissionais da área de saúde.

B) Sim, a norma da Lei Orgânica Municipal, além de violar dispositivos da CRFB/88 também afronta texto expresso da Constituição estadual, já que reproduz o texto constitucional federal. Portanto, qualquer legitimado à propositura de ação direta de inconstitucionalidade em face da Constituição estadual poderá ajuizá-la perante o Tribunal de Justiça (art. 125, § 2º, da CRFB/88), impugnando dispositivo da Lei Orgânica do Município.

(XXV Exame – Reaplicação em Porto Alegre) Diversos trabalhadores e associações de classe, com representatividade de âmbito nacional, ajuizaram ações individuais e coletivas em face da União, com o objetivo de desonerar trabalhadores e associados do pagamento de determinada contribuição social. Nas ações, argumentava-se com a não recepção da Lei Federal n. 123/87 pela Constituição da República Federativa do Brasil de 1988, pois a União não teria competência para cobrar essa contribuição social. Com base nesse argumento, foram deferidos provimentos cautelares e antecipações de tutela, os quais foram mantidos pelos tribunais ordinários competentes. Em consequência, foi grande o impacto econômico e social decorrente da perda de arrecadação, isso apesar de existirem diversas outras decisões em sentido contrário. À luz dessa narrativa, responda aos questionamentos a seguir.

A) Qual é a medida judicial passível de ser utilizada pelo presidente da República para que o Supremo Tribunal Federal analise, de imediato, antes do exaurimento das instâncias ordinárias, se a Lei Federal n. 123/87 foi, ou não, recepcionada? Justifique.

B) Em momento anterior ao julgamento de mérito da medida judicial ajuizada perante o Supremo Tribunal Federal, é possível que ela produza algum efeito sobre as relações processuais em curso? Justifique.

GABARITO

A) O presidente da República tem legitimidade, com base no art. 2º, I, da Lei n. 9.882/99, para ajuizar a arguição de descumprimento de preceito fundamental incidental, referida no art. 1º, parágrafo único, desse diploma legal, de modo que o Supremo Tribunal Federal fixe a interpretação constitucional adequada, pois é relevante o fundamento da controvérsia. Como as decisões foram mantidas pelos tribunais ordinários, está atendida a exigência de subsidiariedade dessa medida, prevista no art. 4º, § 1º, da Lei n. 9.882/99.

B) É possível o deferimento de medida liminar, nos termos do art. 5º, § 3º, da Lei n. 9.882/99, determinando que juízes e tribunais suspendam o andamento de processos ou os efeitos de decisões judiciais.

(IV Exame) O procurador-geral da República ajuizou uma ação direta de inconstitucionalidade contra a Lei Estadual n. X e uma ação declaratória de constitucionalidade tendo por objeto a Lei Federal n. Y – ambas ajuizadas com pedido de medida cautelar. Considerando-se o exposto, responda fundamentadamente:

A) Diante da ambivalência das ações de constitucionalidade e inconstitucionalidade, se o STF indeferir a cautelar na ADI, pode um juiz, no exame de um caso concreto (controle difuso), declarar a inconstitucionalidade da Lei n. X?

B) Se o STF deferir a cautelar na ADC, pode um juiz, no exame de um caso concreto, declarar a inconstitucionalidade da Lei n. Y, mas por outros fundamentos, que não aqueles que deram causa à ação?

GABARITO

A) A medida cautelar nas ações de constitucionalidade e inconstitucionalidade não tem caráter ambivalente, de modo que o indeferimento de medida cautelar em ADI não implica a declaração de constitucionalidade.

B) De acordo com a Lei n. 9.868/99, uma vez deferida a medida cautelar em ADC, todos os processos em que a lei objeto da ação estiver sendo discutida devem ser suspensos, razão pela qual um juiz não poderia, após deferida a cautelar em ADC, declarar a inconstitucionalidade da lei.

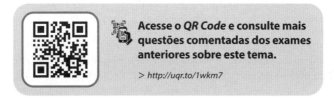

Acesse o *QR Code* e consulte mais questões comentadas dos exames anteriores sobre este tema.
> http://uqr.to/1wkm7

24.5. Direitos e garantias fundamentais

24.5.1. Direitos e deveres individuais e coletivos

(41º Exame) Maria, jornalista, figurava como demandada em uma ação que tramitava perante a Vara Federal da Seção Judiciária de Alfa. Em razão das peculiaridades da causa de pedir, o magistrado titular determinou que Maria apresentasse os dados de identificação das pessoas que lhe forneceram as informações que subsidiaram a realização da reportagem de repercussão internacional, da qual fora a autora. Por entender que a determinação não se compatibilizava com a ordem constitucional, o(a) advogado(a) de Maria decidiu impetrar mandado de segurança contra esse ato, o que, pelas peculiaridades do caso, foi considerada a medida mais adequada. Sobre a hipótese apresentada, responda aos questionamentos a seguir.

A) Qual é o direito constitucional violado a ser tutelado por meio do mandado de segurança? Justifique.

B) Caso a decisão de mérito, a ser proferida no mandado de segurança pelo órgão jurisdicional competente, seja denegatória, qual será o recurso constitucional passível de ser interposto para que a causa seja reapreciada em outra instância? Justifique.

GABARITO

A) Nos termos do art. 5º, XIV, ou do art. 220, § 1º, ambos da CRFB/88, foi violado o direito ao sigilo da fonte.

B) Poderá ser interposto o Recurso Ordinário Constitucional – ROC, nos termos do art. 105, II, *b*, c/c o art. 108, I, *c*, ambos da CRFB/88.

(37º Exame) A cooperativa XX, dedicada à atividade de garimpo, compareceu perante o órgão federal competente e declinou o seu interesse em explorar a recém-descoberta jazida de minério existente na localidade Alfa, onde atua regularmente. Apesar de a cooperativa XX se dedicar há muitos anos à exploração dessa atividade, o seu requerimento foi indeferido por duas razões básicas: a primeira porque a cooperativa foi criada de forma irregular, pois não foi previamente autorizada pelo órgão público competente, de modo que o seu funcionamento seria também irregular; a segunda, por sua vez, indicava que seria dada preferência, na lavra das jazidas minerais garimpáveis, na forma da lei, às pessoas naturais, o que decorria da grave crise econômica na região, que reduziu drasticamente os postos de trabalho. À luz da ordem constitucional, responda aos itens a seguir.

A) É correta a afirmação de que a cooperativa XX foi criada de forma irregular? Justifique

B) Pode ser atribuída preferência às pessoas naturais, na forma da lei, em detrimento da cooperativa, na autorização ou na concessão da lavra das jazidas minerais garimpáveis? Justifique.

GABARITO

A) Não. A criação de cooperativa independe de autorização, nos termos do art. 5º, XVIII, da CRFB/88.

B) Não. A prioridade deve ser atribuída à cooperativa, na forma da lei, nos termos do art. 174, § 4º, da CRFB/88.

(XXXII Exame) Antônio, na condição de consumidor, celebrou contrato com determinada concessionária de serviço público de telefonia, vinculada à União e sujeita à fiscalização de uma agência reguladora federal. Poucos anos após a celebração, a ele foi informado que a concessionária partilharia, com seus parceiros comerciais, as localidades em que estão situados os números de telefone aos quais Antônio se conecta regularmente. O objetivo era o de contribuir para o delineamento do seu perfil, de modo a facilitar a identificação da propaganda comercial de seu interesse. Acresça-se que tanto a União quanto a agência reguladora federal divulgaram comunicados oficiais informando que não tinham qualquer interesse na discussão a respeito dos referidos atos da concessionária. Insatisfeito com o teor do comunicado recebido, Antônio procurou você, como advogado(a), e solicitou que respondesse aos questionamentos a seguir.

A) A partilha de informações a ser realizada pela concessionária é compatível com a Constituição da República?

B) Qual é o órgão do Poder Judiciário competente para processar e julgar a demanda que venha a ser ajuizada em face da concessionária?

GABARITO

A) Não. É assegurado o sigilo de dados e das comunicações telefônicas, ressalvada a existência de ordem judicial, nos termos do art. 5º, X ou art. 5º, XII, ambos da CRFB/88.

B) Consultar o gabarito no item 24.8. Poder Judiciário.

PRÁTICA CONSTITUCIONAL

(XXX Exame) Com o objetivo de conter o avanço das organizações criminosas em algumas associações de moradores, o Estado Alfa editou a Lei n. XX/2018, veiculando as normas a serem observadas para a confecção dos estatutos dessas associações e condicionando a posse da diretoria de cada associação à prévia autorização do Secretário de Estado de Segurança Pública, que verificaria a vida pregressa dos pretendentes. À luz da situação hipotética acima, responda aos itens a seguir:

A) A Lei n. XX/2018 do Estado Alfa, ao veicular norma sobre a confecção dos estatutos das associações de moradores, é compatível com a Constituição da República?

B) A exigência de que a posse da diretoria de cada associação de moradores seja antecedida de autorização do Secretário de Segurança Pública do Estado Alfa é materialmente compatível com a Constituição da República?

GABARITO

A) Não. Ao dispor sobre a confecção dos estatutos das associações de moradores, a Lei n. XX/2018 afrontou a competência privativa da União para legislar sobre direito civil (art. 22, I, da CRFB/88), sendo formalmente inconstitucional.

B) Não. A exigência de que a posse da diretoria da associação seja antecedida de autorização do Secretário de Segurança Pública afronta a vedação à interferência estatal no funcionamento das associações (art. 5º, XVIII, da CRFB/88).

(XXX Exame) A sociedade empresária X foi autuada pela fiscalização tributária do Estado Alfa sob o argumento de ter apresentado informações falsas por ocasião do lançamento tributário, daí resultando a constituição de um crédito inferior ao devido. O tributo devido, de acordo com a autuação do fiscal responsável, ultrapassava o montante de um milhão de reais. Ao ser comunicado da autuação, a sociedade empresária tomou conhecimento de que a interposição de recurso administrativo estava condicionada ao prévio depósito do referido montante. Embora tenha recorrido às instâncias superiores contra a exigência de depósito prévio, todas foram uníssonas em mantê-lo. Por não dispor da referida importância e ter plena consciência de que não fornecera qualquer informação falsa, a sociedade empresária contratou seus serviços. Sobre o caso narrado, você, como advogado(a), deve responder aos itens a seguir:

A) É compatível com a Constituição da República a exigência de depósito prévio do montante constante da autuação para a interposição do recurso administrativo?

B) Há alguma medida passível de ser ajuizada, perante Tribunal Superior, para que a administração tributária do Estado Alfa seja compelida a examinar o recurso administrativo independentemente do depósito prévio?

GABARITO

A) Não, por violar a garantia da ampla defesa (art. 5º, LV, da CRFB/88), sendo a impossibilidade de ser exigido o depósito prévio reconhecida pela Súmula Vinculante 21 do STF.

B) Considerando o exaurimento das instâncias administrativas, é possível o ajuizamento de reclamação perante o Supremo Tribunal Federal, nos termos do art. 7º, *caput* e § 1º, da Lei n. 11.417/2006 ou do art. 103-A, § 3º, da CRFB/88.

(XXVIII Exame) João da Silva, servidor público estadual, respondeu a processo administrativo disciplinar sob a alegação de ter praticado determinada infração no exercício da função. Ao final, foi condenado e sofreu a sanção de advertência. A conduta de João, apesar de eticamente reprovável, somente foi tipificada em lei em momento posterior à sua prática, o que foi considerado irrelevante pela autoridade administrativa competente, pois "inexistiria norma constitucional vedando a retroação da lei que tipificou a infração administrativa". Além disso, João não constituiu advogado para sua defesa técnica no processo administrativo.

Considerando a narrativa acima, responda aos questionamentos a seguir.

A) A tese da autoridade administrativa, no sentido de que a retroação da tipificação da infração não é vedada pela Constituição da República, está correta? Justifique.

B) Sob a ótica constitucional, o processo administrativo a que João respondeu sem a representação técnica de advogado é válido?

GABARITO

A) Os incisos XXXIX e XL do art. 5º da CRFB/88 prescrevem que não há crime sem lei anterior que o defina, nem pena sem prévia cominação legal e que a lei penal não retroagirá, salvo para beneficiar o réu. Verdadeiro princípio constitucional de não retroação da lei penal mais gravosa expresso na CRFB/88, portanto não procede a tese alegada pela autoridade administrativa. Além do mais, apesar de o caso previsto no enunciado não se aplicar ao campo penal, mas administrativo, cabe à autoridade administrativa submeter-se ao princípio da legalidade, não podendo atribuir como infração administrativa, conduta não tipificada como tal em lei.

B) Segundo o STF, a falta de defesa técnica por advogado em processo administrativo disciplinar não ofende a CRFB/88, é o que determina a Súmula Vinculante 5.

(XXVII Exame) Pedro requereu a determinada Secretaria de Estado que fornecesse a relação dos programas de governo desenvolvidos, nos últimos três anos, em certa área temática relacionada aos direitos sociais, indicando-se, ainda, o montante dos recursos gastos. O Secretário de Estado ao qual foi endereçado o requerimento informou que a área temática indicada não estava vinculada à sua Secretaria, o que era correto, acrescendo que Pedro deveria informar-se melhor e descobrir qual seria o órgão estadual competente para analisar o seu requerimento. Além disso, afirmou que todas as informações financeiras do Estado, especialmente aquelas relacionadas à execução orçamentária, estão cobertas pelo sigilo, não sendo possível que Pedro venha a acessá-las.

Considerando a narrativa acima, responda aos questionamentos a seguir.

A) Ao informar que Pedro deveria "descobrir" o órgão para o qual endereçaria o seu requerimento, o posicionamento do Secretário de Estado está correto?

B) É correto o entendimento de que as informações financeiras do Estado estão cobertas pelo sigilo, o que impede que Pedro tenha acesso ao montante de recursos gastos com programas de trabalho em certa área temática relacionada aos direitos sociais?

GABARITO

A) Segundo o art. 5º, XXXIII, da CRFB/88, todos têm direito a receber dos órgãos públicos informações de seu interesse particular, coletivo ou geral, que serão prestadas no prazo da lei, sob pena de responsabilidade, ressalvadas aquelas cujo sigilo seja imprescindível à segurança do Estado e da sociedade. Com base no comando constitucional, podemos afirmar que o posicionamento do secretário de Estado não está correto, ele deveria indicar a Pedro qual órgão detém a competência para prestar as informações, inclusive encaminhando o requerimento para tal órgão competente, ou em última hipótese, deveria indicar a Pedro onde ele poderia obter a informação desejada. Sobre o tema, disciplina a Lei n. 12.527/2011, mas é possível responder à questão apenas com a fundamentação do art. 5º da CRFB/88.

B) Não é correto, pois Pedro tem direito de receber informações de interesse geral, nos termos do art. 5º, XXXIII, da CRFB/88, e tais informações financeiras não estão incluídas como sigilosas. Complementando, o art. 37, § 3º, I, II e III, da CRFB/88 disciplina sobre o direito de acesso a registros administrativos e informações sobre atos de governo e impõe que lei regulamente o regime disciplinar sobre a representação contra exercício negligente ou abusivo de cargo, emprego ou função na administração pública.

Acesse o *QR Code* e consulte mais questões comentadas dos exames anteriores sobre este tema.

> http://uqr.to/1wkm8

24.5.2. Remédios constitucionais

(36º Exame) Maria, ao iniciar as tratativas para a obtenção de um empréstimo junto a uma instituição financeira, foi surpreendida com a informação de que não poderia ser beneficiada por um programa de juros mais baixos, que era oferecido às pessoas que não figuravam como proprietárias de nenhum imóvel. Afinal, de acordo com o cadastro mantido pelo Município Alfa, Maria figurava como proprietária de diversos imóveis. Maria, por tal razão, compareceu à repartição municipal competente e solicitou que fossem fornecidas todas as informações relacionadas a ela, o que foi negado sob o argumento de que, por força da Lei Municipal n. XX, tais informações eram "sigilosas" para pessoas a que se referiam, somente sendo fornecidas às pessoas jurídicas cadastradas, públicas ou privadas. Irresignada, Maria interpôs todos os recursos administrativos cabíveis, mas não logrou êxito em reformar a decisão, que reputava ser manifestamente ilegal.

A partir da narrativa acima, responda aos questionamentos a seguir.

A) A Lei Municipal n. XX, ao estabelecer o sigilo, é materialmente compatível com a Constituição da República de 1988? Justifique.

B) Qual é a ação constitucional passível de ser utilizada por Maria para assegurar que ela tenha conhecimento das informações referidas na narrativa, considerando que a Lei Municipal n. XX dispõe sobre o sigilo? Justifique.

GABARITO

A) Não, a Lei Municipal n. XX é materialmente incompatível com a Constituição, pois se trata de informação pessoal, e não existe sigilo de informação pessoal para a própria pessoa, o que afronta o art. 5º, XXXIII, da CRFB/88.

B) Maria pode impetrar *habeas data* para assegurar o conhecimento das suas informações pessoais, nos termos do art. 5º, LXXII, *a*, da CRFB/88 ou do art. 7º, I, da Lei n. 9.507/97.

(36º Exame) A Associação dos Empresários, constituída há dez anos, ingressou com ação popular em face do Prefeito do Município Beta, argumentando que causara dano ao meio ambiente, pois entendiam que a área estabelecida no território do referido Município, para o exercício da ativida-

224   ANA FLÁVIA MESSA ■ KARINA JAQUES

de de garimpagem, em forma associativa, comprometia a paisagem local, o que poderia gerar prejuízos para a atividade turística. Acresça-se que a definição da respectiva área fora realizada pelo ente federativo competente, conforme previsto na ordem constitucional, com observância da sistemática vigente.

A) A Associação tem legitimidade para ajuizar a ação?

B) O Prefeito Municipal pode figurar no polo passivo da ação?

GABARITO

A) Não, a Associação não tem legitimidade para ajuizar a ação, pois o instrumento processual cabível é ação popular, cujo legitimado ativo é o cidadão, conforme dispõe o art. 5º, LXXIII, da CRFB/88 ou o art. 1º da Lei n. 4.717/65. Não cabe à pessoa jurídica ajuizar ação popular.

B) Não, porque, segundo a hipótese da questão, "a definição da respectiva área fora realizada pelo ente federativo competente, conforme previsto na ordem constitucional, com observância da sistemática vigente", ou seja, a definição da respectiva área foi realizada pela União, pois conforme a CRFB/88, o ato que estabelece as áreas para o exercício da atividade de garimpagem, em forma associativa, é de competência da União, nos termos do art. 21, XXV, da CRFB/88, logo não pode ser atribuído ao Prefeito Municipal.

(XXXIII Exame de Ordem Unificado) A sociedade de economia mista WW, vinculada ao Poder Executivo Federal, atuava intensamente no âmbito do Sistema Financeiro Nacional. Apesar da sua importância, seus resultados, desde a criação, sempre foram deficitários, o que exige que lhe sejam direcionadas dotações orçamentárias para fazer face ao pagamento dos materiais de consumo. Ao se inteirar da situação financeira da referida sociedade, o deputado federal João foi informado que os vencimentos pagos aos seus dirigentes superavam os subsídios dos Ministros do Supremo Tribunal Federal. A partir da narrativa acima, responda aos questionamentos a seguir.

A) O valor dos vencimentos pagos aos dirigentes da sociedade de economia mista WW é compatível com a ordem constitucional?

B) Caso João queira insurgir-se contra os valores pagos aos dirigentes da sociedade de economia mista WW, qual é a ação constitucional que ele pode ajuizar?

GABARITO

A) O art. 37, XI, da CRFB/88 estabelece o teto remuneratório da Administração Pública, e o seu § 9º estende o mesmo teto às empresas públicas, sociedades de economia mista e subsidiárias que recebam recursos públicos para o pagamento de despesas com pessoal e de custeio em geral. Como a sociedade de economia mista WW recebe verba pública para pagamento de material de consumo está sujeita à regra do art. 37, XI e § 9º, sendo o valor dos vencimentos pagos aos dirigentes da WW incompatíveis com a ordem constitucional.

B) O deputado federal João, ou qualquer cidadão no exercício dos direitos políticos, pode ajuizar ação popular visando anular ato lesivo ao patrimônio público, nos termos do art. 5º, LXXIII, da CRFB/88 e da Lei n. 4.717/65, art. 1º.

(XXXII Exame de Ordem Unificado) A população do Estado Beta estava insatisfeita com a elevada circulação de pessoas em uma ilha situada no Rio WW, que separava o referido Estado do país XX. A ilha estava na direção do território do Estado Beta, sendo que a circulação de pessoas era poten-

PRÁTICA CONSTITUCIONAL

cialmente lesiva ao meio ambiente, que poderia vir a ser afetado caso o quadro não se alterasse. À luz dos fatos, um conhecido ativista formulou os questionamentos a seguir ao seu advogado.

A) O Estado pode legislar sobre a circulação de pessoas na referida ilha?

B) Existe alguma medida judicial passível de ser ajuizada por um cidadão para evitar que sejam causados danos ao meio ambiente, como descrito no enunciado?

GABARITO

A) Consultar o gabarito no item 24.6. Organização do Estado.

B) Pode ser ajuizada uma ação popular, conforme o permissivo do art. 5º, LXXIII, da CRFB/88.

(XXXII Exame – Adaptada) O Governador do Estado Alfa foi convocado pela Comissão de Trabalho e Cidadania da Assembleia Legislativa para prestar esclarecimentos a respeito de notícias de que os servidores públicos vinculados ao Poder Executivo estavam sendo submetidos a condições insalubres no ambiente de trabalho. Por perceber, na iniciativa, uma forma de comprometer a sua popularidade, pois liderava as pesquisas para o pleito vindouro, ocasião em que buscaria a reeleição, o Governador do Estado formulou, à sua Assessoria, os questionamentos a seguir.

A) A convocação pela Comissão de Trabalho e Cidadania da Assembleia Legislativa é compatível com a Constituição da República?

B) Qual ação constitucional poderia ser utilizada para se buscar um provimento jurisdicional que o desobrigasse de atender à convocação?

GABARITO

A) Consultar o gabarito no item 24.1. Princípios constitucionais.

B) Mandado de segurança, pois a convocação do Chefe do Poder Executivo é manifestamente dissonante da Constituição, violando direito líquido e certo desse agente, nos termos do art. 5º, LXIX, da CRFB/88, ou do art. 1º, *caput*, da Lei n. 12.016/2009

(XXIX Exame de Ordem Unificado) Ednaldo, diretor-presidente da autarquia XX do Estado Alfa, celebrou contrato de compra e venda, no qual o referido ente, sem a prévia realização de licitação, alienou a Pedro e a Marcos diversos veículos de sua frota por menos de dez por cento de seu valor de mercado. Irresignado com o ocorrido, o vereador José decidiu contratar você, como advogado(a), para ajuizar a ação cabível com o objetivo de anular o negócio jurídico e responsabilizar os autores.

A) Qual é a ação judicial, de natureza constitucional, passível de ser proposta por José? Justifique.

B) Quem deve figurar no polo passivo da referida ação? Justifique.

GABARITO

A) A ação cabível neste caso é a ação popular com o objetivo de anular o ato lesivo ao patrimônio público, conforme prescreve o art. 5º, LXXIII, da CRFB/88, e José, como cidadão, será o impetrante.

B) A ação popular admite litisconsórcio passivo, portanto devem ocupar o polo passivo Ednaldo, diretor-presidente da autarquia; a própria autarquia XX do estado Alfa e Pedro e Marcos, que se beneficiaram do contrato.

(XXV Exame) Pedro, cidadão brasileiro, viu-se impossibilitado de exercer certos direitos e liberdades constitucionais em razão da falta de norma regulamentadora, sendo que o poder de iniciativa legislativa é reservado ao presidente da República, cabendo ao Congresso Nacional apreciar o respectivo projeto. Irresignado com a situação, Pedro formula os questionamentos a seguir.

A) Para combater a mora legislativa descrita na situação acima, qual a medida judicial a ser utilizada pelo cidadão? Justifique.

B) Qual é o órgão competente do Poder Judiciário para apreciar a medida judicial? Justifique.

C) Uma vez reconhecida a mora legislativa no processo que ele, Pedro, vier a instaurar, quais podem ser os efeitos da decisão judicial?

GABARITO

A) A mora legislativa que causa a Síndrome da Inefetividade das normas constitucionais pode ser sanada por meio do remédio constitucional mandado de injunção, instrumento jurídico acessível a Pedro em razão da impossibilidade de exercer direitos e liberdades constitucionais por ausência de regulamentação, conforme previsto no art. 5º, LXXI, da CRFB/88. O mandado de injunção é regulamentado pela Lei n. 13.300/2016.

B) Como a mora legislativa é do Congresso Nacional, o órgão competente para apreciar e julgar o referido mandado de injunção é o Supremo Tribunal Federal, conforme dispõe o art. 102, I, *q*, da CRFB/88.

C) A resposta a esta questão encontra-se na Lei n. 13.300/2016 – Lei do Mandado de Injunção, nos arts. 8º e 9º, e a FGV considerou a possibilidade de dois tipos de resposta que transcrevemos abaixo:

C.1) Os efeitos da decisão do Supremo Tribunal Federal serão aqueles previstos no art. 8º da Lei n. 13.300/2016: reconhecimento da mora legislativa, sendo deferida a injunção para determinar prazo razoável para que o impetrado promova a edição da norma regulamentadora e estabeleça as condições em que se dará o exercício dos direitos, das liberdades ou das prerrogativas reclamados; *ou*

C.2) Os efeitos da decisão do Supremo Tribunal Federal serão aqueles previstos no art. 9º da Lei n. 13.300/2016, isto é, eficácia *inter partes*, como regra, ou *erga omnes* (ou *ultra partes*) quando inerente ou indispensável ao exercício do direito, e produzirá efeitos até o advento da norma regulamentadora, nos termos do art. 9º da Lei n. 13.300/2016.

Acesse o *QR Code* e consulte mais questões comentadas dos exames anteriores sobre este tema.
> http://uqr.to/1wkm9

24.5.3. Direitos políticos

(38º Exame) Peter, naturalizado brasileiro e que tinha grande participação política no município em que residia, jamais tendo deixado de votar em uma eleição desde a sua naturalização, ficou irresignado com a demolição de um prédio público que se encontrava em perfeito estado de conservação. Por tal razão, decidiu ajuizar ação popular em face dos agentes públicos responsáveis pelo ato, que, ao seu ver, causou prejuízo ao patrimônio público. Ocorre que, pouco antes de ingressar

PRÁTICA CONSTITUCIONAL

com a ação, tomou conhecimento de que transitara em julgado a sentença judicial que cancelara a sua naturalização, isto após longa tramitação processual. Sobre a hipótese apresentada, responda aos questionamentos a seguir.

A) Qual é a consequência da sentença judicial proferida em desfavor de Peter em relação aos seus direitos políticos? Justifique.

B) Mesmo após o cancelamento de sua naturalização, na forma indicada, Peter pode ajuizar a ação popular? Justifique.

GABARITO

A) Ocorrerá a perda dos direitos políticos de Peter, nos termos do art. 15, I, da CRFB/88.

B) Não. Peter deixará de ser cidadão, qualidade exigida para o ajuizamento da ação popular, nos termos do art. 5º, LXXIII, da CRFB/88 ou art. 1º, § 3º, da Lei n. 4.717/65.

(35º Exame) João foi condenado, em sentença transitada em julgado, à pena privativa de liberdade pela prática de crime hediondo. Após cumprir a pena, o que foi devidamente declarado pelo órgão competente, compareceu perante a Justiça Eleitoral e requereu o restabelecimento dos seus direitos políticos. O requerimento, no entanto, foi administrativamente denegado, por escrito, sob o fundamento de que João continuaria impossibilitado de exercer os seus direitos políticos enquanto o registro da condenação constasse de sua folha penal. Acresça-se que, contra a referida decisão, não era cabível recurso que permitisse a João a imediata fruição dos direitos políticos. Sobre a hipótese apresentada, responda aos questionamentos a seguir.

A) A decisão administrativa de indeferimento é compatível com a ordem constitucional?

B) Qual ação constitucional pode ser ajuizada por João para se insurgir contra a decisão administrativa que denegou o seu requerimento e readquirir os direitos políticos?

GABARITO

A) Não, pois o art. 15, III, da CRFB/88 determina a suspensão dos direitos políticos, enquanto durarem os efeitos da condenação criminal transitada em julgado, se João já cumpriu a pena não cabe a manutenção da suspensão dos seus direitos políticos.

B) João tem direito líquido e certo ao exercício dos seus direitos políticos, cabendo contra a decisão administrativa que lhe negou tal direito o ajuizamento de mandado de segurança, nos termos do art. 5º, LXIX, da CRFB/88 c/c o art. 1º, *caput*, da Lei n. 12.016/2009.

(XXXIII Exame) Maria e Pedro são filhos de Joana, governadora do Estado Teta. Maria é vereadora do Município Gama, situado no referido Estado, e tenciona concorrer à reeleição. Alice, ex-esposa de Pedro, do qual se divorciara no curso do mandato de Joana, almeja concorrer, pela primeira vez, ao cargo de deputada estadual no Estado Teta. Tanto Maria como Alice iriam concorrer aos respectivos cargos eletivos durante o mandato de Joana, que se encontra em pleno exercício.

A) Maria pode concorrer ao cargo eletivo almejado? Justifique.

B) Alice pode concorrer ao cargo eletivo almejado? Justifique.

GABARITO

A) Maria já é titular de mandato eletivo e pretende ser candidata à reeleição, hipótese prevista no art. 14, § 7ª (última parte), onde a CRFB/88 não aplica a inelegibilidade reflexa. Portanto, Maria pode concorrer ao cargo almejado.

B) Alice divorciou-se de Pedro no curso do mandato de Joana, incidindo sobre ela a manutenção da inelegibilidade reflexa prevista no art. 14, § 7º, da CRFB/88, por imposição da Súmula Vinculante 18, cujo teor prescreve "A dissolução da sociedade ou do vínculo conjugal, no curso do mandato, não afasta a inelegibilidade prevista no art. 14, § 7º, da Constituição Federal". Portanto, Alice não poderá concorrer ao cargo eletivo no território de jurisdição de Joana, devido ao grau de parentesco por afinidade com a governadora.

(XXX Exame) Maria, paraguaia naturalizada brasileira, foi eleita Deputada Federal. Após a posse, foi condenada, por sentença judicial transitada em julgado, por conduta que comprometia a soberania nacional, com o correlato cancelamento da nacionalidade brasileira. A partir da hipótese mencionada, responda aos itens a seguir.

A) A condenação de Maria produz algum efeito em relação à sua capacidade de votar e de ser votada?

B) O mandato eletivo de Maria deve ser preservado?

GABARITO

A) Sim. Com o cancelamento da naturalização por sentença judicial transitada em julgado, Maria perdeu os seus direitos políticos, o que a impede de votar e de ser votada, segundo o art. 15, I, da CRFB/88.

B) Não. Maria deve perder o mandato de Deputada Federal, segundo o art. 55, IV, da CRFB/88, o que deve ser declarado pela Mesa da Câmara dos Deputados, nos termos do art. 55, § 2º, da CRFB/88.

(XXIX Exame) Um Deputado Estadual foi condenado, em sentença criminal transitada em julgado, à pena de 4 (quatro) anos de detenção, que veio a ser convertida em pena restritiva de direitos. Em casos como esse, a lei estadual dispunha que o Deputado Estadual não teria os direitos políticos suspensos, salvo se a pena restritiva de direitos fosse descumprida e viesse a ser convertida em pena privativa de liberdade. Nesse caso, a suspensão dos direitos políticos iria perdurar até que fosse cumprida a pena.

Considerando a narrativa acima e o princípio da simetria, responda aos questionamentos a seguir.

A) A lei estadual, ao disciplinar a suspensão dos direitos políticos, é formal e materialmente compatível com a Constituição da República?

B) Na situação narrada, é possível que o Deputado Estadual preserve o seu mandato mesmo tendo os direitos políticos suspensos?

GABARITO

A) A CRFB/88 dispõe sobre a suspensão e perda dos direitos políticos em seu art. 15, e o art. 22, XIII, disciplina que compete à União legislar sobre cidadania, portanto a lei estadual citada é formalmente incompatível com a Constituição. Quanto à matéria, o art. 15, III, da CRFB/88 determina a suspensão dos direitos políticos no caso de "condenação criminal transitada em julgado, enquanto durarem os efeitos da condenação", o que torna a lei estadual materialmente inconstitucional.

B) Segundo o art. 55, VI, da CRFB/88 é caso de perda do mandato a condenação criminal por sentença transitada em julgado, contudo a perda depende de decisão da Casa Legislativa respectiva pelo voto de maioria absoluta, assegurada a ampla defesa. Ou seja, é possível o Deputado Estadual ser condenado e ainda manter seu mandato, se a Casa Legislativa assim decidir.

Obs.: Esta questão também exige conhecimentos sobre Imunidades Parlamentares, mas optamos por classificá-la em Direitos Políticos devido ao tema proposto no enunciado.

PRÁTICA CONSTITUCIONAL   229

(XXVIII Exame) A Executiva Nacional do Partido Político CX decidiu formar coligação com o Partido Político JT, visando à eleição majoritária para a Chefia do Executivo Federal. Ocorre que, dias depois, tomou conhecimento de que este último partido político, por sua Executiva Estadual, veio a formar coligação com o Partido Político BN para as eleições proporcionais de nível estadual.

Preocupada com essa situação, a Executiva Nacional do Partido Político CX procurou seus serviços como advogado(a) e solicitou que fossem respondidos os questionamentos a seguir.

A) O Partido Político JT agiu de forma compatível com a Constituição da República ao formar coligações com os partidos políticos CX e BN?

B) Caso a Justiça Eleitoral, pelo Tribunal Regional Eleitoral competente, reconheça que a coligação formada entre os Partidos Políticos JT e BN destoa da Constituição da República, qual é o Tribunal competente para conhecer do recurso cabível?

GABARITO

A) O art. 17, § 1º, da CRFB/88, modificado pela Emenda n. 52/2006 estabelece autonomia para os partidos realizarem suas coligações, sem obrigatoriedade de vinculação entre as candidaturas em âmbito nacional, estadual, distrital e municipal. Portanto, o Partido Político JT agiu de forma totalmente compatível com a CRFB/88 ao formar coligações com os partidos políticos CX e BN.

B) A CRFB/88 disciplina sobre os recursos cabíveis contra decisões dos Tribunais Regionais Eleitorais, estabelecendo – no seu art. 121, § 4º – um filtro para limitar os casos. Se o Tribunal Regional Eleitoral decretar que a coligação destoa da Constituição Federal, caberá recurso ao Tribunal Superior Eleitoral com fundamento no art. 121, § 4º, I, da CRFB/88, já que o art. 17, § 1º, da norma constitucional expressamente permite a liberdade de coligações partidárias. Caso o Tribunal Superior Eleitoral mantenha a decisão do Tribunal Regional Eleitoral, ainda caberá recurso ao Supremo Tribunal Federal com fulcro no art. 121, § 3º, da CRFB/88.

(XXVII Exame) Após a promulgação da Constituição de 1988, a Lei Federal n. X alterou a sistemática de registro de candidaturas para as eleições, tendo estatuído, de modo expresso, que as novas regras seriam aplicadas às eleições a serem realizadas no ano seguinte, onze meses após a sua entrada em vigor, o que ocorreu na data de sua publicação. Essa alteração foi considerada lesiva pela direção nacional do Partido Político Alfa, que somente contava com representantes no âmbito das Assembleias legislativas estaduais.

À luz desse quadro, responda, como advogado(a), aos questionamentos a seguir.

A) A Lei Federal n. X é compatível, sob os aspectos material e formal, com a Constituição da República Federativa do Brasil?

B) Caso a Lei Federal n. X seja inconstitucional, o Partido Político Alfa pode deflagrar o controle concentrado de constitucionalidade perante o Supremo Tribunal Federal?

GABARITO

A) Aparentemente a Lei Federal n. X é formalmente compatível com a CRFB/88, pois a matéria direito eleitoral é de competência legislativa privativa da União (art. 22, I, da CRFB/88) e nada foi informado no enunciado quanto a alguma intercorrência no seu trâmite de votação e promulgação. Contudo, a Lei Federal n. X é materialmente incompatível com o art. 16 da CRFB/88, que trata do princípio da anterioridade (ou anualidade) eleitoral. O referido dispositivo determina que a lei que alterar o processo eleitoral entrará em vigor na data da publicação, mas só gerará efeitos um ano após o início da sua vigência. Inclusive, há alguns julgados do STF acerca do tema.

B) O Partido Político Alfa não tem legitimidade ativa para ajuizar ADI porque não atende à exigência constitucional do art. 103, VIII, da CRFB/88 que impõe ao partido político ter representante no Congresso Nacional, mesmo que seja um único deputado federal ou senador.

Obs.: Esta questão também exige conhecimentos de Organização do Estado e Controle de Constitucionalidade, mas optamos por classificá-la em Direitos Políticos devido ao tema proposto no enunciado.

(XXV Exame) Edson, candidato ao cargo de Prefeito do Município Alfa, ficou surpreso ao saber que o Tribunal Regional Eleitoral competente acabara de deferir o requerimento de registro da candidatura a esse mesmo cargo formulado por Pedro. O requerimento fora indeferido em primeira instância sob o argumento de ser incompatível com a Constituição da República, tese objeto de amplo debate em segunda instância e que terminou por ser rechaçada. A razão da surpresa de Edson decorria do fato de Pedro ter sido Prefeito do Município Beta nas duas legislaturas imediatamente anteriores. À luz desses fatos, Edson, que impugnara o registro da candidatura em primeira instância, procurou seu advogado para que ele o orientasse sobre os questionamentos a seguir.

A) O entendimento de que Pedro pode se candidatar ao cargo de Prefeito do Município Alfa é constitucional? Justifique.

B) Caso a decisão do Tribunal Regional Eleitoral seja considerada incompatível com a Constituição da República, é possível impugná-la por meio da Arguição de Descumprimento de Preceito Fundamental?

GABARITO

A) Não. O caso de Pedro é o que a jurisprudência do TSE e do STF chama de "prefeito itinerante ou prefeito profissional", aquele que tenta exercer mais de dois mandatos consecutivos em municípios distintos. Tal prática é vedada pelo art. 14, § 5º, da CRFB/88, que estabelece que o prefeito só poderá ser reeleito para um único período subsequente.

B) Não. A ADPF é cabível para impugnar leis ou atos normativos federais, estaduais e municipais inconstitucionais. No caso em tela, temos uma decisão do Tribunal Regional Eleitoral que contraria a Constituição da República e está sujeita a recurso, conforme dispõe o art. 121, § 4º, III, da CRFB/88.

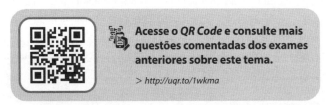

Acesse o *QR Code* e consulte mais questões comentadas dos exames anteriores sobre este tema.

> http://uqr.to/1wkma

24.5.4. Direitos sociais

(XXII Exame) Roberto, servidor público estadual, após se aposentar, surpreende-se com o corte do auxílio-alimentação que recebia quando em atividade. Indignado, requer à Administração que o

PRÁTICA CONSTITUCIONAL

231

referido benefício seja reinserido, já que o direito à alimentação integra o conceito de mínimo existencial. Todavia, ao negar o pedido, a Administração, alegando crise orçamentária, informa que esse direito, embora constitucionalmente previsto, é sempre hierarquicamente inferior aos demais direitos estabelecidos no rol de direitos fundamentais sociais, não tendo o Estado, portanto, o dever de contemplá-lo.

Inconformado com a resposta, Roberto procura um(a) advogado(a) para que esclareça os itens a seguir.

A) Diante do que informa o sistema jurídico-constitucional brasileiro e das informações acima apresentadas, há elementos jurídicos para reverter judicialmente a decisão administrativa do corte do auxílio-alimentação?

B) Independentemente da possibilidade ou impossibilidade jurídica do corte do auxílio-alimentação, a questão hierárquico-normativa suscitada pela Administração Pública pode ser considerada um argumento reconhecido pelo sistema jurídico-constitucional brasileiro?

GABARITO

A) Não, pois o entendimento jurisprudencial é de que alguns benefícios e gratificações são inerentes à atividade do servidor, não se incorporando à aposentadoria. Confirmando o entendimento e vinculando toda a Administração Pública direta e indireta, o STF editou a Súmula Vinculante 55: "O direito ao auxílio-alimentação não se estende aos servidores inativos".

B) Não. O princípio da relativização ou harmonização dos direitos fundamentais orienta que o intérprete, deparando-se com situação de conflitos entre direitos, adote uma solução que harmonize a aplicação deles (no caso, o direito à alimentação) e, ao mesmo tempo, não acarrete a negação de nenhum, já que não existe hierarquia entre os direitos fundamentais, não havendo, portanto, prevalência dos direitos sociais sobre os outros.

24.5.5. Nacionalidade

(XXIII Exame) Ernesto, de nacionalidade boliviana, imigrou para a República Federativa do Brasil em 2000 e, desde então, com aquiescência das autoridades brasileiras, fixou residência no território nacional. Cidadão de reputação ilibada e profundo admirador de nossa cultura, conheceu Cláudia, de nacionalidade portuguesa, também de reputação ilibada e que vivia no Brasil desde 2010. Ernesto e Cláudia, que começaram a viver juntos há cerca de um ano, requereram a nacionalidade brasileira. Para surpresa de ambos, os requerimentos foram indeferidos. No caso de Ernesto, argumentou-se que suas características pessoais, como idade e profissão, não se enquadravam nas diretrizes da política nacional de migração. Quanto a Cláudia, argumentou-se a ausência de utilidade na naturalização, já que, por ser portuguesa, seria alcançada pelo estatuto da igualdade entre portugueses e brasileiros. Inconformados com os indeferimentos, Ernesto e Cláudia procuraram os seus serviços como advogado(a) para que a situação de ambos fosse objeto de criteriosa análise jurídica. Considerando a situação hipotética apresentada, responda, de forma fundamentada, aos itens a seguir.

A) Ernesto possui o direito subjetivo à obtenção da nacionalidade brasileira?

B) As razões invocadas para o indeferimento do requerimento de Cláudia mostram-se constitucionalmente corretas?

GABARITO

A) O examinando deve responder que, uma vez preenchidos os requisitos estabelecidos no art. 12, II, b, da CRFB/88, o estrangeiro, como Ernesto, possui o direito subjetivo à obtenção da nacionalidade brasileira.

B) O examinando deve esclarecer que qualquer estrangeiro que preencha os requisitos exigidos, inclusive aquele originário dos países falantes de língua portuguesa, consoante o art. 12, II, a, da CRFB/88, pode postular a obtenção da nacionalidade brasileira, o que ensejará o surgimento de vínculo mais estreito com a República Federativa do Brasil.

Acesse o *QR Code* e consulte mais questões comentadas dos exames anteriores sobre este tema.
> http://uqr.to/1wkmb

24.6. Organização do Estado

(41º Exame) João dos Santos, vereador no Município Alfa, participou, em Brasília, de um grande evento organizado pelo Partido Político Delta, ao qual estava filiado. Na ocasião, criticou duramente a gestão do prefeito municipal de Alfa, principalmente por direcionar recursos públicos para escolas vinculadas a certas religiões, que não tivessem finalidade lucrativa, e que aplicassem seus excedentes em educação e assegurassem a destinação do seu patrimônio, no caso de encerramento de suas atividades, às escolas comunitárias, filantrópicas ou confessionais, ou ao Poder Público. Para João, apesar da tentativa de atribuir ares de licitude à medida, ela seria francamente contrária ao caráter laico das estruturas estatais de poder, configurando, portanto, ato ilícito. Ao tomar conhecimento dos fatos, o prefeito informou que adotaria as medidas necessárias para a responsabilização de João, tendo este último afirmado que não poderia ser responsabilizado por suas opiniões. Sobre o quadro fático narrado, responda aos itens a seguir.

A) João, nas circunstâncias indicadas, pode vir a ser responsabilizado por suas opiniões a respeito do prefeito do Município Alfa? Justifique.

B) Os recursos públicos, na forma descrita no enunciado, podem ser direcionados a escolas vinculadas a certas religiões? Justifique.

GABARITO

A) Sim, João pode ser responsabilizado, pois as opiniões não foram exaradas na circunscrição do Município Alfa, nos termos do art. 29, VIII, da CRFB/88.

B) Sim. A destinação de recursos públicos a escolas confessionais, na forma indicada, é admitida, nos termos do art. 213, I e II, e/ou do art. 19, I, ambos da CRFB/88.

(40º Exame) A Lei Orçamentária do município Beta foi regularmente aprovada, prevendo as dotações a serem direcionadas ao Poder Executivo e ao Poder Legislativo no curso do exercício financeiro. Apesar disso, o Prefeito Municipal, em razão de divergências momentâneas com a Câmara Municipal, decidiu repassar os duodécimos em montante inferior a 30% (trinta por cento) do valor correto.

PRÁTICA CONSTITUCIONAL

233

Dada a gravidade da situação, que comprometia a governança interna da Câmara Municipal, o presidente da Câmara o/a procurou como advogado(a) e solicitou respostas para os questionamentos a seguir.

A) A conduta do Prefeito Municipal configura algum ilícito previsto na ordem constitucional? Justifique.

B) Qual é a ação constitucional passível de ser ajuizada pela Câmara Municipal visando compelir o prefeito municipal a regularizar os repasses? Justifique.

GABARITO

A) Sim, a conduta do Prefeito Municipal configura crime de responsabilidade, previsto no art. 29-A, § 2º, III, da CRFB/88.

B) A ação constitucional cabível é o mandado de segurança, conforme o art. 5º, LXIX, da CRFB/88 (ou art. 1º, *caput*, da Lei n. 12.016/2009).

(40º Exame) Três estados de determinada região do país tinham um grande destaque no plano nacional em razão da produção de determinado gênero alimentício, que crescia ano após ano, o que gerava um grande fluxo de receitas para a população desses entes federativos e, em particular, para os cofres públicos.

Em comum acordo, cada um desses entes federativos editou uma lei ordinária de idêntico teor, na qual era reconhecido o fluxo forçado da denominada "unidade regional de valor", no território de cada um deles, sendo o valor dessa unidade definido de comum acordo, mês a mês, conforme a produção agrícola do período. A emissão dessas unidades, por sua vez, seria realizada pelos três estados, observados os limites de emissão fixados de comum acordo, devendo ser aceita não só nas transações comerciais em geral, como, também, no pagamento de tributos.

Sobre a hipótese apresentada, responda aos questionamentos a seguir.

A) Os três Estados possuem competência material para emitir a "unidade regional de valor"? Justifique.

B) Os Estados possuem competência legislativa para regulamentar o curso forçado da "unidade regional de valor"? Justifique.

GABARITO

A) Não, pois compete à União emitir moeda, conforme o comando do art. 21, VII, da CRFB/88.

B) Não, pois compete privativamente à União legislar privativamente sobre o Sistema Monetário Nacional, nos termos do art. 22, VI, da CRFB/88 (ou compete ao Congresso Nacional legislar sobre o tema, conforme o art. 48, II ou XIV, da CRFB/88).

(38º Exame) Com o objetivo de aproveitar o potencial energético dos seus cursos d'água, o Município Beta editou a Lei n. XX, estatuindo regras específicas a respeito do represamento da água e da localização das estruturas responsáveis pela transformação da energia potencial gravitacional gerada a partir dela. Além disso, cominou multa, que variava de um a cinco salários mínimos, a depender do capital social da sociedade empresária infratora, para cada dia em que os seus comandos fossem descumpridos. Preocupada com o teor da Lei n. XX, a sociedade empresária Alfa procurou os seus serviços como advogado(a) e formulou os questionamentos a seguir.

234   ANA FLÁVIA MESSA ■ KARINA JAQUES

A) A Lei n. XX, a respeito do aproveitamento energético dos cursos d'água, se enquadra na competência legislativa do Município Beta, sendo compatível com a CRFB/88? Justifique.

B) A cominação de multa, com os valores máximo e mínimo sendo definidos da forma estabelecida pela Lei n. XX, é compatível com a CRFB/88? Justifique.

GABARITO

A) Não. Compete privativamente à União legislar sobre água e energia, nos termos do art. 22, IV, da CRFB/88.

B) Não. É vedada a vinculação da multa ao salário mínimo, nos termos do art. 7º, IV, da CRFB/88.

(38º Exame) O Município Alfa, situado na região de fronteira, e cujos munícipes mantinham estreita relação com os moradores da cidade vizinha, situada no país Beta, editou a Lei n. XX, dispondo que o idioma a ser utilizado em todos os órgãos públicos municipais, na linguagem falada ou escrita, seria o espanhol. A medida, segundo a justificativa que acompanhou o projeto, tinha por objetivo desenvolver a cultura da população, de modo a facilitar as relações com o país vizinho, que oferecia inúmeros postos de trabalho. Sobre a hipótese apresentada, responda aos questionamentos a seguir.

A) A Lei n. XX, do Município Alfa, é compatível com a ordem constitucional? Justifique.

B) Qual é a ação que possibilita a submissão da Lei n. XX ao controle concentrado de constitucionalidade perante o Supremo Tribunal Federal? Justifique.

GABARITO

A) Não. A matéria disciplinada no art. 1º deve ser veiculada em lei complementar, não em lei ordinária, nos termos do art. 43, § 1º, I, da CRFB/88.

B) Não. A medida afronta o objetivo fundamental de reduzir as desigualdades regionais, nos termos do art. 3º, III, ou do art. 43, *caput*, ou do art. 43, § 2º, III, ou do art. 170, VII, todos da CRFB/88.

(37º Exame) O Município Alfa, cuja área central constituída apenas de edificações públicas municipais era considerada patrimônio histórico, editou a Lei n. XX, dispondo que seria submetida à consulta popular a possibilidade, ou não, de veículos automotores circularem pelas ruas que integravam a referida área. De acordo com os debates, apesar dessa circulação ser cômoda aos proprietários de veículos, ela dificultava o acesso de turistas.

A Câmara Municipal de Alfa ainda decidiu que seria imediatamente solicitado à Justiça Eleitoral que o respectivo quesito fosse submetido à população local de modo concomitante à eleição municipal a ser realizada no ano seguinte.

Sobre a hipótese apresentada, responda aos questionamentos a seguir.

A) A Lei n. XX do Município Alfa é formalmente compatível com a ordem constitucional? Justifique.

B) Considerando a sistemática constitucional, a Justiça Eleitoral deve atender à solicitação da Câmara Municipal de Alfa? Justifique.

GABARITO

A) Sim, a Lei n. XX do Município Alfa é formalmente compatível com a CRFB/88 pois disciplinar a circulação de veículos em área municipal considerada patrimônio histórico é assunto de interesse local, previsto no art. 30, I, da Constituição Federal.

B) Sim, a Justiça Eleitoral deve atender à solicitação da Câmara Municipal de Alfa e realizar a consulta popular, através de plebiscito, desde que o pedido seja encaminhado antes de 90 dias da data do pleito eleitoral, conforme prescreve o art. 14, § 12, da CRFB/88.

PRÁTICA CONSTITUCIONAL

(37° Exame) Em razão do crescimento do bloco de oposição ao governo no âmbito do Poder Legislativo do Estado Alfa, logrou-se reformar a Constituição Estadual para prever que os atos de exoneração dos secretários de Estado somente produziriam efeitos após a sua aprovação pela Assembleia Legislativa.

A reforma ainda previu que o não atendimento dessa determinação, pelo chefe do Poder Executivo, caracterizaria crime de responsabilidade, sujeitando-o ao respectivo processo, conforme regras estabelecidas em lei.

Irresignado com o teor da reforma constitucional, o Governador do Estado formulou à sua assessoria os questionamentos a seguir.

A) A previsão, na Constituição Estadual, de que os atos de exoneração dos secretários de Estado somente produziriam efeitos após a sua aprovação pela Assembleia Legislativa, é compatível com a Constituição da República de 1988? Justifique.

B) A tipificação de crime de responsabilidade na Constituição Estadual é compatível com a Constituição da República de 1988? Justifique.

GABARITO

A) Não, a exoneração dos secretários de Estado é ato privativo do chefe do Poder Executivo, na forma do art. 84, I, da CRFB/88, por força do princípio da simetria, nos termos do art. 25, *caput*, *ou* art. 2°, ambos da CRFB/88.

B) Não, a tipificação de crime de responsabilidade por Constituição Estadual é incompatível com a CRFB/88, pois compete privativamente à União legislar sobre direito penal, nos termos do art. 22, I, da CRFB/88. Além disso, a Súmula Vinculante 46 determina que a definição dos crimes de responsabilidade e das respectivas normas de processo e julgamento é de competência legislativa privativa da União, *ou* Súmula 722 do STF.

(35° Exame) O Estado Alfa editou a Lei n. XX, estatuindo comandos direcionados à estruturação do sistema de proteção a determinado animal silvestre que estava ameaçado de extinção. Pouco tempo depois, sobreveio a Lei Federal n. YY, dispondo em sentido diametralmente oposto à Lei n. XX, sendo certo que, até então, a União não legislara sobre a matéria. Sobre a hipótese apresentada, responda aos questionamentos a seguir:

A) A Lei Federal n. YY é formalmente compatível com a CRFB/88?

B) Caso a Lei Federal n. YY seja revogada, os comandos da Lei n. XX deverão ser cumpridos?

GABARITO

A) Sim. A Lei Federal n. YY é formalmente constitucional, pois trata-se de competência legislativa concorrente entre a União, Estados e o DF, onde a União legisla sobre normas gerais e os estados e DF legislam sobre normas específicas, complementando a lei federal. Contudo, a ausência de lei federal sobre normas gerais não retira dos estados-membros e DF a competência suplementar e plena sobre o tema, que neste caso é fauna, conforme art. 24, I, da CRFB/88. Neste caso, a superveniência de lei federal sobre normas gerais suspende a eficácia da lei estadual (ou distrital) apenas naquilo que lhe seja contrário, tudo nos termos dos §§ 1° ao 4° do mesmo art. 24 da CRFB/88.

B) Sim. Conforme o comando do art. 24, § 4°, da CRFB/88, a superveniência da Lei Federal n. YY apenas suspendeu a eficácia da Lei Estadual n. XX, naquilo que lhe era contrária, não havendo revogação da lei estadual. Portanto, se a lei federal for revogada sem a edição de nenhuma outra lei federal retirando a eficácia da Lei Estadual n. XX, esta voltará a ter total eficácia.

ANA FLÁVIA MESSA ■ KARINA JAQUES

(35º Exame) O Governador do Estado Alfa foi intimado, pelo Tribunal de Justiça local, de acórdão proferido pelo colegiado competente, o qual, com fundamento na isonomia, confirmou sentença de primeiro grau e determinou o reajuste dos vencimentos dos servidores públicos estaduais, com base no índice federal de correção monetária utilizado, por determinação legal, para os servidores federais. À luz da narrativa acima, responda aos questionamentos a seguir.

A) O acórdão do Tribunal de Justiça do Estado Alfa é compatível com a ordem constitucional?

B) Considerando a ausência de prequestionamento de norma constitucional na instância ordinária, qual é a medida constitucional cabível para que a causa seja submetida à apreciação do Supremo Tribunal Federal?

GABARITO

A) O acórdão do Tribunal de Justiça é incompatível com a Constituição Federal, afrontando o disposto no art. 37, XIII, da CRFB/88 e também algumas súmulas do STF, como as Súmulas Vinculante 37 e Persuasiva 339, cujos teores dizem que não cabe ao Poder Judiciário, que não tem função legislativa, aumentar vencimentos de servidores públicos sob fundamento de isonomia e Súmulas Vinculante 42 e Persuasiva 681 que declaram ser inconstitucional a vinculação do reajuste de vencimentos de servidores estaduais ou municipais a índices federais de correção monetária.

B) A medida constitucional cabível é a reclamação perante o STF pois houve decisão judicial contrariando Súmula Vinculante, nos termos do Art. 103-A, § 3º, da CRFB/88. Há fundamento também no Art. 7º, *caput*, da Lei º 11.417/2006 e art. 988, III, do CPC. Caso o STF julgue procedente a reclamação, cassará a decisão judicial, e determinará que outra seja proferida com ou sem a aplicação da súmula, conforme o caso.

(XXXIV Exame) A Lei n. 123/2018, do Município Alfa, estatuiu padrões de segurança a serem observados pelas concessionárias que exploram o serviço de gás canalizado no território do referido Município, fixando o prazo de 2 anos para o seu pleno cumprimento, sob pena de multa diária.

Findo o referido prazo, a concessionária W recebeu um documento de arrecadação municipal, expedido pelo Secretário Municipal de Fazenda, contendo a multa que deveria pagar por não ter cumprido o disposto na Lei n. 123/2018.

Sobre a hipótese apresentada, responda aos itens a seguir.

A) A Lei n. 123/2018, do Município Alfa, é compatível com a CRFB/88?

B) Observados os requisitos exigidos, qual é a ação constitucional passível de ser ajuizada pela concessionária W para eximir-se de pagar a multa que lhe fora aplicada?

GABARITO

A) Não, a lei municipal é incompatível com a CRFB/88 por contrariar o art. 25, § 2º, da Constituição Federal, que determina que é o estado-membro o ente competente para explorar os serviços locais de gás canalizado.

B) A concessionária W pode ajuizar mandado de segurança para eximir-se de pagar a multa que lhe fora aplicada. Como a Lei n. 123 do Município Alfa é inconstitucional, o ato do Secretário Municipal de Fazenda viola o direito líquido e certo da concessionária W, aplicando-se a incidência do Art. 5º, LXIX, da CRFB/88 ou do Art. 1º, *caput*, da Lei n. 12.016/2009.

(XXXIV Exame) Joana, cidadã atuante, no uso dos instrumentos de democracia participativa, requereu ao Prefeito do Município Alfa, no exercício do direito de petição, que praticasse os atos necessários à conservação do Centro Cultural do Município, cuja construção remontava ao Império e apresentava diversas infiltrações, correndo risco de desabamento.

PRÁTICA CONSTITUCIONAL

237

Ao receber o requerimento, o Prefeito Municipal o indeferiu de plano, sob o argumento de que as obras de conservação e reforma dos prédios públicos observavam um cronograma, que já fora por ele delineado há poucos meses, detalhando o que será feito nos próximos anos. Como o Chefe do Poder Executivo municipal, ao seu ver, pode decidir, livremente, que bens reformar, ou não, concluiu que o prédio indicado por Joana não seria reformado em sua gestão.

Sobre a hipótese apresentada, responda aos itens a seguir.

A) Nas circunstâncias indicadas, o argumento de que o Prefeito Municipal pode escolher livremente os prédios públicos a serem reformados pode prevalecer?

B) Qual a ação constitucional passível de ser ajuizada por Joana para que seu objetivo seja alcançado?

GABARITO

A) O Prefeito não pode escolher livremente os prédios públicos a serem reformados, pois todo gestor público deve ser obediente aos princípios da legalidade, prevalência do interesse público sobre o interesse privado, razoabilidade, moralidade, impessoalidade, economicidade e demais princípios que regem a Administração Pública. Além disso, o próprio art. 30, IX, da CRFB/88 dispõe que compete ao Município promover a proteção do patrimônio histórico-cultural local, observada a legislação e a ação fiscalizadora federal e estadual.

B) A ação cabível neste caso é a ação popular, prevista no art. 5º, LXXIII, da CRFB/88 e no art. 1º, § 1º, da Lei n. 4.717/65 visando anular ato lesivo ao patrimônio histórico-cultural local, e, neste caso, Joana deverá comprovar ser cidadã, com seus direitos políticos em dia.

(XXXIV Exame) A Lei n. XX, do Município Beta, dispôs que são bens do Município todas as terras públicas em seu território sem destinação, que nunca integraram o patrimônio de um particular, ainda que possam estar na sua posse de maneira ilícita, tidas como indispensáveis à proteção de ecossistemas naturais.

A partir da narrativa acima, responda aos questionamentos a seguir.

A) A Lei n. XX, do Município Beta, ao atribuir os referidos bens ao Município, é materialmente constitucional?

B) Bens da natureza dos descritos na narrativa podem ser objeto de doação a um particular?

GABARITO

A) Não, a Lei n. XX, do Município Beta é inconstitucional, pois os bens descritos no comando da questão são as terras devolutas, que, segundo a CRFB/88, ou pertencem à União, ou aos estados--membros. O tema é disciplinado no art. 20, II, da CRFB/88, que diz que são bens da União as terras devolutas indispensáveis à defesa das fronteiras, das fortificações e construções militares, das vias federais de comunicação e à preservação ambiental, definidas em lei e art. 26, IV, que determina que sobram aos estados-membros as terras devolutas que não pertencem à União, não cabendo nenhuma delas aos municípios.

B) Não, pois o art. 225, § 5º, da CRFB/88 determina que são indisponíveis as terras devolutas (ou arrecadadas pelos Estados, por ações discriminatórias) necessárias à proteção dos ecossistemas naturais.

(XXXIII Exame) Com o objetivo declarado de proteger a pessoa humana, foi promulgada, no Município Alfa, a Lei n. 123/2018, que estabeleceu certos limitadores a serem observados, em seu território, na veiculação de anúncios pagos com o fim de divulgação e comercialização de produtos nocivos à saúde. Sobre a hipótese, responda aos itens a seguir.

A) A Lei n. 123/2018 é compatível com a Constituição da República?

B) Há algum instrumento que permita submetê-la ao controle concentrado de constitucionalidade perante o Supremo Tribunal Federal?

GABARITO

A) Compete privativamente à União legislar sobre propaganda comercial, conforme determina o art. 22, XXIX, da CRFB/88, portanto a Lei Municipal n. 123/2018 é incompatível com a Constituição da República.

B) Por ser uma lei municipal, a Lei n. 123/2018 só poderia ser questionada no STF no controle concentrado de constitucionalidade, pela via da Arguição de Descumprimento de Preceito Fundamental, nos termos do art. 1º, parágrafo único, I, da Lei n. 9.882/99.

(XXXII Exame) A população do Estado Beta estava insatisfeita com a elevada circulação de pessoas em uma ilha situada no Rio WW, que separava o referido Estado do país XX. A ilha estava na direção do território do Estado Beta, sendo que a circulação de pessoas era potencialmente lesiva ao meio ambiente, que poderia vir a ser afetado caso o quadro não se alterasse. À luz dos fatos, um conhecido ativista formulou os questionamentos a seguir ao seu advogado.

A) O Estado pode legislar sobre a circulação de pessoas na referida ilha?

B) Existe alguma medida judicial passível de ser ajuizada por um cidadão para evitar que sejam causados danos ao meio ambiente, como descrito no enunciado?

GABARITO

A) Não, pois compete ao Congresso Nacional dispor sobre os bens de domínio da União, nos termos do art. 48, V, da CRFB/88, sendo este o caso da ilha, conforme dispõe o art. 20, IV, da CRFB/88, por estar situada em zona limítrofe com outro país. Também será considerada correta a resposta afirmativa, desde que devidamente fundamentada, na competência concorrente dos Estados para legislar sobre proteção ao meio ambiente, nos termos do art. 24, VI, *ou* art. 24, VIII, ambos da CRFB/88.

B) Consultar o gabarito no item 24.5.2. Remédios constitucionais.

(XXX Exame) A Lei n. XX/2015 do Estado Alfa isentou os usuários do serviço de telefonia móvel residentes no Estado, cuja renda familiar não superasse o valor de dois salários mínimos, do pagamento do respectivo serviço. No final de 2018, a Lei n. XX foi expressamente revogada, sendo ainda determinada a desconsideração de qualquer efeito que tenha produzido durante a sua vigência. À luz da situação hipotética acima descrita, responda aos itens a seguir.

A) A Lei n. XX/2015 era compatível com a ordem constitucional?

B) A determinação, por ocasião da revogação da Lei n. XX/2015, de que deveria ser desconsiderado qualquer efeito que tenha produzido durante a sua vigência, afronta algum direito adquirido dos usuários, oponível às concessionárias do serviço?

GABARITO

A) Não. A Lei n. XX/2015 é formalmente inconstitucional, pois compete privativamente à União legislar sobre telecomunicações, conforme o art. 22, IV, da CRFB/88. Além disso, é materialmente inconstitucional, pois compete à União explorar os serviços de telecomunicações, o que impede que o Estado Alfa conceda isenções, segundo o art. 21, XI, da CRFB/88.

B) Não. Para que um direito seja incorporado ao patrimônio do usuário do serviço, consubstanciando um direito adquirido, é preciso que tenha sido instituído por uma lei válida, o que não foi o caso da Lei n. XX/2015.

PRÁTICA CONSTITUCIONAL

(XXIX Exame) A Constituição do Estado Alfa dispôs que os prefeitos municipais deveriam observar, em sua gestão, as diretrizes traçadas no plano anual estabelecido pelo Governador do Estado, que seriam executadas em conjunto com os secretários municipais, a serem nomeados após aprovação da respectiva Câmara Municipal.

A partir da hipótese apresentada, responda aos itens a seguir.

A) A vinculação dos prefeitos municipais ao plano anual do governo estadual é compatível com a Constituição da República?

B) A competência outorgada às Câmaras Municipais está em harmonia com a Constituição da República?

GABARITO

A) A organização do Estado brasileiro é regida pelo princípio federativo e dispõe como regra a autonomia, portanto a vinculação dos prefeitos municipais ao plano anual do governo estadual é incompatível com a Constituição Federal. O próprio art. 18, *caput*, prescreve que os entes federativos são todos autônomos.

B) A nomeação dos secretários municipais (assim como dos secretários estaduais e ministros de Estado) é competência do Chefe do Poder Executivo, independentemente de prévia ou posterior aprovação da casa legislativa. A regra está originalmente explícita no art. 84, I, da CRFB/88 e deve ser repetida no âmbito estadual e municipal, conforme o comando dos art. 25, *caput*, e 29, *caput*, ambos da CRFB/88, aplicando-se o princípio da simetria constitucional. Portanto, no caso do enunciado da questão, a competência outorgada às Câmaras Municipais está em desarmonia com a Constituição da República.

(XXVIII Exame) Em razão do grande quantitativo de acidentes fatais na área urbana, a Câmara Municipal do Município Alfa aprovou e o Prefeito Municipal sancionou a Lei n. 123/2018. Esse diploma normativo previu multas um pouco mais elevadas que aquelas previstas no Código de Trânsito Brasileiro para os motoristas que trafegassem em velocidade superior à permitida no território do Município Alfa.

À luz da narrativa acima, responda aos questionamentos a seguir.

A) A Lei n. 123/2018, do Município Alfa, sob o prisma formal, está em harmonia com a Constituição da República Federativa do Brasil, de 1988? Justifique.

B) Se a lei municipal se limitar a estabelecer a velocidade máxima a ser observada nas vias urbanas do Município, há alguma incompatibilidade formal com a Constituição da República Federativa do Brasil, de 1988? Justifique.

GABARITO

A) A CRFB/88 disciplina sobre a distribuição de competência entre os entes federativos e atribui à União a competência para legislar privativamente sobre trânsito e transporte, nos termos do art. 22, XI, do texto constitucional. Portanto, a Lei n. 123/2018 não está em harmonia com a CRFB/88.

B) O art. 30, I, da CRFB/88 estabelece que compete ao município legislar sobre assuntos de interesse local. Tal dispositivo é bastante amplo e atinge vários temas de ordem municipal, inclusive os limites de velocidade a serem observados nas vias urbanas. Se assim for e a lei municipal limitar-se a disciplinar sobre a velocidade máxima permitida nas vias urbanas do município, não haverá nenhum vício de inconstitucionalidade.

(XXVI Exame) O presidente da República, ao constatar que o índice de violência no Estado Delta alcançara números alarmantes, resolveu decretar a intervenção federal nesse Estado. Apresentou como justificativa a necessidade de pôr fim a grave comprometimento da ordem pública. Ao consultar os Conselhos da República e de Defesa Nacional, esses órgãos desaconselharam a medida, entendendo que outras ações menos invasivas na esfera de autonomia do referido Estado poderiam ser tomadas. Todavia, convicto de que a ação se fazia absolutamente necessária, o Presidente, agindo de ofício, decretou a intervenção, sem submeter a referida questão ao controle político. Diante de tal fato, responda, tendo por pressuposto a inteligência jurídico-constitucional da Constituição da República de 1988, aos itens a seguir.

A) No caso em tela, havia necessidade de a referida intervenção ter sido submetida a algum controle prévio de natureza política?

B) O presidente da República, ao decretar a intervenção federal desconsiderando os aconselhamentos dos Conselhos da República e de Defesa Nacional, agiu nos limites constitucionais a ele impostos? Justifique.

GABARITO

A) Conforme o art. 36, § 1º, da CRFB/88, o decreto de intervenção, expedido pelo presidente da República, deverá ser submetido à apreciação do Congresso Nacional no prazo de vinte e quatro horas após a sua expedição. Embora, no caso em tela, haja a necessidade de controle político, ele é realizado *a posteriori*, não previamente.

B) O presidente da República não ultrapassou os limites concedidos pela Constituição da República quando decretou a intervenção federal, pois, embora fosse obrigatória a oitiva dos Conselhos da República (art. 90, I, da CRFB/88) e de Defesa Nacional (art. 91, § 1º, II, da CRFB/88), suas manifestações não possuem caráter vinculante em relação aos atos a serem praticados pelo presidente da República, mas meramente consultivo, conforme dispõem os arts. 89 e 91.

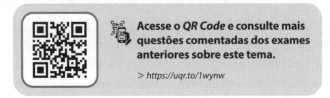

24.7. Processo legislativo

(39º Exame) O presidente da República apresentou projeto de lei visando aumentar em R$ 100,00 (cem reais) o valor de certa gratificação paga aos servidores públicos da União. Em razão de grande mobilização da categoria, a Câmara dos Deputados aprovou substitutivo ao referido projeto de lei, aumentando a gratificação para R$ 200,00 (duzentos reais), o que representava o dobro do que fora proposto pelo chefe do Poder Executivo. Além disso, foram alterados diversos comandos do regime jurídico dos servidores públicos da União, o que sequer era objeto do projeto de lei original. No âmbito do Senado Federal, foi igualmente aprovado o texto oriundo da Câmara dos Deputados. Sobre a hipótese formulada, responda aos itens a seguir.

A) O aumento da gratificação em R$ 200,00 (duzentos reais), ao invés dos R$ 100,00 (cem reais) propostos, é compatível com a Constituição da República? Justifique.

PRÁTICA CONSTITUCIONAL

B) A alteração de comandos do regime jurídico dos servidores públicos da União, com inovação em relação ao objeto do projeto de lei original, é compatível com a Constituição da República? Justifique.

GABARITO

A) Não. É vedado o aumento de despesa nos projetos de lei de iniciativa exclusiva do presidente da República, nos termos do art. 63, I, *ou* art. 61, § 1º, II, *a*, ambos da CRFB/88.

B) Não. Por se tratar de matéria de iniciativa privativa do presidente da República, nos termos do art. 61, § 1º, II, *c*, da CRFB/88, ela não poderia ser inserida no projeto de lei pelos parlamentares.

(XXIX Exame) O presidente da República editou a Medida Provisória n. XW/2018, permitindo que os Estados editassem lei dispensando a inserção, no âmbito do seu território, de algumas das informações a serem incluídas no registro civil das pessoas naturais. Face à importância da temática versada, a Medida Provisória n. XW/2018, por deliberação do colégio de líderes, foi imediatamente submetida à apreciação do plenário de cada casa do Congresso Nacional, daí resultando sua aprovação e a consequente promulgação da Lei n. DD/2018.

A) Com abstração de considerações em torno de sua relevância e urgência, a Medida Provisória n. XW/2018 atende aos seus pressupostos constitucionais?

B) O processo legislativo que culminou na aprovação da Lei n. DD/2018 é compatível com a ordem constitucional?

GABARITO

A) O art. 22, XXV, da CRFB/88 disciplina que compete à União legislar sobre registros públicos, seu parágrafo único prevê que tal competência legislativa privativa pode ser delegada aos estados (e ao Distrito Federal – art. 32, § 1º, da CRFB/88) por meio de lei complementar federal. Conclui-se que a Medida Provisória n. XW/2018 não atende aos pressupostos constitucionais porque disciplina sobre matéria reservada à lei complementar, o que lhe é vedado.

B) A medida provisória, por ordem constitucional do art. 62, § 9º, deve ser submetida à comissão mista de deputados e senadores que sobre ela emitirá parecer prévio, antes de ser apreciada, em sessão separada, pelo plenário de cada uma das Casas do Congresso Nacional. O processo legislativo que culminou com a aprovação da Lei n. DD/2018 não obedeceu ao processo legislativo constitucional, sendo incompatível com a ordem estabelecida pela CRFB/88.

(XXV Exame – Reaplicação em Porto Alegre – Adaptada) Após anos sem terem os seus vencimentos reajustados, os servidores da Administração direta do Poder Executivo do Estado Ômega entraram em greve, reivindicando uma solução para esse estado de coisas, que já colocava em risco sua subsistência e a de sua família. Sensibilizado com a situação, um grupo de parlamentares apresentou projeto de lei de reajuste dos servidores públicos, o qual veio a ser aprovado pela Assembleia Legislativa e sancionado pelo Governador do Estado, dando origem à Lei n. X. Apesar do benefício gerado para os servidores, o partido político Sigma, com representação no Senado Federal, mas que não contava com nenhum representante na Assembleia Legislativa do Estado Ômega, entendeu que a medida, além de injusta, já que os servidores de outros entes federativos não receberam ajuste similar, era inconstitucional. À luz desse quadro, responda aos questionamentos a seguir.

A) Utilizando a Constituição da República como paradigma de análise, a Lei n. X do Estado Ômega apresenta algum vício de constitucionalidade? Justifique.

B) No caso concreto, o partido político Sigma teria legitimidade para deflagrar o controle concentrado de constitucionalidade perante o Supremo Tribunal Federal? Justifique.

GABARITO

A) A Lei n. X é formalmente inconstitucional, já que o projeto de lei foi apresentado por um grupo de parlamentares, enquanto o poder de iniciativa legislativa, em relação às leis que aumentem a remuneração dos servidores da administração direta do Poder Executivo, é do governador do estado. Aplica-se o disposto no art. 61, § 1º, II, *a*, da CRFB/88, preceito que deve ser observado pelos estados por simetria constitucional, conforme dispõe o art. 25, *caput*, da CRFB/88.

B) Consultar o gabarito no item 24.4. Controle de constitucionalidade.

24.8. Poder Judiciário

(XXXIV Exame) O Supremo Tribunal Federal julgou procedente o pedido formulado em ação direta de inconstitucionalidade e declarou, no início de 2018, a inconstitucionalidade da Lei n. XX do Estado Teta. Apesar de a decisão ter sido comunicada às autoridades estaduais e o acórdão ter sido regularmente publicado, a Lei n. XX continuou a ser aplicada pelos órgãos do Poder Executivo do Estado Teta, sob o argumento de que circunstâncias fáticas posteriores teriam afastado o fundamento de sua inconstitucionalidade.

Apesar de ter impugnado esse entendimento perante as instâncias locais do Poder Judiciário, a sociedade empresária Beta não teve o seu pleito acolhido, deixando de fruir certo benefício tributário.

Sobre a hipótese apresentada, responda aos itens a seguir.

A) Qual é o instrumento processual passível de ser utilizado para que o Supremo Tribunal Federal possa determinar o cumprimento, pelos órgãos do Poder Executivo do Estado Teta, do acórdão proferido na ação direta de inconstitucionalidade? Justifique.

B) A sociedade empresária Beta tem legitimidade para utilizar o instrumento objeto do questionamento anterior? Justifique.

GABARITO

A) O art. 102, I, *l*, da CRFB/88 determina que cabe a reclamação perante o STF para a preservação de sua competência e garantia da autoridade de suas decisões. Este é o caso da questão, pois o Poder Executivo do Estado Teta está descumprindo decisão judicial do STF.

B) Sim, a sociedade empresária Beta tem legitimidade para ajuizar reclamação constitucional, pois é parte interessada, conforme dispõe o art. 988, *caput*, do CPC.

(XXXIII Exame) Após longa disputa judicial com o Estado Beta, foi dado ganho de causa ao cliente de José dos Santos, único advogado que atuara na causa. Em razão da sucumbência, o Estado Beta foi

PRÁTICA CONSTITUCIONAL

243

condenado a pagar honorários advocatícios a José em valores milionários. Com a execução dos honorários advocatícios, José foi informado que o seu crédito foi inserido, por decisão do Presidente do Tribunal de Justiça local, na ordem geral de precatórios. Sobre o caso narrado, responda aos itens a seguir.

A) A decisão do Presidente do Tribunal de Justiça é compatível com a Constituição da República?

B) Preenchidos os requisitos exigidos, qual é a medida constitucional passível de ser ajuizada por José para impugnar a decisão proferida pelo Presidente do Tribunal de Justiça perante o Supremo Tribunal Federal?

GABARITO

A) A Súmula Vinculante 47 determina que: "Os honorários advocatícios incluídos na condenação ou destacados do montante principal devido ao credor consubstanciam verba de natureza alimentar cuja satisfação ocorrerá com a expedição de precatório ou requisição de pequeno valor, observada ordem especial restrita aos créditos dessa natureza". Isso reforça o disposto no art. 100, § 1º, da CRFB/88, que determina que os honorários advocatícios têm natureza alimentar e serão pagos com preferência sobre os demais débitos; portanto, a decisão do Presidente do Tribunal de Justiça é incompatível com a Constituição.

B) José poderá ajuizar reclamação constitucional junto ao STF para impugnar decisão do Presidente do Tribunal de Justiça que contrariou a Súmula Vinculante 47, tudo conforme o art. 103-A, § 3º, da CRFB/88.

(**XXXII Exame**) Antônio, na condição de consumidor, celebrou contrato com determinada concessionária de serviço público de telefonia, vinculada à União e sujeita à fiscalização de uma agência reguladora federal. Poucos anos após a celebração, a ele foi informado que a concessionária partilharia, com seus parceiros comerciais, as localidades em que estão situados os números de telefone aos quais Antônio se conecta regularmente. O objetivo era o de contribuir para o delineamento do seu perfil, de modo a facilitar a identificação da propaganda comercial de seu interesse. Acresça-se que tanto a União quanto a agência reguladora federal divulgaram comunicados oficiais informando que não tinham qualquer interesse na discussão a respeito dos referidos atos da concessionária. Insatisfeito com o teor do comunicado recebido, Antônio procurou você, como advogado(a), e solicitou que respondesse aos questionamentos a seguir:

A) A partilha de informações a ser realizada pela concessionária é compatível com a Constituição da República?

B) Qual é o órgão do Poder Judiciário competente para processar e julgar a demanda que venha a ser ajuizada em face da concessionária?

GABARITO

A) Consultar o gabarito no item 24.5.1. Direitos e deveres individuais e coletivos.

B) O órgão competente é o Juiz Estadual, já que a União e a agência reguladora federal não serão demandadas por Antônio, nos termos do art. 109, I, da CRFB/88 ou da Súmula Vinculante 27 do Supremo Tribunal Federal.

(**XXVII Exame de Ordem Unificado**) Um grupo de criminosos fortemente armados desferiu disparos de arma de fogo contra diversos populares no Estado Alfa, dando causa à morte de trinta pessoas. No dia seguinte aos fatos, momento em que as autoridades estaduais já tinham iniciado a investigação do ocorrido, certa autoridade federal afirmou que os fatos eram de extrema gravida-

244 ANA FLÁVIA MESSA ■ KARINA JAQUES

de, sendo evidente o descumprimento das obrigações internacionais assumidas pela República Federativa do Brasil, bem como que adotaria medida, nesse mesmo dia, para que a investigação dos crimes não fosse realizada por autoridades estaduais.

À luz da narrativa acima, responda aos questionamentos a seguir.

A) Que medida judicial poderia ser adotada pela autoridade federal competente para que a investigação dos crimes fosse transferida das autoridades estaduais para as federais? Justifique.

B) Considerando os dados da narrativa acima, em especial o fato de não haver qualquer notícia da ineficiência das autoridades estaduais, a medida judicial eventualmente ajuizada deveria ser acolhida pelo Tribunal competente? Justifique.

GABARITO

A) O art. 109, § 5º, da CRFB/88 prevê o incidente de descolamento de competência para a Justiça Federal (ou federalização dos processos) quando ocorrer grave violação aos direitos humanos. Neste caso o procurador-geral da República solicita o deslocamento para o Superior Tribunal de Justiça, alegando a finalidade de assegurar o cumprimento das obrigações decorrentes de tratados internacionais sobre direitos humanos dos quais o Brasil seja parte. Tudo conforme o art. 109, V-A e § 5º, da CRFB/88.

B) O enunciado não informa sobre a ineficiência da justiça estadual, até porque não houve tempo para apurar este aspecto. Precipitou-se o procurador-geral da República ao suscitar o deslocamento de competência para a Justiça Federal logo que ocorreu o grave crime, pois deverá haver a sobreposição de crime considerado grave violação aos direitos humanos e descumprimento de obrigações decorrentes de tratados internacionais de direitos humanos dos quais o Brasil seja parte. Portanto, a medida judicial solicitada carece de requisitos para ser acolhida.

(XXVI Exame) A Lei n. 123/2017 do Estado Ômega, dispôs que os estacionamentos explorados em caráter comercial deveriam cobrar valores proporcionais ao tempo de uso do respectivo espaço, nos termos do regulamento, vedada a cobrança de tarifa única. Com base nesse diploma normativo, foi editado o Decreto n. 45/2017, que definiu, de modo proporcional ao tempo de uso, o escalonamento de valores a serem cobrados. Insatisfeito com esse estado de coisas, um legitimado à deflagração do controle concentrado de constitucionalidade perante o Supremo Tribunal Federal procurou você, como advogado(a), e formulou os questionamentos a seguir.

A) É possível ajuizar a ação direta de inconstitucionalidade apenas para impugnar o Decreto n. 45/2017, não a Lei n. 123/2017? Justifique.

B) É possível ajuizar a ação direta de inconstitucionalidade para impugnar a Lei n. 123/2017 e o Decreto n. 45/2017, que a regulamenta? Justifique.

GABARITO

A) Como a ação direta de inconstitucionalidade se destina apenas ao controle de constitucionalidade dos atos normativos, nos termos do art. 102, I, *a*, da CRFB/88, e não ao controle de legalidade, não seria possível utilizá-la para impugnar somente o Decreto n. 45/2017. Nesse caso, a ofensa à Constituição é apenas reflexa, não direta.

B) A Lei n. 123/2017, por ser ato normativo estadual, pode ser impugnada via ação direta de inconstitucionalidade, nos termos do art. 102, I, *a*, da CRFB/88. O Decreto n. 45/2017, por sua vez, apesar de encontrar o seu fundamento de validade na lei, pode ter a inconstitucionalidade declarada por arrastamento, o que possibilita a sua inclusão no objeto da ação.

Acesse o *QR Code* e consulte mais questões comentadas dos exames anteriores sobre este tema.
> http://uqr.to/1wkmd

24.9. Poder Legislativo

(41º Exame) A Assembleia Legislativa do Estado Alfa instituiu uma Comissão Parlamentar de Inquérito (CPI) com o objetivo de apurar informações a respeito da desconformidade constitucional dos programas de rádio X, Y e Z, veiculados pelas emissoras Delta, Beta e Gama nos limites do território de Alfa. De acordo com as referidas informações, os programas, em vez de promover a cultura nacional e regional, as ridicularizavam. Havia notícia, ademais, de que estava prestes a ser votado pela CPI requerimento para que fossem ouvidos os proprietários das emissoras, que estariam sujeitos à prisão na hipótese de não comparecimento. Os proprietários das emissoras Delta, Beta e Gama contrataram você, como advogado(a), e formularam os questionamentos a seguir.

A) A Assembleia Legislativa do Estado Alfa pode instituir CPI com o objeto descrito na narrativa? Justifique.

B) Em razão dos termos do requerimento que será votado, há alguma ação constitucional passível de ser ajuizada pelos proprietários para que deixem de atender a uma futura convocação da CPI? Justifique.

GABARITO

A) Não. Como compete ao Congresso Nacional atuar na área de radiodifusão, nos termos do art. 48, XII, ou do art. 223, ambos da CRFB/88, não pode ser instaurada Comissão Parlamentar de Inquérito no âmbito da Assembleia Legislativa do Estado Alfa para investigar atividades realizadas nessa área.

B) Sim. Como há ameaça à liberdade de locomoção, realizada por órgão incompetente, pode ser impetrado *habeas corpus*, nos termos do art. 5º, LXVIII, da CRFB/88.

(37º Exame) A Assembleia Legislativa do Estado Alfa instaurou Comissão Parlamentar de Inquérito com o objetivo de investigar os graves fatos apresentados em matéria jornalística pelo principal jornal do Estado. A matéria descrevera o estado de ineficiência no âmbito da Secretaria Estadual de Educação, o que vinha gerando graves prejuízos na formação dos jovens que estudavam em colégios públicos estaduais. Apesar da aparente nobreza da iniciativa, João, autor da matéria jornalística, teve conhecimento de que o real objetivo da CPI era o de obrigá-lo a indicar quem lhe passara as informações usadas para a elaboração da matéria. Para tanto, João seria convocado como testemunha e, caso se negasse a nomear sua fonte, seria preso em flagrante por falso testemunho, o que lhe causaria imenso desgaste junto à opinião pública. Sobre a hipótese apresentada, responda aos itens a seguir.

A) João está obrigado, ao depor como testemunha perante a CPI, a indicar a pessoa que lhe passara as informações utilizadas para a confecção da matéria? Justifique.

B) Qual é a ação constitucional passível de ser utilizada por João para que não venha a ser preso pela CPI, por não indicar a pessoa que lhe passou as informações utilizadas para a elaboração da matéria? Justifique.

GABARITO

A) Não. João possui o direito de resguardar o sigilo da fonte, nos termos do art. 5º, XIV, ou do art. 220, § 1º, ambos da CRFB/88.

B) A ação constitucional passível de ser utilizada por João é o *habeas corpus*, nos termos do art. 5º, LXVIII, da CRFB/88.

24.10. Poder Executivo

(XXI Exame) O Governador do Estado Z, no decorrer de seu mandato, é processado por agredir fisicamente um funcionário do hotel em que se hospedara no decorrer de suas férias, pois esse funcionário não teria tido o devido cuidado no transporte de suas malas. O fato ganhou as manchetes dos meios de comunicação, o que deu origem a uma forte pressão popular para que o agente político respondesse penalmente pelo desvio de conduta cometido.

O Governador, preocupado, alega em sua defesa que se trata de conduta não passível de responsabilização, pois, quando a Constituição estabelece que o presidente da República não responde por crimes estranhos ao exercício de sua função, estende tal direito, com base no princípio da simetria, a todos os chefes de Poder Executivo.

Sobre o fato descrito, responda aos itens a seguir.

A) Tem razão o Governador quando afirma que, se a conduta descrita fosse praticada pelo presidente da República, este não responderia criminalmente? Justifique.

B) No caso em tela, o Ministério Público poderia ajuizar a ação penal, de imediato, em face do Governador? Justifique.

GABARITO

A) O governador está errado. Segundo o art. 86, § 4º, da CRFB/88, o presidente da República não poderá ser responsabilizado, na vigência do seu mandato, por atos estranhos ao exercício da sua função. Trata-se da imunidade penal temporária, que adia para após o fim do mandato a responsabilização criminal. No caso de crimes praticados na função presidencial, o STF é o juízo competente. A imunidade penal temporária não alcança responsabilização de natureza não penal.

B) Sim, pois as prerrogativas contempladas no art. 86, § 4º, fazem parte da condição institucional de chefe de Estado, e não da de chefe de Governo, sendo aplicáveis apenas ao presidente da República, não sendo extensíveis aos governadores e aos prefeitos. A aplicação do princípio da simetria constitucional neste caso seria medida violadora ao princípio republicano. Nessa linha, o governador do Estado Z, não gozando dessa prerrogativa, não possui nem mesmo direito à imunidade temporária à persecução penal garantida ao presidente, podendo a ação penal ser ajuizada de imediato.

Acesse o *QR Code* e consulte mais questões comentadas dos exames anteriores sobre este tema.
> http://uqr.to/1wkmf

24.11. Tributação e orçamento

(XXVII Exame) Com o objetivo de combater os graves problemas de infraestrutura verificados no território do Estado Alfa, a Assembleia Legislativa promulgou a Emenda Constitucional n. XX/2018, vinculando 50% da receita arrecadada com o Imposto sobre a Circulação de Mercadorias e Serviços de qualquer natureza (ICMS) às obras de infraestrutura. Além disso, estatuiu, como programa, as estradas a serem reformadas e aquelas que deveriam ser construídas nos próximos dez anos, bem como o percentual dos recursos a ser direcionado a cada uma delas.

A) A vinculação do produto da arrecadação do ICMS aos fins referidos na Emenda Constitucional n. XX/2018 é compatível com a Constituição da República? Justifique.

B) A programação financeira estabelecida pela Emenda Constitucional n. XX/2018 está em harmonia com a Constituição da República? Justifique.

GABARITO

A) O art. 167, IV, da CRFB/88 prescreve que é vedada a vinculação de receita de impostos a órgão, fundo ou despesa, ressalvadas as hipóteses constitucionais, portanto o produto da arrecadação do ICMS não poderá ser vinculado, em nenhum percentual, às obras de infraestrutura.

B) A lei orçamentária anual deve prever o orçamento fiscal, o orçamento de investimento e o orçamento de seguridade social, conforme determina o art. 165, § 5º, I, II e III, da CRFB/88, e rege os gastos do ente federativo correspondente, portanto a programação financeira deve ser estabelecida pela lei orçamentária anual, não podendo ser substituída por outra norma ainda que de caráter constitucional. O próprio art. 167, I, da CRFB/88 veda o início de programas ou projetos não incluídos na lei orçamentária anual.

24.12. Ordem econômica e financeira

(39º Exame) A Lei Complementar Federal n. XX condicionou o exercício de determinada atividade econômica, não mencionada expressamente na ordem constitucional, à prévia autorização do órgão público competente. Poucos anos depois, a Lei Ordinária Federal n. YY dispôs que a autorização somente seria concedida com o preenchimento de requisitos diversos, o que se mostrava mais restritivo para os interessados. Acresça-se que tanto a Lei Complementar Federal n. XX como a Lei Ordinária Federal n. YY foram editadas sob a égide da Constituição da República de 1988. A sociedade empresária Alfa contratou você, como advogado(a), e formulou os seguintes questionamentos:

A) É compatível com a ordem constitucional a alteração, pela Lei Ordinária Federal n. YY, dos requisitos exigidos pela Lei Complementar Federal n. XX? Justifique.

B) A sociedade empresária pode ajuizar uma ação, de modo a submeter a questão ao controle concentrado de constitucionalidade perante o Tribunal competente, pedindo que seja reconhecida a incompatibilidade da Lei Ordinária Federal n. YY com a ordem constitucional? Justifique.

248 ANA FLÁVIA MESSA ■ KARINA JAQUES

GABARITO

A) Sim. Como a matéria deve ser disciplinada em lei ordinária, nos termos do art. 170, parágrafo único, da CRFB/88, a Lei Complementar Federal n. XX pode ser alterada por diploma normativo da referida natureza.

B) Consultar o gabarito no item 24.4. Controle de constitucionalidade.

(XXVI Exame) Sociedade empresária Vertical, que possui uma rede de lojas de material de construção nos Municípios A, B e C, decidiu abrir uma nova loja no Município D. Após realizar pesquisa de mercado, identificou o bairro XX como o de maior potencial para a construção civil. Ato contínuo, solicitou autorização à autoridade municipal competente para instalar sua nova loja no referido bairro. Para surpresa da sociedade empresária Vertical, o requerimento formulado à autoridade competente do Município D foi indeferido sob o argumento de que o bairro XX já contava com quatro lojas de material de construção, sendo que a Lei Municipal n. 123/2010 vedava que estabelecimentos dessa natureza fossem instalados, no mesmo bairro, a menos de 500 m de distância um do outro, óbice que não poderia ser contornado naquele caso. Manejados os recursos administrativos cabíveis e esgotada a via administrativa, a proibição foi mantida. À luz da narrativa acima, responda aos questionamentos a seguir.

A) A Lei n. 123/2010, do Município D, apresenta alguma incompatibilidade de ordem material com a Constituição da República Federativa do Brasil, de 1988?

B) A sociedade empresária Vertical tem legitimidade para impugnar, perante o Supremo Tribunal Federal, a decisão da autoridade competente do Município D, que indeferiu o pedido de autorização para a instalação da loja de material de construção no bairro XX?

GABARITO

A) O princípio da livre concorrência é expressamente previsto como um dos princípios gerais da atividade econômica – localizado no Capítulo da Ordem Econômica e Financeira – art. 170, IV. Portanto, a Lei Municipal n. 123/2010 ofende frontalmente dispositivo constitucional, sendo incompatível com a atual ordem material da CRFB/88. Ademais, a Súmula Vinculante 49 é explícita e pontual ao estabelecer a seguinte normativa: "Ofende o princípio da livre concorrência lei municipal que impede a instalação de estabelecimentos comerciais do mesmo ramo em determinada área".

B) Segundo o art. 103-A, § 3º, da CRFB/88, quando o ato administrativo (decisão da autoridade competente do município D) contrariar Súmula Vinculante (SV 49), caberá reclamação ao STF que, julgando-a procedente, anulará o ato administrativo (porque eivado de vício). Concluímos que a Sociedade empresária Vertical tem legitimidade para impugnar a decisão municipal por meio da reclamação constitucional.

24.13. Ordem social

(41º Exame) A sociedade empresária XX, por identificar uma ótima oportunidade de negócios, decidiu instalar uma unidade hospitalar no território do Município Alfa, pois era de conhecimento público a precariedade do serviço oferecido pelo hospital público existente no local. Com o objetivo de traçar o devido planejamento, contratou seus serviços como advogado(a) e formulou os questionamentos a seguir.

A) A exploração econômica da atividade hospitalar é privativa do Poder Público, de modo que deve explorá-la diretamente ou anuir que outrem, como a sociedade empresária XX, o faça? Justifique.

PRÁTICA CONSTITUCIONAL

249

B) De modo a aumentar a qualidade do serviço médico prestado às pessoas que contratem seus serviços, a sociedade empresária XX pode obter recursos financeiros do Poder Público, de qualquer esfera de governo? Justifique.

GABARITO

A) Não, a exploração econômica da atividade hospitalar é livre para a iniciativa privada, nos termos do art. 199, *caput*, da CRFB/88.

B) Não, o Poder Público não pode destinar recursos financeiros à sociedade empresária XX, pois ela tem fins lucrativos, o que decorre do disposto no art. 199, § 2º, da CRFB/88.

(40º Exame) O Município Alfa decidiu editar a Lei Municipal n. XX, em razão das reclamações apresentadas por pais de alunos da rede pública de ensino, que entendiam ser adequada à criação de uma regra uniformizando os planos de aula dos professores, mais especificamente em relação à forma como deveriam ensinar, na perspectiva das aulas expositivas, considerando a necessidade de o conteúdo da aula precisar ser ditado, e à preparação do material de apoio audiovisual com citações e opiniões alheias. Esse diploma normativo padronizou, de maneira detalhada, as referidas práticas, o que terminou por gerar grande insatisfação dos professores.

Sensível a essa situação, o Partido Político Y, que conta com representantes em ambas as casas do Congresso Nacional, procurou você, como advogado(a), e formulou os seguintes questionamentos.

A) Os planos de aula dos professores podem ser uniformizados na forma estabelecida pela Lei Municipal n. XX? Justifique.

B) Qual é a ação constitucional passível de ser ajuizada para que a Lei Municipal nº XX seja submetida ao controle concentrado de constitucionalidade perante o Supremo Tribunal Federal, caso esteja em desacordo com a Constituição da República de 1988? Justifique.

GABARITO

A) Não, a Lei Municipal n. XX afronta a liberdade de ensinar e a pluralidade de ideias e de concepções pedagógicas, asseguradas no art. 206, II e III, da CRFB/88.

B) A ação cabível é a arguição de descumprimento de preceito fundamental, com fundamento no art. 1º, parágrafo único, I, da Lei n. 9.882/99.

(40º Exame) Com o alegado objetivo de conter o crescimento do déficit público, a Lei Federal n. X estabeleceu o realinhamento dos benefícios de assistência social oferecidos às populações urbanas e rurais, o que decorria de uma série de estudos que demonstravam a existência de acentuadas diferenças no custo de vida que vivenciavam.

Por tal razão, decidiu-se que os benefícios devidos às populações rurais seriam percentualmente mais baixos que aqueles concedidos às populações urbanas, ainda apresentando variações conforme a região do país. Para fazer jus a tais benefícios, foi instituída contribuição para a seguridade social, assegurado que ela estaria limitada a 1% (um por cento) do benefício assistencial que o interessado viria a fruir.

Com base na situação descrita, responda aos questionamentos a seguir.

A) Os benefícios da assistência social oferecidos às populações urbanas e rurais podem ser oferecidos em valores diferenciados? Justifique.

B) É correto estabelecimento de percentual módico, fixado a título de contribuição, para que o interessado possa fruir o benefício assistencial? Justifique.

250   ANA FLÁVIA MESSA ■ KARINA JAQUES

GABARITO

A) Não, é objetivo da seguridade social a uniformidade e equivalência dos benefícios, nos termos do art. 194, parágrafo único, II, da CRFB/88.

B) Não, a fruição do benefício de assistência social independe de contribuição, conforme o comando do art. 203, *caput*, da CRFB/88.

(36º Exame) Maria, tendo preenchido os requisitos exigidos para o ingresso em curso de nível superior da Universidade Estadual do Estado Sigma, foi informada que deveria providenciar o pagamento da taxa de matrícula para que sua inscrição pudesse ser efetivada.

Irresignada com a informação, Maria manejou todos os recursos administrativos existentes, esgotando a via administrativa, mas não obteve êxito no reconhecimento de que o pagamento era indevido, embora tivesse argumentado com a existência de súmula vinculante em sentido diverso.

A) A taxa de matrícula cobrada pela Universidade Estadual do Estado Sigma é materialmente compatível com a CRFB/88? Justifique.

B) A questão pode ser diretamente submetida à apreciação do Supremo Tribunal Federal? Justifique.

GABARITO

A) Não, a taxa de matrícula cobrada pela Universidade Estadual do Estado Sigma é materialmente incompatível com a Constituição por violar o art. 206, IV, da CRFB/88 e também o inteiro teor da Súmula Vinculante 12.

B) Sim, a questão pode ser diretamente submetida à apreciação do Supremo Tribunal Federal através da reclamação constitucional endereçada ao próprio STF fundada na violação da Súmula Vinculante 12, nos termos do art. 103-A, § 2º, da CRFB/88 ou do art. 7º, *caput*, da Lei n. 11.417/2006 ou do art. 988, III, do CPC, e esgotada a instância administrativa, conforme dispõe o art. 7º, § 1º, da Lei n. 11.417/2006.

(36º Exame) Egberto, que residia no Município Alfa, teve sérios problemas de saúde e, em razão da precariedade do serviço disponibilizado à população nesse ente federativo, procurou atendimento médico no Município Beta, contíguo àquele em que residia. Ao chegar ao posto de atendimento médico, o Diretor negou-se, por escrito, a recebê-lo, sob o argumento de que as despesas do posto eram custeadas pelos impostos pagos exclusivamente pelos munícipes de Beta. Como necessitava de um tratamento contínuo, por vários meses, Egberto ficou preocupado com a negativa. Sobre o fato descrito, responda aos itens a seguir.

A) Foi correta a decisão do Diretor, à luz da ordem constitucional, ao negar-se a atender Egberto?

B) Com o objetivo de obter atendimento médico, qual é a ação constitucional que Egberto pode ajuizar?

GABARITO

A) Não, a decisão do Diretor foi errada, pois, segundo a Constituição Federal, a saúde é direito de todos e dever do Estado, conforme dispõe o art. 196, *caput*, da CRFB/88. Além disso não podem os entes federativos estabelecerem distinções entre os brasileiros, conforme prescreve o art. 19, III, da CRFB/88. Outros dispositivos que também fundamentam a resposta são: art. 5º, *caput*; art. 6º, *caput*; art. 194, parágrafo único, I; art. 198, II, todos da CRFB/88.

B) Egberto pode ajuizar mandado de segurança, pois teve violado seu direito líquido e certo de atendimento à saúde, havendo prova escrita de sua existência, tudo nos termos do art. 5º, LXIX, da CRFB/88 ou do art. 1º da Lei n. 12.016/2009.

PRÁTICA CONSTITUCIONAL

251

(35° Exame de Ordem) Com o objetivo de estimular o crescimento econômico e aumentar a oferta de empregos, a Lei n. XX, do Município Alfa, grande metrópole brasileira, dispôs que os órgãos administrativos, ao analisarem os requerimentos de instalação de indústrias no território do Município, não devem solicitar quaisquer documentos que possam postergar a concessão da licença. Entre esses documentos, foi expressamente mencionada a análise técnica prévia da atividade que tenha potencial para causar grave degradação ambiental. Inconformado com essa situação, o Partido Político WW, que conta com representação no Senado Federal, solicitou que seu(sua) advogado(a) respondesse aos questionamentos a seguir.

A) A Lei n. XX, do Município Alfa, é materialmente compatível com a Constituição da República de 1988?

B) Qual é a ação cabível para que o Partido submeta a Lei n. XX do Município Alfa ao controle concentrado de constitucionalidade diretamente perante o Supremo Tribunal Federal?

GABARITO

A) Não, a Lei n. XX, do Município Alfa, é materialmente inconstitucional por afrontar o art. 225, § 1º, IV, da CRFB/88, que exige, para instalação de obra ou atividade potencialmente causadora de significativa degradação do meio ambiente, estudo prévio de impacto ambiental.

B) Para provocar o STF a fazer o controle concentrado de constitucionalidade e impugnar a Lei Municipal n. XX, a ação cabível é a Arguição de Descumprimento de Preceito Fundamental, conforme o art. 1º, parágrafo único, I, da Lei n. 9.882/99.

24.14. **Aplicabilidade e eficácia das normas constitucionais**

(XX Exame) O presidente da República edita medida provisória estabelecendo novo projeto de ensino para a educação federal no País, que, dentre outros pontos, transfere o centenário Colégio Pedro II do Rio de Janeiro para Brasília, pois só fazia sentido que estivesse situado na cidade do Rio de Janeiro enquanto ela era a capital federal. Muitas críticas foram veiculadas na imprensa, sendo alegado que a medida provisória contraria o comando contido no art. 242, § 2º, da CRFB/88. Em resposta, a Advocacia-Geral da União sustentou que não era correta a afirmação, já que o mencionado dispositivo da Constituição só é constitucional do ponto de vista formal, podendo, por isso, ser alterado por medida provisória. Considerando a situação hipotética apresentada, responda, de forma fundamentada, aos itens a seguir.

A) Segundo a Teoria Constitucional, qual é a diferença entre as denominadas normas materialmente constitucionais e as normas formalmente constitucionais?

B) O entendimento externado pela Advocacia-Geral da União à imprensa está correto, sendo possível a alteração de norma constitucional formal por medida provisória?

GABARITO

A) O examinando deverá responder que as normas materiais possuem *status* constitucional em razão do seu conteúdo, pois estabelecem normas referentes à estrutura organizacional do Estado, à separação dos Poderes e aos direitos e às garantias fundamentais, enquanto as normas em sentido formal só possuem o caráter de constitucionais porque foram elaboradas com o uso do processo legislativo próprio das normas constitucionais.

B) O examinando deverá responder que o entendimento externado pela Advocacia-Geral da União à imprensa está incorreto, pois, independentemente da essência da norma, todo dispositivo que estiver presente no texto constitucional, em razão da rigidez constitucional, só poderá ser alterado pelo processo legislativo solene das emendas constitucionais, tal qual previsto no art. 60 da CRFB/88.

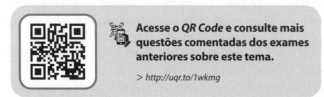

24.15. Tratados internacionais

(XXIII Exame) Determinado tratado internacional de proteção aos direitos humanos, após ser assinado pelo presidente da República em 2005, foi aprovado, em cada Casa do Congresso Nacional, em dois turnos, por quatro quintos dos votos dos respectivos membros, sendo promulgado na ordem interna. Após a sua promulgação na ordem jurídica interna, percebeu-se que ele era absolutamente incompatível com regra constitucional que disciplinava certo direito dos administrados perante a Administração Pública, já que o ampliava consideravelmente. Com base na situação narrada, responda aos itens a seguir.

A) O referido tratado pode ser considerado norma válida de natureza constitucional?

B) Caso seja identificado algum vício de inconstitucionalidade, seria possível submeter esse tratado ao controle concentrado de constitucionalidade realizado pelo Supremo Tribunal Federal?

GABARITO

A) O examinando deve responder que o tratado foi aprovado em harmonia com o procedimento previsto no art. 5º, § 3º, da CRFB/88, com a redação dada pela Emenda Constitucional n. 45/2004, logo, é formalmente válido. Acresça-se que o fato de destoar da Constituição da República, por ter ampliado um direito, não caracteriza qualquer afronta às cláusulas pétreas previstas no art. 60, § 4º, da CRFB/88, preceito que lhe é aplicável por ter a natureza de emenda constitucional. Portanto, é materialmente válido.

B) O examinando deve responder que o tratado aprovado na forma indicada está sujeito ao controle concentrado de constitucionalidade, consoante o disposto no art. 102, I, *a*, da CRFB/88, por ter a natureza de ato normativo.

Súmulas selecionadas

Acesse o *QR Code* e veja as Súmulas que foram selecionadas pelas autoras para auxiliar seus estudos.

> *https://uqr.to/1xy3m*

Referências

ARAUJO, Luiz Alberto David; NUNES JÚNIOR, Vidal Serrano. *Curso de direito constitucional*. 22. ed. São Paulo: Verbatim, 2018.

BARROSO, Luís Roberto. *Curso de direito constitucional contemporâneo*. 11. ed. São Paulo: Saraiva, 2023.

BASTOS, Celso Ribeiro. *Curso de direito constitucional*. 22. ed. São Paulo: Malheiros, 2010.

BITTENCOURT, C. A. Lúcio. *O controle de constitucionalidade das leis*. Rio de Janeiro: Forense, 2003.

BULOS, Uadi Lammêgo. *Curso de direito constitucional*. 11. ed. São Paulo: Saraiva, 2018.

CAETANO, Marcello. *Manual de direito constitucional*. Rio de Janeiro: Forense, 1963.

CANOTILHO, José Joaquim Gomes. *Direito constitucional e teoria constitucional*. 7. ed. São Paulo: Almedina, 2003.

DECOMAIN, Pedro Roberto. *Comentários à Lei Orgânica Nacional do Ministério Público*. 2. ed. Rio de Janeiro: Ferreira, 2011.

FERREIRA FILHO, Manoel Gonçalves. *Manual de direito constitucional*. 40. ed. São Paulo: Saraiva, 2015.

FIUZA, Ricardo Arnaldo Malheiros; COSTA, Mônica Aragão Martiniano Ferreira e. *Aulas de teoria do Estado*. Belo Horizonte: Del Rey, 2005.

LENZA, Pedro. *Direito constitucional esquematizado*. 27. ed. São Paulo: Saraiva, 2023.

MANCUSO, Rodolfo de Camargo. *Ação civil pública em defesa do meio ambiente, do patrimônio cultural e dos consumidores*. 12. ed. São Paulo: Revista dos Tribunais, 2014.

MARTINS, Ives Gandra da Silva; MENDES, Gilmar Ferreira. *Controle concentrado de constitucionalidade*. 2. ed. São Paulo: Saraiva, 2005.

MAZZILLI, Hugo Nigro. *A defesa dos interesses difusos em juízo*. 28. ed. São Paulo: Saraiva, 2015.

MENDES, Gilmar Ferreira. *Direitos fundamentais e controle de constitucionalidade*. 4. ed. São Paulo: Saraiva, 2012.

MESSA, Ana Flávia. *Direito constitucional*. 5. ed. São Paulo: Rideel, 2018.

MORAES, Alexandre de. *Direito constitucional*. 34. ed. São Paulo: Atlas, 2018.

MOTTA FILHO, Sylvio Clemente da. *Direito constitucional*. 24. ed. Rio de Janeiro: Elsevier, 2013.

REZENDE FILHO, Gabriel José Rodrigues de. *Direito processual civil*. São Paulo: Saraiva, 1960.

SILVA, José Afonso da. *Curso de direito constitucional positivo*. 41. ed. São Paulo: Malheiros, 2018.

TAVARES, André Ramos. *Curso de direito constitucional*. 21. ed. São Paulo: Saraiva, 2023.

TEMER, Michel. *Elementos de direito constitucional*. 24. ed. São Paulo: Malheiros, 2014.

THEODORO JR., Humberto. *Curso de direito processual civil*. 51. ed. Rio de Janeiro: Forense, 2017.

YARSHELL, Flávio Luiz. *Tutela jurisdicional*. São Paulo: Atlas, 1999.